Law and Economics of International Telecommunications

Under the Auspices of the
Max Planck Institute for Foreign and
International Private Law
edited by Prof. Ernst-Joachim Mestmäcker

Volume 12

Dr. Karin Gabriel-Bräutigam

Rundfunkkompetenz und Rundfunkfreiheit

– Eine Untersuchung über das Verhältnis der Rundfunkhoheit der Länder zu den Gesetzgebungszuständigkeiten des Bundes –

Nomos Verlagsgesellschaft
Baden-Baden

CIP-Titelaufnahme der Deutschen Bibliothek

Gabriel-Bräutigam, Karin:
Rundfunkkompetenz und Rundfunkfreiheit: Eine Untersuchung über das Verhältnis der Rundfunkhoheit der Länder zu den Gesetzgebungszuständigkeiten des Bundes / Karin Gabriel-Bräutigam. – 1. Aufl. – Baden-Baden:
Nomos Verl.-Ges., 1990
(Wirtschaftsrecht der internationalen Telekommunikation; 12)
Zugl.: Hamburg, Univ., Diss., 1989
ISBN 3-7890-1882-1
NE: Law and economics of international telecommunications

1. Auflage 1990

Vorwort des Herausgebers

Die vorliegende Arbeit ist als Teil des Forschungsprojekts »Wirtschaftsrecht der internationalen Telekommunikation« im Institut für ausländisches und internationales Privatrecht in Hamburg entstanden. Im Unterschied zu den zusammenfassenden Berichten über ausländisches Telekommunikationsrecht werden die Entwicklungen in der Bundesrepublik und in Europa in Einzeluntersuchungen behandelt. Auf diese Weise ist es möglich, in einem Rechtsgebiet, das wie kaum ein anderes durch schnellen technischen, ökonomischen und politischen Wandel geprägt wird, den Erfordernissen der Rechtsanwendung in der Praxis Rechnung zu tragen.

Ebenso wie auf anderen Gebieten des Wirtschaftsrechts verändern sich in der Telekommunikation das Verhältnis der rechtswissenschaftlichen Disziplinen zueinander und deren Verhältnis zu Technik und Ökonomie. Im geltenden Verfassungsrecht treten diese Fragen vor allem bei der Abgrenzung von Fernmeldehoheit, Rundfunkkompetenz und Wirtschaftskompetenz hervor. Die Internationalisierung der elektronischen Medien, der Telekommunikationsdienste und Telekommunikationsmärkte mindert nicht die Bedeutung der nationalen Regelungsmuster. Deren Außenwirkungen sind vielmehr in Rechnung zu stellen, wenn man der weltweit registrierten Entwicklung zur Informationsgesellschaft gerecht werden will.

Hamburg, im August 1989 *Ernst-Joachim Mestmäcker*

Vorwort

Die Fortschritte in der Entwicklung neuer Informations- und Kommunikationstechniken haben die deutsche Rundfunkordnung nachhaltig beeinflußt. Das Monopol der öffentlich-rechtlichen Rundfunkanstalten wurde abgelöst durch ein duales Rundfunksystem, in dem die öffentlich-rechtlichen Rundfunkveranstalter Konkurrenz durch private Anbieter erfahren. Die damit eingeleitete und noch nicht abgeschlossene Liberalisierung ist von zahlreichen politischen und juristischen Kontroversen begleitet. Die Vielzahl der Probleme darf dabei nicht darüber hinwegtäuschen, daß es im Kern um eine Überprüfung der der tradierten Medienordnung zugrundeliegenden Prinzipien geht. Die weder dem Rundfunk noch der Presse eindeutig zurechenbaren sogenannten Teletexte veranschaulichen dies in besonderem Maße. In einem Bundesstaat führt die Schaffung neuer Rahmenbedingungen für den Rundfunk zu zusätzlichen Komplikationen. Der Rundfunk als eine den Bundesländern zugewiesene Regelungsmaterie ist eng verzahnt mit Sachbereichen, deren Ausgestaltung nach der grundgesetzlichen Kompetenzverteilung dem Bund obliegt. Nur exemplarisch sei hier die Zuständigkeit des Bundes für das Post- und Fernmeldewesen genannt. Ferner verbergen sich hinter kompetentiellen Auseinandersetzungen zwischen Bund und Ländern materiellrechtliche Konflikte über die Ausgestaltung der verfassungsrechtlich verbürgten Rundfunkfreiheit. Mit den nachfolgenden Überlegungen soll nicht nur ein Beitrag zur Lösung der bestehenden föderativen Streitigkeiten geleistet werden, angestrebt wird auch, die Determinanten für eine zukünftige Kommunikationsordnung am Beispiel des Mediums Rundfunk näher zu bestimmen.

Die vorliegende Untersuchung wurde im Sommersemester 1989 vom Fachbereich Rechtswissenschaft I der Universität Hamburg als Dissertation angenommen. Die Bearbeitung des Manuskripts war im Juli 1988 abgeschlossen. Nachfolgende Rechtsprechung und später erschienenes Schrifttum sind soweit möglich berücksichtigt worden.

Mein besonders herzlicher Dank gilt meinem Doktorvater, Herrn Prof. Dr. Dr. h.c. Ernst-Joachim Mestmäcker, für seine Anregungen, konstruktive Kritik und hilfreiche Unterstützung. Danken möchte ich auch Herrn Prof.Dr. Peter Selmer, der die vorliegende Arbeit als Zweitgutachter wissenschaftlich betreut hat, sowie Frau Ingeborg Stahl, die mit unermüdlicher Einsatzbereitschaft das Manuskript erstellt hat.

Hamburg, im August 1989 *Karin Gabriel-Bräutigam*

Inhaltsverzeichnis

Abkürzungsverzeichnis

a.A.	anderer Ansicht
a.a.O.	am angegebenen Ort
Abg.	Abgeordnete(r)
ABl.	Amtsblatt
Abs.	Absatz
AfP	Archiv für Presserecht
Anm.	Anmerkung
AÖR	Archiv des Öffentlichen Rechts
APF	Archiv für das Post- und Fernmeldewesen
Art.	Artikel
Bay VBl.	Bayerische Verwaltungsblätter
Bd.	Band
BGBl.	Bundesgesetzblatt
BGH	Bundesgerichtshof
BGHZ	Bundesgerichtshof Entscheidungen in Zivilsachen
BR-Drucksache	Drucksachen des Bundesrates
BR-Sitzungsberichte	Sitzungsberichte des Bundesrates
BT-Drucksache	Drucksachen des Bundestages
BT-Sitzungsberichte	Sitzungsberichte des Bundestages
BVerfG	Bundesverfassungsgericht
BVerfGE	Entscheidungen des Bundesverfassungsgerichts
BVerwG	Bundesverwaltungsgericht
BVerwGE	Entscheidungen des Bundesverwaltungsgerichts
bzw.	beziehungsweise
ca.	circa
CDU	Christlich-Demokratische Union
CSU	Christlich-Soziale Union
ders.	derselbe
d.h.	das heißt
diess.	dieselben
DJT	Deutscher Juristentag
DÖV	Die Öffentliche Verwaltung
DVBl.	Deutsches Verwaltungsblatt
DW	Deutsche Welle
EuGRZ	Europäische Grundrechte-Zeitschrift
f.	folgende
FAG	Gesetz über Fernmeldeanlagen
F.D.P.	Freie Demokratische Partei
ff.	fortfolgende
FS	Festschrift
GBl.	Gesetzblatt
GG	Grundgesetz
GRUR	Gewerblicher Rechtsschutz und Urheberrecht
GRUR Int.	Gewerblicher Rechtsschutz und Urheberrecht Internationaler Teil
GVBl.	Gesetz- und Verordnungsblatt
GWB	Gesetz gegen Wettbewerbsbeschränkungen
Hrsg.	Herausgeber
HS	Halbsatz

i.d.F.v.	in der Fassung vom
i.V.m.	in Verbindung mit
JÖR	Jahrbuch des Öffentlichen Rechts
JuS	Juristische Schulung
JW	Juristische Wochenschrift
JZ	Juristen-Zeitung
MDR	Monatsschrift für Deutschland
N.	Note
N.F.	Neue Folge
NJW	Neue Juristische Wochenschrift
Nr.	Nummer
OLG	Oberlandesgericht
OVG	Oberverwaltungsgericht
RdNr.	Randnummer
RegBl.	Regierungsblatt
RGBl.	Reichsgesetzblatt
RuF	Rundfunk und Fernsehen
S.	Satz
sog.	sogenannte(r)
SPD	Sozialdemokratische Partei Deutschlands
StGB	Strafgesetzbuch
u.a.	unter anderem
Ufita	Archiv für Urheber-, Film-, Funk- und Theaterrecht
UWG	Gesetz gegen den unlauteren Wettbewerb
VG	Verwaltungsgericht
vgl.	vergleiche
VO	Verordnung
Vol.	Volume
VVDStRL	Veröffentlichungen der Vereinigung der Deutschen Staatsrechtslehrer
WARC	World Administration Radio Conference
WRV	Weimarer Reichsverfassung
WuW	Wirtschaft und Wettbewerb
WuW/E	Entscheidungssammlung zum Kartellrecht
ZHR	Zeitschrift für das gesamte Handels- und Wirtschaftsrecht
zit.	zitiert
ZögU	Zeitschrift für öffentliche und gemeinwirtschaftliche Unternehmen
ZPF	Zeitschrift für das Post- und Fernmeldewesen
ZRP	Zeitschrift für Rechtspolitik
ZUM	Zeitschrift für Urheber- und Medienrecht/Film und Recht
ZV+ZV	Zeitschrift für Presse und Werbung

Einführung

Das Bundesverfassungsgericht hat in seinem ersten Rundfunkurteil im Jahre 1961 entschieden, daß die dem Bund nach Art. 73 Nr. 7 GG zugewiesene Gesetzgebungskompetenz für das Post- und Fernmeldewesen nur den sendetechnischen Bereich des Rundfunks unter Ausschluß der sogenannten Studiotechnik umfaßt[1]. Die Kompetenzen zwischen Bund und Ländern schienen damit klar gegeneinander abgegrenzt zu sein. Die vom Gericht vorgenommene Spaltung des Rundfunkbegriffs in einen fernmeldetechnischen und einen inhaltlichen Bestandteil ließ vermuten, daß sich zukünftige kompetenzrechtliche Konflikte auf ein Mindestmaß beschränken oder gar ganz entfallen würden. Insbesondere die technische Entwicklung brachte es aber mit sich, daß die Gesetzgebungszuständigkeiten im Rundfunkbereich erneut Gegenstand einer lebhaften Diskussion wurden.

So wird im Hinblick auf direktstrahlende Satelliten, deren Sendebereiche sich nicht auf das Gebiet eines Bundeslandes begrenzen lassen, die Kompetenz der Länder erneut in Frage gestellt. Umgekehrt ist auch die Bundeskompetenz für das Fernmeldewesen einer kritischen Begutachtung ausgesetzt: Umstritten ist, ob Entscheidungen über Errichtung oder Erweiterung von Netzen wie etwa Breitbandverteilnetze in Verbindungung mit Fernmeldesatelliten allein von der Deutschen Bundespost gefällt werden können oder ob nicht den Ländern ein »Mitspracherecht« einzuräumen ist. Als problematisch erweist sich darüber hinaus das Verhältnis zwischen Rundfunkhoheit der Länder und der Bundeskompetenz für »auswärtige Angelegenheiten«. Auslöser der sich mit dieser Thematik befassenden Kontroverse ist das vom Zweiten Deutschen Fernsehen (ZDF), dem Österreichischen Rundfunk (ORF) und der Schweizerischen Radio- und Fernsehgesellschaft (SRG) gemeinsam veranstaltete Satellitenprogramm 3-SAT[2]. In zunehmendem Maße wird zudem die Anwendung des (Bundes-) Wirtschaftsrechts auf das Rundfunkwesen als Problem föderaler Kompetenzverteilung erörtert.

1 BVerfG 28.2.1961, BVerfGE 12, 205-264 (225).

2 Vgl. Beschluß der Ministerpräsidenten betr. Konzept der Länder zur Neuordnung des Rundfunkwesens (sog. Bremerhavener Kompromiß) vom 18.10.1984 – abgedruckt bei: *Ring*, Textsammlung F-I 1.2: »Die Regierungschefs gehen davon aus, daß die ARD und das ZDF in der Lage sein müssen, die ihnen übertragenen Satellitenkapazitäten zu nutzen. Dabei sollen sie der kulturellen Vielfalt im deutschsprachigen Raum und in Europa Rechnung tragen können, mit Rundfunkanstalten im Ausland kooperieren und auch Eigenproduktionen selbständiger deutscher Produzenten in angemessenem Umfang berücksichtigen.«

Aufgabe der vorliegenden Arbeit ist es aufzuzeigen, daß mit der Abgrenzung der vorerwähnten Komptenzen oft mehr verbunden ist als die bloße Entscheidung darüber, wer die einschlägigen Regelungen treffen kann und darf. Zwar läuft es auf diese Frage bei der diskutierten Bundeskompetenz für direktstrahlende Satelliten und im wesentlichen auch beim Jugendschutz hinaus; am Beispiel der übrigen Zuständigkeitskonflikte ist indes darzulegen, daß sich hinter der Frage nach der formellen Zuständigkeit schwerpunktmäßig die Problematik der Ausgestaltung der in Art. 5 Abs. 1 S. 2 GG gewährleisteten Rundfunkfreiheit verbirgt und eine Konfliktlösung daher nur über eine Ergründung der in Art. 5 GG enthaltenen Aussagen und Wertentscheidungen zur Rundfunkfreiheit möglich ist. So erweist es sich, daß dem jüngsten Konflikt zwischen Fernmeldekompetenz des Bundes und der Rundfunkhoheit der Länder die Streitfrage zugrundeliegt, ob und in welchem Umfang der Rundfunksektor – etwa durch Zulassung privater Anbieter – zu liberalisieren ist. Im Hinblick auf die Abgrenzung Wirtschaftsrecht des Bundes und Rundfunkhoheit der Länder ergibt sich, daß die eigentliche Problematik darin besteht, inwieweit die wirtschaftsrechtliche Entscheidung für den freien ökonomischen Wettbewerb auch für den Rundfunkmarkt gilt. Die vor kurzem wieder entfachte Diskussion über den sogenannten Auslandsrundfunk ist ebenfalls nicht frei von grundrechtlichen Bezügen. Denn vor einer Erörterung, ob Bund oder Länder für Rundfunksendungen kompetent sind, die jenseits der Grenzen der Bundesrepublik Deutschland zu empfangen sind, ist zu untersuchen, ob die politische Inanspruchnahme des Mediums Rundfunk mit der für diesen geforderten Staatsfreiheit in Einklang zu bringen ist.
Zum Gang der Untersuchung ist dabei anzumerken, daß die skizzierten Streitpunkte der aktuellen medienrechtlichen Auseinandersetzung es angezeigt erscheinen lassen, die Kompetenzkonflikte der Vergangenheit näher zu beleuchten, da diese unverkennbar Parallelen zu den jetzigen Problemen aufweisen. So ist der Streit zwischen Bund und Ländern über die Frage, wem die Befugnis zusteht, die Organisation der Rundfunkveranstalter sowie der Rundfunkveranstaltungen zu regeln oder Vorschriften in bezug auf die Sendungen zu erlassen, so alt wie das Rundfunkwesen selbst. Rückschauend ist dabei festzustellen, daß der Bund auch in der Vergangenheit den von ihm geltend gemachten Kompetenzanspruch nicht allein auf die Fernmeldehoheit gestützt, sondern ergänzend auf Art. 73 Nr. 1 GG verwiesen hat, der die »auswärtigen Angelegenheiten« als Gegenstand der ausschließlichen Gesetzgebungskompetenz des Bundes benennt. In den sechziger Jahren war schließlich die Frage aktuell, ob der Bund infolge seiner wirtschaftsrechtlichen Kompetenz aus Art. 74 Nr. 11, 16 GG berechtigt war, die Rundfunkwerbung gesetzlich zu untersagen oder doch zumindest einzuschränken.

Da im Rahmen der einzelfallbezogenen Lösungsvorschläge keine auf Vollständigkeit bedachte, umfassende Würdigung des Gesamtkomplexes Rundfunkfreiheit vorgenommen werden kann, ist vorab am Beispiel der neuen Kommunikationstechniken Bildschirm-, Video- und Kabeltext der Versuch zu unternehmen, die von Art. 5 Abs. 1 GG gesetzten Determinanten für die Kommunikationsfreiheiten neu zu bestimmen. Daß eine solche Neubestimmung der grundgesetzlich verankerten Kommunikationsfreiheiten erforderlich ist, illustrieren Bildschirm-, Video- und Kabeltext äußerst deutlich. Diese neuartigen Kommunikationssysteme lassen sich nämlich nur schwer in die nach vorherrschendem Verständnis geltende grundgesetzliche Kommunikationsstruktur einfügen. Gekennzeichnet ist diese Kommunikationsstruktur von der Dichotomie Individual- und Massenkommunikation und der Dreiteilung Presse, Rundfunk und Film im Bereich der Massenkommunikation. Dabei sind Presse und Rundfunk, zu denen die genannten Textübertragungssysteme sowohl unter technischen als auch inhaltlichen Aspekten besonders enge Bezüge aufweisen, noch heute durch ihre geschichtliche Entwicklung geprägt: Während die Presse privatwirtschaftlich und privatrechtlich organisiert ist, wird das Medium Rundfunk wie in seinen Anfängen[3] staatlich kontrolliert; noch heute wird von vielen die Existenz eines öffentlich-rechtlich organisierten Rundfunks neben privaten Veranstaltern für unverzichtbar gehalten. Die schon mühselig zu nennenden Versuche, die sogenannten Teletexte entweder dem Presse- oder dem Rundfunkbereich zuzuordnen, erklären sich deshalb nicht allein durch die Notwendigkeit, die kompetenzrechtlichen Verhältnisse festzustellen; sie erfolgen vielmehr auch, weil man damit Aufschluß – um nicht zu sagen Vorgaben – für die Regelungsinhalte erhofft und rechtfertigen könnte. Die Zuordnung neuer Kommunikationstechniken zum Presse- oder Rundfunkbereich oder übergreifend gesehen zur Massen- oder Individualkommunikation würde es zudem entbehrlich erscheinen lassen, die mehr historisch gewachsenen als verfassungsrechtlich zwingenden Regelungswerke, die strikt zwischen den genannten Kommunikationsbereichen unterscheiden und eine höchst unterschiedliche Reglementierungsdichte aufweisen, aufzugeben. Zu fragen ist aber gerade, ob diese »Zergliederung des Medienrechts«[4] verfassungsrechtlich überhaupt haltbar ist. Daß die Antwort negativ ausfallen muß, versucht die vorliegende Arbeit zu begründen.

3 In der Weimarer Republik war der Rundfunk zwar zeitweise privatrechtlich organisiert, doch gleichwohl stets staatlich kontrolliert, siehe B I 3a).

4 Siehe *Jarass*, Die Freiheit der Massenmedien, 21-26.

A. Verfassungsrechtliche Grundlagen der Kommunikationsfreiheiten

In der Verfassungswirklichkeit erfahren die klassischen Medien Presse, Rundfunk und Film keine Gleichbehandlung. Unterschiede sind insbesondere im Hinblick auf organisatorische und inhaltliche Vorgaben sowie bei den Gesetzgebungszuständigkeiten festzustellen. Kennzeichnend für das praktizierte Verständnis von Art. 5 Abs. 1 GG ist zudem die strikte dogmatische Trennung von Individual- und Massenkommunikation. Auffällig ist hier der Umstand, daß die Grundrechte im Bereich der Massenkommunikation – jedenfalls nach weit verbreiteter Auffassung – einen gesellschaftspolitischen Zweck erfüllen sollen; für die Rundfunkfreiheit hat das Bundesverfassungsgericht explizit formuliert, daß diese der »Aufgabe« dient, eine freie und umfassende Meinungsbildung zu gewährleisten[5]. Zur Sicherung dieser Funktion wurden sehr verschiedene Wege beschritten. Im Pressebereich versuchte man, den angestrebten publizistischen Wettbewerb über den ökonomischen Wettbewerb zu erreichen, während das marktwirtschaftliche Modell im Rundfunksektor von vielen – allen voran das Bundesverfassungsgericht – wenn überhaupt, so nur für bedingt tauglich erachtet wird. Die Umsetzung der so verstandenen grundrechtlichen Kommunikationsfreiheiten bereitete lange Zeit keine Probleme; Art und Medium der Kommunikation und ihre rechtliche Behandlung wurden anhand der verwandten Technik voneinander abgegrenzt. Diese Konzeption wurde jedoch mit dem Entstehen neuer Kommunikationssysteme wie Bildschirm-, Video- und Kabeltext fragwürdig. Zweifel ergaben sich insofern, als das bisher für die Abgrenzung verschiedener Formen der Massenkommunikation verwandte Kriterium, nämlich das Transportmittel der Information – Presse bei verkörperter Massenvervielfältigung, Rundfunk bei körperloser Massenvervielfältigung – aufgrund der technischen Entwicklung nur noch bedingt geeignet ist, klare Grenzen innerhalb des Massenkommunikationsbereichs zu ziehen[6]. Bei den vorerwähnten Teletexten werden »stehende Texte« auf dem Bildschirm sichtbar gemacht. Gegen eine Zuordnung zum Rundfunk, die durch die Verwendung des

5 BVerfG 16.6.1961, BVerfGE 57, 295-335 (320).

6 Die Schlußfolgerung *Mestmäckers*, Meinungsfreiheit und Medienwettbewerb: ZUM 1986, 63-68 (64): »nicht ein technisch definiertes Medium entscheidet über die für die Botschaft geltenden Regeln, sondern umgekehrt: der Inhalt und die Art und Weise der Kommunikation bestimmen die zu erwartenden Konflikte und damit die auf sie anwendbaren Rechtsregeln: ›The Message is the Medium‹.«

Bildschirmgerätes zum Empfang der übermittelnden Informationen naheliegend erscheint, spricht aber die Art der Rezeption und darüber hinaus der spezifische Informationsgehalt[7]. Problemverschärfend wirkt ferner die zunehmende Individualisierung im Bereich der Telekommunikation. So zeichnet sich gerade das Bildschirmtextsystem durch eine (begrenzte) Dialogfähigkeit aus. Aber auch die klassischen Medien sind von dieser Entwicklung betroffen, man denke nur an bestimmte Formen des sogenannten Pay-TV. Unproblematisch dürfte dessen Zuordnung zum Rundfunk allenfalls sein, sofern ein Gesamtprogramm zwar verschlüsselt nur für Abonnenten ausgestrahlt wird, das Abonnement jedoch für jedermann zugänglich ist[8]. Fraglich wird diese Qualifizierung indes beim Abruf einzelner, bestimmter Sendungen oder beim Abruf bestimmter Sendungen zu *vor*bestimmter Zeit.
Die so in groben Zügen skizzierte Entwicklung im Kommunikationsbereich fordert eine erneute Analyse nicht nur der einzelnen in Art. 5 Abs. 1 GG enthaltenden Freiheitsgewährleistungen, sondern auch ihres Verhältnisses zueinander. Auf diese Weise ist zu ermitteln, ob die »Neuen Medien« nur Definitionsprobleme aufgeworfen haben oder aber geeignet sind, die dogmatischen Schwachstellen einer jahrzehntelang praktizierten Grundrechtsinterpretation aufzudecken.

I. *Gewährleistung massenkommunkativer Freiheit*

1. *Die Notwendigkeit einer Neubestimmung – »Neue Medien«: Presse, Rundfunk oder Medien sui generis*

Die durch Breitband- und Glasfaserkabel, Fernmelde- und Rundfunksatelliten eröffneten und partiell realisierten Möglichkeiten, neue Kapazitäten für die Übertragung von Rundfunksendungen zu erschließen, haben die Kommunikationsstruktur im Hinblick auf das Medium Rundfunk nicht nur quantitativ, sondern auch qualitativ verändert: Neben den öffentlich-rechtlichen Anstalten sind seit geraumer Zeit auch private Anbieter zugelassen. Die gesetzlichen Grundlagen, die dafür geschaffen wurden, sind allerdings zum Teil herber

7 Vgl. zu dieser Problematik auch *Löffler*, Brauchen wir einen neuen Presse- und Rundfunkbegriff?: NJW 1980, 1612-1613.

8 *Bullinger*, Kommunikationsfreiheit im Strukturwandel der Telekommunikation, 43.

Kritik ausgesetzt. So sprach *Kull* von dem Rundfunkgesetz des Landes Nordrhein-Westfalen als einem »Paragraphenwerk zur Verhinderung privaten Rundfunks«[9] und von *Bullinger* wurde einer dieser Entwürfe mit einem Automobil verglichen, »das im wesentlichen aus Bremsen und anderen Sicherheitsvorkehrungen besteht, aber einen zu schwachen Motor besitzt«[10]. Wenngleich diese Bemerkungen auch polemisch und überspitzt formuliert sein mögen, so charakterisieren sie die Lage im Rundfunkbereich doch zutreffend, wenn man die durch die Landesrundfunkgesetze ausgestaltete Rundfunkfreiheit in Parallele zur Pressefreiheit betrachtet. Während Zugangsbeschränkungen und inhaltsbezogene Vorgaben – sieht man einmal von Impressumspflichten und ähnlichem ab – im Pressebereich verfassungswidrig sind, werden derartige Reglementierungen im Rundfunkbereich als verfassungsrechtlich geboten erachtet. Im sogenannten Lebach-Urteil stellte das Bundesverfassungsgericht zwar selbst fest: »Die Rundfunkfreiheit unterschiedet sich nicht wesensmäßig von der Pressefreiheit«[11]; gleichwohl entschied es sich gegen die Gleichbehandlung von Presse und Rundfunk. Dafür gab es nach Auffassung des Gerichtes mehrere Gründe, die an dieser Stelle nur schlagwortartig mit »Sondersituation« und »Grundversorgung« benannt werden sollen[12]. Waren schon diese Begründungen für sich genommen erheblichen Zweifeln ausgesetzt, so offenbarte sich doch die ganze Fragwürdigkeit der so verstandenen Rundfunkfreiheit, als neue Telekommunikationsformen entstanden, die zwar Ähnlichkeiten zu dem aufwiesen, was herkömmlicherweise als Rundfunk bezeichnet wurde, sich jedoch einer eindeutigen Zuordnung entzogen.

So entbrannte die Diskussion um die Qualifizierung des Bildschirmtextsystems, noch ehe dieses Medium in der Praxis zum Einsatz kam. Die Bundesregierung hatte zeitgleich mit der Entscheidung zur Einführung des Bildschirmtextsystems verlautbaren lassen, daß dieses jedenfalls nicht dem Rundfunkbegriff unterfalle, wie er im Staatsvertrag der Länder über die Regelung des Rundfunkgebührenwesens vom 5.12.1974 formuliert worden sei. Wegen des individuellen Zugriffs jedes einzelnen Benutzers zu den Inhalten der Informationsbanken seien die formalen Voraussetzungen des Rundfunkbegriffs nicht erfüllt[13].

Die Bundesländer protestierten: Sowohl Videotext als auch Bildschirmtext würden auf dem Bildschirm sichtbar gemacht und unterfielen daher dem

9 *Kull*, Rundfunkrecht und Rundfunkmarkt: ZUM 1987, 355-358 (355).

10 *Bullinger*, Neue Medien: Neue Aufgaben des Rechts?: AfP 1982, 69-77 (74).

11 BVerfG 5.6.1973, BVerfGE 35, 202-245 (222).

12 Vgl. BVerfG 16.6.1981, BVerfGE, 57, 295-335 (322); BVerfG 4.11.1986, BVerfGE 73, 118-205 (157); BVerfG 24.3.1987, BVerfGE 74, 297-357 (324).

13 Vorstellungen der Bundesregierung zum weiteren Ausbau des technischen Kommunikationssystems vom 14. Juli 1976 – Hrsg. vom Bundesministerium für das Post- und Fernmeldewesen -Pressestelle-, Bonn 1976, S. 28.

Rundfunkbegriff. Daß beim Bildschirmtextsystem ein besonderer Abruf durch den Teilnehmer erfolge, sei unerheblich, denn das Merkmal der Verbreitung an die Allgemeinheit sei dadurch erfüllt, daß sich jedermann in die Darbietung miteinschalten könne[14]. Im »Würzburger Papier« vom 25. Mai 1979[15] revidierten die Länder allerdings ihren Standpunkt insofern, als sie nur noch für Videotext eine eindeutige Zuordnung zum Rundfunkbegriff bejahten; ob hingegen Bildschirm- und Kabeltext als Rundfunk zu qualifizieren seien, sollte insbesondere davon abhängig gemacht werden, wie die vorgesehene Erprobung der neuen Teleschriftformen ausgestaltet sei und welche publizistischen Auswirkungen sich bei der tatsächlichen Nutzung ergäben. Der sich mit dem »Würzburger Papier« ankündigende Wechsel in der rechtlichen Beurteilung des Bildschirmtextsystems auf seiten der Länder manifestierte sich endgültig mit dem Abschluß des Bildschirmstaatsvertrages im März 1983[16]. In der amtlichen Begründung wird zur Frage der medienrechtlichen Einordnung von Bildschirmtext ausgeführt: »Bildschirmtext ist ein neues Medium, das weder der ›Presse‹ noch dem ›Rundfunk‹ zuzuordnen ist«[17].

Der Streit um die rechtliche Bewertung von Bildschirm- und Videotext war aber nicht auf die politische Ebene begrenzt. Auch im juristischen Schrifttum hat sich bis heute kein konsensgetragenes Meinungsbild im Hinblick auf den verfassungsrechtlichen Standort dieser Kommunikationssysteme herausgebildet. So stellt etwa *Bismarck* für die Gesamtheit der Teletexte zusammenfassend fest, daß sie zwar einige Gemeinsamkeiten mit Presse und Rundfunk hätten, eine ausschließliche Zuordnung zu diesen Medien aber nicht in Betracht komme, da insbesondere die kommunikative Wirkungweise nicht mit den hergebrachten Massenmedien vergleichbar sei[18]. Ähnlich argumentiert auch *Tettinger*, der Bildschirmtext, »soweit nicht ohnehin individuell oder gruppenspezifisch ausgerichtete Informationsangebote in Rede stehen«, als »neuartiges massenkommunikatives Informationssystem« ansieht, das allerdings starke Konnexitäten zum Pressesektor aufweise[19]. Eine eindeutige Zuordnung zum Rundfunk- oder

14 Schreiben der Bundesländer vom 15. November 1976 an den Bundesminister für das Post- und Fernmeldewesen, auszugsweise abgedruckt in: *Ratzke*, Die Bildschirmzeitung, 168-170 (169).

15 Zweiter Bericht der Rundfunkreferenten der Länder zur Frage des Rundfunkbegriffs, insbesondere der medienrechtlichen Einordnung von »Videotext«, »Kabeltext« und »Bildschirmtext« (Teleschriftformen), abgedruckt in: *Ring*, Textsammlung F-I 1.6.

16 Staatsvertrag über Bildschirmtext (Bildschirmtext-Staatsvertrag-Btx-StV) vom 18.3.1983 – abgedruckt in: *Ring*, Textsammlung F-V 1.1.

17 Siehe Begründung zum Bildschirmtextstaatsvertrag, A III 1 – abgedruckt in: *Ring*, Textsammlung F-V 1.2.

18 *Bismarck*, Neue Medientechnologien und grundgesetzliche Kommunikationsverfassung, 91.

19 *Tettinger*, Neuartige Massenkommunikationsmittel und verfassungsrechtliche Rahmenbedingungen: JZ 1984, 400-408 (406).

Pressebegriff scheidet seiner Auffassung nach ebenso für Videotext aus, soweit es sich um vom Programm separierte und unabhängige Textinformation handelt[20]. In Anbetracht der überaus engen Verbindungen zu beiden Formen der Massenkommunikation erweise sich hier am ehesten eine Qualifikation als »intermediales Telekommunikationssystem« als zutreffend[21].
Nach Auffassung anderer Autoren ist eine begriffliche Zuordnung zum Presse- oder Rundfunkbegriff zwar nicht unproblematisch, aber möglich. Umstritten ist allerdings, ob die Teletexte Rundfunk- oder Pressequalität aufweisen. Nach *Paptistella* sind Videotext und Bildschirmtext sowohl unter technischen wie auch unter programmlichen Gesichtspunkten als Rundfunk anzusehen[22]. Kulturrechtlich liege Rundfunk vor, da sich Video- und Bildschirmtext an die Allgemeinheit wendeten und die öffentliche Meinungsbildung durch Information, Bildung, Unterrichtung und Unterhaltung beeinflussen könnten. Eine pressetypische »Verstofflichung« des Programms trete trotz der Speicherungsmöglichkeiten nicht ein[23]. Aber auch die allenfalls für das Bildschirmtextsystem fragliche fernmelderechtliche Komponente des Rundfunks sei zu bejahen. Die drahtgebundene, das Fernsprechnetz als technisch notwendige Zwischenstation benutzende Übermittlung ändere nichts an der Rundfunkeigenschaft, die bei drahtlosen wie bei drahtgebundenen Sendungen gegeben sein könne. Irrelevant sei ferner, daß die Ausstrahlung auf Abruf hin erfolge und daß durch den Rückkanal die Möglichkeit eröffnet werde, mit der Zentrale interaktiv in Verbindung zu treten[24].
Entscheidendes Kriterium für die Abgrenzung von Presse und Rundfunk und damit auch die begriffliche Einordnung der Teletexte ist nach *Scherer* die Übertragungstechnik[25]. Denn die der Forderung nach Einbeziehung funktionaler Aspekte – wie beispielsweise der Programmgestaltung oder des Erscheinungsbildes der Inhalte – zugrundeliegende These »von den nicht mehr klar auszumachenden Konturen von Presse und Rundfunk« sei nicht stichhaltig, wie der in diesem Zusammenhang erfolgende Hinweis auf die Materialisierungsmöglichkeit bei Teletexten deutlich mache: Damit werde nämlich bereits das eindimensionale Abgrenzungskriterium der Übertragungstechnik aufgegeben, da die

20 Programmbezogene und programmbegleitende Textinformation (via Austastlücke) seien dem Rundfunkbegriff demgegenüber unproblematisch zuzuordnen – *Tettinger* (vorige Note) 406; ebenso *König*, Die Teletexte, 191.
21 *Tettinger* (oben N. 19) 406; *ders.*, Neue Medien und Verfassungsrecht, 30.
22 *Paptistella*, Medientechnische Neuentwicklungen und Rundfunkbegriff: DÖV 1978, 750-755 (753).
23 *Paptistella* (vorige Note) 753.
24 *Paptistella* (oben N. 22) 753.
25 *Scherer*, Teletextsysteme und prozedurale Rundfunkfreiheit: Der Staat 22 (1983) 347-380 (363 ff.).

Materialisierungsmöglichkeit nicht auf die Übertragung als Vorgang, sondern auf ihr Ergebnis abziele. Stelle man hingegen nicht auf die potentielle Materialisierung, sondern auf die Übertragungstechnik ab, so blieben die Konturen klar und eindeutig; Teletexte seien dementsprechend als Rundfunk zu qualifizieren[26]. Im Ergebnis stimmt *König* mit dieser Auffassung nur insoweit überein, als er Videotext »im Entscheidungsfall« dem Rundfunkbegriff zuordnen würde[27]. Bildschirmtext sei demgegenüber, »soweit die Zuordnung zum Rundfunk- oder zum Pressebegriff erfolgen muß«, der Presse zuzurechnen[28]. Im Gegensatz zu *Scherer* hält *König* eine Abwägung der technischen und funktionalen Aspekte zur Erzielung eines sachgerechten Ergebnisses für erforderlich. Im Hinblick auf das Videotextsystem sei zwar festzustellen, daß Herstellung, Erscheinungsbild und Wirkung auf den Rezipienten tendenziell in Richtung Presse gingen, den engen technischen Verbindungen – die gleiche Verbreitungsart – aber doch ein größeres Gewicht zuzumessen sei[29]. Das Bildschirmtextsystem hingegen sei technisch praktisch vollständig vom herkömmlichen Rundfunk gelöst; der Fernsehbildschirm werde (mittels eines Zusatzgerätes) lediglich als Sichtgerät benutzt. Eine größere Distanz zum Rundfunk liege im Vergleich zum Videotext zudem darin, daß beim Bildschirmtextsystem ein individueller Abruf über eine besonders geschaltete Leitung erfolge und daß Rücksignale des Rezipienten möglich seien[30]. Auch entsprächen Herstellung, Gestaltung und Erscheinungsbild weitgehend den von Presserzeugnissen. So könne beispielsweise der Inhalt herkömmlicher Zeitungen über Bildschirmtext übertragen werden, wobei dem Rezipienten freigestellt sei, was im einzelnen er lesen wolle. Demnach sei Bildschirmtext »relativ näher bei der Presse als beim Rundfunk einzustufen.«[31]

Bereits dieser kurze Überblick über den Meinungsstand im juristischen Schrifttum läßt die Schwierigkeiten, die bei den Bemühungen um eine Abgrenzung von Presse und Rundfunk auftreten, deutlich erkennen. Diese Schwierigkeiten dürfen nun aber nicht zu der Schlußfolgerung verleiten, zwischen den genannten Kommunikationsformen und -mitteln existiere überhaupt keine Grenze. Denn eine Argumentation, die allein von der Schwierigkeit der Abgrenzung auf das Nichtvorhandensein einer Grenze schließt, weicht der Problematik aus, ohne sie zu lösen[32]. Auf einer anderen Ebene liegt indes die Frage nach der

26 *Scherer* (vorige Note) 365 f.
27 *König*, Die Teletexte, 193.
28 *König*, Die Teletexte, 196.
29 *König*, Die Teletexte, 192 f.
30 *König*, Die Teletexte, 195.
31 *König*, Die Teletexte, 195 f.
32 Zum »Grenzenlosigkeitsschluß« siehe *Schmitt*, Freiheitsrechte und institutionelle Garantien der Reichsverfassung, 147.

Notwendigkeit etwaiger Abgrenzungsmöglichkeiten. Bemerkenswert sind in diesem Zusammenhang insbesondere die Ausführungen *Scherers*: »Wenn ... die Entwicklung von Formen der Abruf- und Zugriffskommunikation aus den durch das Grundgesetz vorgeprägten und in der Rechtsprechung des BVerfG konkretisierten Kategorien ... von ›Rundfunk‹ und ›Presse‹ hinausführt, wird das Verfassungsrecht einmal mehr seine Steuerungsfunktion für die Medienpolitik verlieren. Bis die »Zwischenräume« durch verfassungsrechtliches case law ausgefüllt sind, werden die neuen Medienmärkte längst verteilt sein.«[33] Darüber hinaus führe die Einordnung von Teletextsystemen als Medien eigener Art, die zwischen Presse und Rundfunk anzusiedeln seien, zur Zuständigkeit der Länder und grundrechtlich in einen »Freiraum«[34]. Die These vom »grundrechtlichen Freiraum« setzt jedoch voraus, daß durch Art. 5 Abs. 1 S. 2 GG nicht jede Form von Massenkommunikation geschützt wird, sondern nur die, welche sich dem Begriff Presse oder Rundfunk zuordnen läßt. Diese Prämisse ist ihrerseits erheblichen Bedenken ausgesetzt und bedarf daher der näheren Betrachtung.

2. *Die Freiheit der Massenmedien*

a) *Sachlicher Schutzbereich*

Die sich heute stellende Frage, ob der Schutzbereich des Art. 5 Abs. 1 S. 2 GG in der Konstituierung der »Freiheit massenkommunikativer Vermittlung«[35] besteht, ist bei einer sich ausschließlich am Wortlaut der Verfassung orientierten Untersuchung zu verneinen. Im allgemeinen Sprachgebrauch hat die Verwendung der Begriffe Rundfunk, Presse und Film keine grundlegende Veränderung erfahren. Dies trifft weitgehend auch für die juristische Fachterminologie zu, denn anders ließen sich die Fragestellungen wie »Brauchen wir einen neuen Presse- und Rundfunkbegriff?«[36] nicht erklären. Bei der Interpretation von Normen sind jedoch nicht allein der Wortlaut, sondern auch der Wille des Gesetzgebers und der mit der Norm verfolgte Zweck zu berücksichtigen[37]. Bei der Auslegung von Art. 5 Abs. 1 S. 2 GG sind mithin die Vorstellungen der Verfassungsgeber mit einzubeziehen. Diesen ging es – wie die Beratungsprotokolle deutlich machen – nicht darum, gerade die Presse oder den Rundfunk grundrechtlich zu schützen. Diskutiert wurde nicht darüber, welches

33 *Scherer* (oben N. 25) 347 f.
34 *Scherer* (oben N. 25) 350.
35 Vgl. *Jarass*, Die Freiheit der Massenmedien, 188.
36 Siehe *Löffler* (oben N. 7).
37 Zur Methodik vgl. *Larenz*, Methodenlehre der Rechtswissenschaft, 305 ff., 313 ff. und 319 ff.

Massenkommunikationsmittel mit Verfassungsschutz ausgestattet werden sollte, sondern wie dieser Schutz optimal zu verwirklichen sei. Oberstes Ziel war die Verhinderung einer Wiederholung der zur Zeit des Nationalsozialismus gemachten Erfahrungen (›Schriftleitergesetz‹, ›Staatsrundfunk‹). So wurde an der Formulierung »Presse, Rundfunk und Film haben das Recht, ohne Behinderung durch Zensur über Angelegenheiten von allgemeinem Interesse wahrheitsgetreu zu berichten und zu ihnen Stellung zu nehmen« der Begriff »wahrheitsgetreu« beanstandet. Nach Auffassung des Abgeordneten *Paul* handelte es sich um einen relativen Begriff; ein ausdrückliches Verbot der Völker- und Rassenhetze sei daher unerläßlich[38]. Ähnlich bezeichnend ist auch die Begründung von *Thoma* für eine nur »grundsätzlich« zu gewährleistende Meinungsäußerungs- und -verbreitungsfreiheit: Es sei »eine dringliche politische Notwendigkeit«, sie einzuschränken, »um die Demokratie gegen eine erneute Agitation zu schützen.«[39] Als besonders aufschlußreich muß in diesem Zusammenhang das Motiv für einen Verzicht auf eine ausdrückliche Einfügung des Rechts des Rundfunks auf Kommentare und Stellungnahmen gewertet werden. Man vertrat den Standpunkt, daß dieses Recht bereits in der Pressefreiheit enthalten sei[40]. Es ist dementsprechend auch ohne ein ausdrückliches Bekenntnis davon auszugehen, daß den Verfassern des Grundgesetzes daran gelegen war, die Massenmedien insgesamt durch eine spezielle Freiheitsverbürgung zu schützen[41]. Abgesehen von diesem historischen Gesichtspunkt gebietet auch die ratio des Art. 5 Abs. 1 S. 2 GG die entsprechende Anwendung auf neue Formen der Massenkommunikation[42]. Zu berücksichtigen ist, daß zur Zeit der Formulierung dieser Bestimmung des Grundgesetzes mit Presse, Rundfunk und Film der Bereich der Massenmedien vollständig beschrieben war. Die Verwendung eines Oberbegriffs war – noch – entbehrlich, seine Notwendigkeit oder Zweckmäßigkeit nicht vorhersehbar. Erkennbar ist indes der Wille, jede massenkommunikative Vermittlung unter den Schutz des Grundgesetzes zu stellen. Zum demselben Ergebnis führt eine sinnvariable Grundrechtsauslegung[43], d.h. eine Interpretation die der zeitlichen Situation der Rechtsanwendung Rechnung trägt[44]. Die für

38 Siehe *von Doemming/Füsslein/Matz*, Die Entstehungsgeschichte der Artikel des Grundgesetzes: JÖR N.F. 1 (1951) 80.

39 *von Doemming/Füsslein/Matz* (vorige Note) 81.

40 *von Doemming/Füsslein/Matz* (oben N. 38) 83.

41 Ebenso *König*, Die Teletexte, 82.

42 Zustimmend *Jarass*, Die Freiheit der Massenmedien, 194.

43 Zum Begriff vgl. *Lerche*, Werbung und Verfassung, 81.

44 Zur Zulässigkeit vgl. BVerfG 1.7.1953, BVerfGE 2, 380-406 (401): »Allerdings kann eine Verfassungsbestimmung einen Bedeutungswandel erfahren, wenn in ihrem Bereich neue, nicht vorausgesehene Tatbestände auftauchen oder bekannte Tatbestände durch ihre Einordnung in den Gesamtablauf einer Entwicklung in neuer Beziehung oder Bedeutung erscheinen.«; ebenso BVerfG 16.6.1954, BVerfGE 3, 407-438 (422).

ihre Zulässigkeit verlangte Notwendigkeit ist nicht zu leugnen: Ein sich strikt am Wortlaut orientiertes Verständnis würde in der Tat – wie *Scherer* formuliert – einen grundrechtlichen Freiraum für neue Formen der Massenkommunikation schaffen – jedenfalls für den nicht durch die Meinungsfreiheit gemäß Art. 5 Abs. 1 S. 1 GG abgedeckten Bereich[45]. Mit der Feststellung, daß der Schutzbereich des Art. 5 Abs. 1 S. 2 GG alle Formen der Massenkommunikation erfaßt[46], ist noch keine Aussage über Art und Umfang der Freiheitsgewährleistung getroffen. Von der Beantwortung wird abhängen, welche Vorgaben bei einer die Massenkommunikation – sei es Presse, Rundfunk, Film oder ein Medium sui generis – betreffenden Regelung vom Gesetzgeber zu beachten sind. Sie entscheidet darüber, ob einfaches Gesetzesrecht als Einschränkung der Grundrechte aus Art. 5 Abs. 1 S. 2 GG oder als deren Konkretisierung zu betrachten ist.

b) *Die inhaltliche Ausgestaltung*

Im Vordergrund der Frage nach Art und Umfang der Freiheit massenkommunikativer Vermittlung[47] steht die strukturelle und inhaltliche Komponente. Kann der Gesetzgeber zwischen verschiedenen Organisationsformen frei wählen und ist er berechtigt, den Kommunikationsinhalt einschränkende Vorschriften zu erlassen? Für neue Kommunikationssysteme wie die Teletexte kann die Antwort nicht ohne Würdigung und Überprüfung des Verständnisses von Presse- und Rundfunkfreiheit gegeben werden.
Bedeutsam für neue Massenkommunikationsmittel ist vor allem der Umstand, daß die der Presse- und Rundfunkfreiheit zugewiesene Doppelrolle als klassische Abwehrrechte einerseits und Elemente einer objektiven Wertordnung andererseits völlig unterschiedlich gewichtet ist. Während bei der verfassungsrechtlichen Interpretation der Pressefreiheit die individualrechtliche Komponente im Vordergrund steht, ist das Verständnis der Rundfunkfreiheit durch eine nahezu ausschließlich institutionelle Sichtweise geprägt.

45 Zur Parallele im amerikanischen Verfassungsrecht – die 1. Verfassungsergänzung schützte außer u.a. der Redefreiheit nur die Freiheit der Presse – vgl. United States v. Paramount Pictures Inc., United States Reports, Vol. 334 (1947), 131-181 (166): »We have no doubt that moving pictures, like newspapers and *radio* (Hervorhebung durch den Verf.), are included in the press whose freedom is guaranteed by the First Amendment.« sowie Red Lion Broadcasting Co v. FCC, United States Report, Vol. 395 (1968), 367-401 (386): »Although broadcasting is clearly a medium affected by the First Amendment interest...«.

46 So auch *Lieb*, Kabelfernsehen und Rundfunkgesetze, 151, nach dessen Auffassung die Aufzählung von Presse, Rundfunk und Film nur beispielhaft, aber nicht abschließend verstanden werden muß.

47 Vgl. *Jarass*, Die Freiheit der Massenmedien, 188.

Folge einer vorwiegend subjektiv verstandenen Pressefreiheit ist das Gebot an alle staatlichen Organe, Beeinträchtigungen oder Behinderungen bei der Herstellung und Verbreitung von Presseerzeugnissen zu unterlassen; verboten ist insbesondere eine Konzessionierung von Presseunternehmen. Die freie Gründung von Presseunternehmen wird vom Bundesverfassungsgericht sogar als elementarer Bestandteil der verfassungsrechtlichen Freiheitsgewährleistung gesehen: »Presseunternehmen müssen sich im gesellschaftlichen Raum frei bilden können. Sie arbeiten nach privatwirtschaftlichen Grundsätzen und in privatrechtlichen Organisationen.«[48] Uneingeschränkten Verfassungsschutz im Sinne, daß Beschränkungen nur im Rahmen allgemeiner Gesetze zulässig sind, genießt daneben der Inhalt eines Presseerzeugnisses, und zwar unabhängig davon, ob es sich um die sogenannte »seriöse« Presse handelt oder nicht[49]. Unbeachtlich ist ferner, ob der Inhalt als Tatsachenmitteilung oder Meinungsäußerung zu werten ist; dem Schutzbereich unterfallen dementsprechend Anzeigen (Stellenanzeigen, Wirtschaftswerbung, Werbeanzeigen politischer Parteien), da diese stets (auch) Nachrichtencharakter haben[50]. Neben diesen subjektiven Rechten – so betont das Bundesverfassungsgericht – gebe es allerdings auch eine objektiv-rechtliche Seite der Pressefreiheit: Das Grundrecht der Pressefreiheit erschöpfe sich »nicht in der bereits in Art. 5 Abs. 1 Satz 1 GG enthaltenen Garantie der freien Meinungsäußerung und -verbreitung mittels der Presse. Es« sei »mehr als nur ein Unterfall der Meinungsfreiheit, da darüber hinaus die institutionelle Eigenständigkeit der Presse von der Beschaffung der Information bis zur Verbreitung der Nachricht und der Meinung gewährleistet« sei. »Diese institutionelle Sicherung der Presse als einem Träger und Verbreiter der öffentlichen Meinung im Interesse einer freien Demokratie« schließe »das subjektive öffentliche Recht der im Pressewesen tätigen Personen ein, ihre Meinung in der ihnen geeignet erscheinenden Form ebenso frei und ungehindert zu äußern wie jeder andere Bürger.«[51] Eine nähere Betrachtung dieser Aussagen zur objektiv-rechtlichen Seite der Pressefreiheit führt zu dem Ergebnis, daß der betonten institutionellen Sicherung keine dogmatische Eigenständigkeit zukommt; die zur Freiheitlichkeit der Presse getroffenen Freistellungen hätten durchaus mit dem Grundrecht der Pressefreiheit im klassischen Sinne begründet werden können[52]. Eine vorsichtig zurückhaltende Neigung, dem Gesetzgeber auf der

48 BVerfG 5.8.1966, BVerfGE 20, 162-230 (175).

49 BVerfG 14.2.1973, BVerfGE 34, 269-293 (283).

50 BVerfG 4.4.1967, BVerfGE 21, 271-292 (278 f.).

51 BVerfG 6.10.1959, BVerfGE 10, 118-124 (121); vgl. auch BVerfG 28.2.1961, BVerfGE 12, 205-264 (260) und BVerfG 15.11.1982, BVerfGE 62, 230-248 (243).

52 Ebenso *Wolf*, Medienfreiheit und Medienunternehmen, 70; siehe auch *Hennemann*, Pressefreiheit und Zeugnisverweigerungsrecht, 112.

Grundlage einer institutionell verankerten Pressefreiheit Eingriffsmöglichkeiten zu eröffnen, die bei einem klassischen Grundrechtsverständnis nicht ohne weiteres begründet werden können, findet sich demgegenüber im Spiegel-Urteil. Im Hinblick auf das Institut »Freie Presse« – so wird ausgeführt – ließe sich etwa auch an eine Pflicht des Staates denken, Gefahren abzuwehren, die einem freien Pressewesen aus der Bildung von Meinungsmonopolen erwachsen könnten[53]. Den mit dieser Formulierung weitgefaßten Handlungs- und Gestaltungsspielraum des Gesetzgebers und somit auch die Bedeutung der institutionellen Gewährleistung hat das Bundesverfassungsgericht in einem späteren Urteil allerdings stark begrenzt. Wie hoch das Gericht den Individualcharakter des Pressefreiheitsrechtes einschätzt, wurde deutlich, als das Gericht in einer Zeit der Pressekonzentration und der damit verbundenen Gefahr von Meinungsmonopolen entschied, daß das Grundrecht der Pressefreiheit auch die Freiheit umfaßt, »die Tendenz einer Zeitung festzulegen, beizubehalten, zu ändern und diese Tendenz zu verwirklichen.«[54] Denn dem Staat seien nicht nur unmittelbare Eingriffe, »vor allem in Gestalt eigener Einflußnahme auf die Tendenz von Zeitungen verwehrt«, sondern auch solche Maßnahmen oder rechtlichen Regelungen, die die Presse »fremden – nichtstaatlichen – Einflüssen unterwerfen oder öffnen.«[55]

Zusammenfassend ist daher festzustellen, daß die institutionelle Gewährleistung der Pressefreiheit als Rechtsgrundlage einer gesetzlich herzustellenden Ordnung des Pressewesens ausscheidet. Nach ganz herrschender Meinung dient die objektiv-rechtliche Komponente im wesentlichen der Absicherung anerkannter subjektiver Berechtigungen.

Für die Rundfunkfreiheit hat sich ein entsprechendes Verständnis bislang nicht durchzusetzen vermocht. Während man das erste und zweite Rundfunkurteil des Bundesverfassungsgerichts noch dahingehend verstehen konnte, daß die für die Pressefreiheit geschilderte Grundrechtsinterpretation prinzipiell auch für den Rundfunk Gültigkeit beanspruchen solle, insbesondere die technischen Gegebenheiten aber einen davon abweichenden Weg der Freiheitssicherung verlangten[56], steht seit dem dritten Rundfunkurteil fest, daß nach Auffassung

53 BVerfG 5.8.1966, BVerfGE 20, 162-230 (176).

54 BVerfG 6.11.1979, BVerfGE 52, 283-303 (296).

55 BVerfG 6.11.1979, BVerfGE 52, 283-303 (296).

56 Vgl. BVerfG 28.2.1961, BVerfG 12, 205-264 (262): »... unter den gegenwärtigen technischen Gegebenheiten...«; sehr deutlich auch BVerfG 27.7.1971, BVerfGE 31, 314-357 (326): »Im Bereich des Rundfunks ist – *jedenfalls vorerst* – sowohl aus technischen Gründen als auch wegen der hohen finanziellen Anforderungen ... eine dem Pressewesen entsprechende Vielfalt von miteinander konkurrierenden Darbietungen nicht möglich.« (Hervorhebung durch den Verfasser).

des Gerichts auch bei Überwindung des sogenannten Frequenzmangels gesetzliche Vorkehrungen zur Gewährleistung der Rundfunkfreiheit erforderlich sind[57]. Denn – so die Begründung – die dem Rundfunk zufallende Aufgabe, eine freie und umfassende Meinungsbildung zu ermöglichen, verpflichte diesen, in möglichster Breite und Vollständigkeit zu informieren; eine lediglich negatorische Ausgestaltung würde dieser Aufgabenstellung nicht gerecht werden[58].

Die Reaktion des rechtswissenschaftlichen Schrifttums auf diese Rechtsprechung fiel sehr unterschiedlich aus. Im Hinblick auf die hier behandelte Problematik sind vor allem die Stellungnahmen von besonderem Interesse, die die Rundfunkfreiheit nur noch als objektiv-rechtliche Freiheitsgewährleistung begreifen und jegliche individualrechtlichen Aspekte leugnen[59]. Zwar soll an dieser Stelle nicht das Für und Wider einer subjektiven Rundfunkfreiheit zum Gegenstand der Erörterung gemacht werden[60], hinzuweisen ist aber auf die Folgen einer überwiegend oder gar ausschließlich institutionellen Deutung der Rundfunkfreiheit, wie sie auch vom Bundesverfassungsgericht favorisiert wird. Als übergreifender Gesichtspunkt ist insoweit zunächst die Forderung nach einer gesetzlichen Ausgestaltung des Medienbereiches überhaupt zu nennen[61]; für notwendig gehalten werden nämlich besondere Vorkehrungen organisatorischer und sachlicher Art zur Verwirklichung der durch Art. 5 Abs. 1 S. 2 GG gewährleisteten Freiheit des Rundfunks[62]. In organisatorischer Hinsicht wird dem Gesetzgeber ein breiter Ermessensspielraum zugebilligt. Nicht die Organisationsform, sondern die Organisationsprinzipien seien dabei für die Rundfunkfreiheit maßgebend[63]. Denkbar und verfassungsgemäß seien sowohl eine privatrechtliche Struktur als auch ein in unmittelbarer Staatsverwaltung geführter Rundfunk, solange es sich nicht um einen Staatsrundfunk im Sinne eines regierungstreuen Propagandarundfunks handele[64]. Hervorgehoben wird dabei, daß auch keine Pflicht des Gesetzgebers bestehe, die öffentlich-rechtliche Anstaltsform erst dann zu wählen, wenn privatrechtliche Gesellschaftsformen

57 BVerfG 16.6.1981, BVerfGE 57, 295-335 (322-324).

58 BVerfG 16.6.1981, BVerfGE 57, 295-335 (323); BVerfG 4.11.1986, BVerfGE 73, 118-205 (152); BVerfG 24.3.1987, BVerfGE 74, 297-357 (324).

59 So etwa *Berendes*, Die Staatsaufsicht über den Rundfunk, 65 und *Wieland*, Die Freiheit des Rundfunks, 94.

60 Siehe dazu unten B I 5 a)bb)aaa).

61 Siehe *Lerche*, Rundfunkmonopol, 35 und *Stern/Bethge*, Öffentlich-rechtlicher und privatrechtlicher Rundfunk, 195.

62 *Berendes*, Die Staatsaufsicht über den Rundfunk, 66.

63 *Berendes*, Die Staatsaufsicht über den Rundfunk, 67.

64 Siehe etwa *Berendes*, Die Staatsaufsicht über den Rundfunk, 67-69, der allerdings einen solchermaßen beschaffenen Staatsrundfunk ablehnt, weil es insgesamt »am nötigen Vertrauen« fehlt, »daß sich eine staatliche Tätigkeit im Rundfunkbereich stets an die Grenzen der Verfassung hält.«

aus welchen Gründen auch immer nicht zum Ziel führten, da es kein individuelles Recht auf Zugang zum Rundfunk gebe und demzufolge der Gesetzgeber auch nicht im Hinblick auf den Grundsatz der Verhältnismäßigkeit gezwungen sei, das mildere und weniger einschränkende Mittel zu wählen[65]. Gleichgültig für welche Rechtsform sich der Gesetzgeber aber entscheide, zwingend sei die Kontrolle durch die »gesellschaftlich relevanten Gruppen und Kräfte«, denn nur so könne ein »offener Meinungsmarkt« hergestellt und die Verhinderung von Meinungsmonopolen erreicht werden[66]. Daneben sei durch allgemein verbindliche sachliche Grundsätze sicherzustellen, daß das breite Spektrum der vorhandenen Meinungsvielfalt im Gesamtprogramm Berücksichtigung finde; das Neutralitätsgebot gebiete es, daß das insgesamt zur Ausstrahlung vorgesehene Programm »rundfunkintern ausbalanciert« sein müsse[67]. Im Ergebnis gewährleistet die Rundfunkfreiheit nach dieser Auffassung also nicht einen Raum freier Entfaltung des Menschen, sondern einen Kommunikationsprozeß[68].
Das Bundesverfassungsgericht beurteilt die Lage ähnlich. Zwar werden subjektivrechtliche Elemente der Rundfunkfreiheit nicht ausdrücklich geleugnet, eine unter diesem Gesichtspunkt erfolgende Analyse der Rechtsprechung des Gerichts ergibt jedoch, daß diese nur bei einer zumindest überwiegend objektivrechtlichen Betrachtung der Rundfunkfreiheit in sich stimmig ist. Einige Beispiele vermögen dies in besonders anschaulicher Weise zu verdeutlichen. Bei Annahme eines subjektiven Freiheitsrechtes beinhaltet die Grundrechtsgewährleistung zum einen den prinzipiell freien Zugang zum Rundfunkmarkt, d.h., es steht im Belieben des einzelnen, ein Rundfunkunternehmen zu gründen und zu betreiben. Nach der Rechtsprechung des Bundesverfassungsgerichts kommt hingegen eine rundfunkunternehmerische Tätigkeit Privater wenn überhaupt nur im Rahmen einer »positiven Ordnung« in Betracht[69]. Dem Willen oder der Entscheidung Privater, Rundfunkprogramme herzustellen und zu verbreiten, können demnach zwei Hindernisse im Wege stehen: einerseits die Weigerung des zur Herstellung einer positiven Ordnung berufenen Landesgesetzgebers, privaten Rundfunk zuzulassen, und andererseits – wenn er diesen grundsätzlich gestattet – die Zulassungsvoraussetzungen, die von den Bewerbern zu erfüllen sind. Die Bejahung einer individualrechtlichen Komponente der Rundfunkfreiheit würde darüber hinaus auch den verfassungsrechtlichen Schutz der

65 *Bethge*, Die verfassungsrechtliche Problematik der Zulassung von Rundfunkveranstaltern des Privatrechts, 27.
66 *Berendes*, Die Staatsaufsicht über den Rundfunk, 70 f. und *Bethge*, Die verfassungsrechtliche Problematik der Zulassung von Rundfunkveranstaltern des Privatrechts, 73.
67 *Berendes*, Die Staatsaufsicht über den Rundfunk, 72 f.
68 *Wieland*, Die Freiheit des Rundfunks, 94.
69 BVerfG 16.6.1981, BVerfGE 57, 295-335 (320); BVerfG 4.11.1986, BVerfGE 73, 118-205 (152); BVerfG 24.3.1987, BVerfGE 74, 297-357 (324).

Programminhalte gebieten, und zwar in dem Sinne, daß Vorgaben positiver oder negativer Natur grundsätzlich unzulässig sind. Nach Ansicht des Bundesverfassungsgerichtes ist demgegenüber vom Gesetzgeber sicherzustellen, daß sich die Vielfalt der bestehenden Meinungen in möglichster Breite und Vollständigkeit in den Rundfunkprogrammen spiegelt[70]. Dabei wird dem Gesetzgeber auch hier wieder ein denkbar weiter Ermessenspielraum zugebilligt[71]. So ist es diesem unbenommen, sich selbst dann für das Erfordernis in sich ausgewogener Einzelprogramme zu entscheiden, wenn anzunehmen ist, daß sich schon aufgrund der Vielzahl von Programmen inhaltliche Vielfalt einstellen wird. Die Anerkennung eines subjektiven Rundfunkfreiheitsrechtes – so läßt sich verallgemeinern – verpflichtet den Gesetzgeber dagegen, stets das den einzelnen am wenigsten beschränkende Ordnungsmodell zu wählen; Gestaltungsspielräume, wie das Bundesverfassungsgericht sie den Landesgesetzgebern eröffnet, wären danach nicht verfassungsgemäß.

Ein im vorerwähnten Sinne institutionelles Verständnis der Rundfunkfreiheit ist tiefgreifenden Bedenken ausgesetzt. Zuzustimmen ist zwar grundsätzlich dem gedanklichen Ansatzpunkt für eine Institutionalisierung der grundrechtlichen Freiheiten, der in der Erkenntnis gesehen wird, daß in einer sozialen Wirklichkeit, die geprägt ist von einer eng verflochtenen industriellen Massengesellschaft, die Freiheitsrechte gerade nicht nur im klassischen Sinne als negative Abwehrrechte verstanden werden können[72]. Beigepflichtet werden kann und muß auch der daraus von vielen gezogenen Schlußfolgerung, daß nämlich der Staat angesichts der fortschreitenden Abnahme individuell beherrschbaren Lebensraums und wachsender Abhängigkeit des einzelnen von der staatlichen Daseinsfürsorge nicht nur verpflichtet ist, unangemessene Eingriffe in die individuelle Freiheit zu unterlassen, sondern auch gefährdete Freiheit aktiv zu unterstützen und zu sichern[73]. Eine so verstandene objektiv-rechtliche Garantie deckt jedoch nicht mehr eine positiv-gesetzliche Ordnung mit Zugangs- und Inhaltsschranken. Hier droht vielmehr die Realisierung der von *Herzog* geäußerten Befürchtung, daß die Lehre von der institutionellen Komponente der Grundrechte »einfach den Sinn hat, durch das begriffsjuristische Kunststück der Einführung einer neuen Kategorie rechtlich Konsequenzen zu induzieren,

70 BVerfG 16.6.1981, BVerfGE 57, 295-35 (320); BVerfG 4.11.1986, BVerfGE 73, 118-205 (152 f.); BVerfG 24.3.1987, BVerfGE 74, 297-357 (324).

71 BVerfG 16.6.1981, BVerfGE 57, 295-335 (321); BVerfG 4.11.1986, BVerfGE 73, 118-205 (153); BVerfG 24.3.1987, BVerfGE 74, 297-357 (324).

72 *Hesse*, Grundzüge des Verfassungsrechts der Bundesrepublik Deutschland, 120.

73 Siehe dazu *Scheuner*, Die Funktion der Grundrechte im Sozialstaat – Die Grundrechte als Richtlinie und Rahmen der Staatsfähigkeit: DÖV 1971, 505-513 (510); *Wufka*, Die verfassungsrechtlich-dogmatischen Grundlagen der Rundfunkfreiheit, 42 f.; vgl. ferner *Böckenförde*, Grundrechtstheorie und Grundrechtsinterpretation: NJW 1974, 1529-1538.

die ohne dieses Kunststück zu ziehen nicht möglich wäre.«[74]Zutreffend ist zwar, daß das Grundgesetz neben den Grundrechten im Sinne subjektiver Rechte auch objektive Gewährleistungen von Einrichtungen kennt. Soweit es sich um *grundrechtsbezogene* Einrichtungsgarantien handelt, ist aber darauf hinzuweisen, daß ihr Sinn und Zweck darin bestehen soll, das subjektive Recht vor der gesetzespositivistisch möglichen Denaturierung zu schützen. Einrichtungsgarantien mit Grundrechtsbezug bestehen demgemäß nach Maßgabe der zugrundeliegenden Rechte; sie »sind deren Umbau, nicht deren Quelle«[75]. Eine Hervorhebung des primären Individualschutzcharakters aller Grundrechte findet sich auch in dem Mitbestimmungsurteil des Bundesverfassungsgerichts: »Dabei kommt den Einzelgrundrechten die gleiche Bedeutung zu wie in anderen Zusammenhängen: Nach ihrer Geschichte und ihrem heutigen Inhalt sind sie in erster Linie individuelle Rechte, Menschen- und Bürgerrechte, die den Schutz konkreter, besonders gefährdeter Bereiche menschlicher Freiheit zum Gegenstand haben. Die Funktion der Grundrechte als objektiver Prinzipien besteht in der prinzipiellen Verstärkung ihrer Geltungskraft..., hat jedoch ihre Wurzel in dieser primären Bedeutung... . Sie läßt sich daher nicht von dem eigentlichen Kern lösen und zu einem Gefüge objektiver Normen verselbständigen, in dem der ursprüngliche und bleibende Sinn der Grundrechte zurücktritt.«[76]
Für den Gesetzgeber bedeutet dies, daß ihm eine grundrechtsgestaltende oder grundrechtsausführende Gesetzgebung grundsätzlich nicht zu verwehren ist[77], er jedoch inhaltlich an die Grundrechtsgarantien gebunden ist, denn diese stehen nicht zu seiner Disposition[78]. Ein – auch – institutionelles Verständnis von Art. 5 Abs. 1 S. 2 GG darf demgemäß nicht zur faktischen Negation individueller Freiheitsrechte führen[79]. Aus der allgemeinen Verpflichtung des Gesetzgebers, keine den Grundrechten inhaltlich widersprechenden Regelungen zu erlassen, resultiert vielmehr das Gebot, die individuellen Entfaltungsmöglichkeiten im von Art. 5 Abs. 1 S. 2 GG erfaßten Medienbereich weitestgehend zu schützen.

74 *Maunz/Dürig/Herzog* (*-Herzog*) Art. 5 Abs. I, II GG Rdnr. 120.
75 Siehe *Maunz/Dürig/Herzog* (*-Dürig*) Art. 1 Abs. III GG Rdnr. 98 mit weiteren Nachweisen.
76 BVerfG 1.3.1979: EuGRZ 1979, 121-144 (133).
77 Vgl. *Lerche*, Übermaß und Verfassungsrecht, 106 ff.
78 Siehe auch *Scholz*, Audiovisuelle Medien und bundesstaatliche Gesetzgebungskompetenz, 29 f.
79 Vgl. *Mestmäcker*, Medienkonzentration und Meinungsvielfalt, 25; sowie *Selmer*, Bestands- und Entwicklungsgarantien für den öffentlich-rechtlichen Rundfunk in einer dualen Rundfunkordnung, 47: »Grundsätzlich hat daher eine subjektivrechtliche Deutung des Grundrechts den Ausgangspunkt der Betrachtungen zu bilden, während der objektivrechtliche Aspekt im Lichte dieses primär individualrechtlichen Charakters zu begreifen ist.«; ähnlich *Eberle*, Rundfunkübertragung, 40.

Bestmögliche Entfaltung individueller Freiheit im massenkommunikativen Sektor ist allein bei Zugangs-, Betriebs- und Inhaltsfreiheit[80] gewährleistet. Für alle Medien gilt also grundsätzlich das Privatheitsgebot, das auch aus den verfassungsrechtlichen Entscheidungen zugunsten privatwirtschaftlicher, privatrechtlicher und privatnütziger Tätigkeiten und Rechtspositionen (Artt. 2, 12 und 14 GG) folgt[81]. Gesetzliche Regelungen, die diese elementaren Bestandteile massenkommunikativer Freiheit einschränken, stehen grundsätzlich im Widerspruch zu Art. 5 Abs. 1 S. 2 GG; eine *grundrechtsausführende* Gesetzgebung ist in diesen Fällen zu verneinen. Etwas anderes kann allerdings gelten, wenn die uneingeschränkte Einräumung individueller Freiheit zur Grundrechtsbeeinträchtigung anderer führt. So befürchtete das Bundesverfassungsgericht namentlich im Rundfunkbereich eine Grundrechtskollision, und zwar »einerseits der aus der Informationsfreiheit folgende Anspruch auf umfassende und wahrheitsgemäße Information, andererseits die Freiheit der Meinungsäußerung derjenigen, welche die Programme herstellen oder in den Sendungen zu Worte kommen«[82]. Hierzu sei allerdings angemerkt, daß normative Eingriffe auch bei Konstellationen dieser Art ihre verfassungsrechtliche Zulässigkeit nicht des Rückgriffs auf die institutionelle Komponente des Freiheitsrechts bedürfen, da sich in derartigen Bestimmungen lediglich eine dem Grundrecht innewohnende immanente Schranke konkretisiert. Eine Durchbrechung des Prinzips privater Freiheit – und dies gilt nicht allein für den Rundfunk, sondern für sämtliche Formen der Massenkommunikation – bedarf mithin einer besonderen verfassungsrechtlichen Legitimation. *Schmitt Glaeser* und *König* sprechen in diesem Zusammenhang von »Beweislast«[83]. Diese verfassungsrechtliche Legitimation nun in der publizistischen Relevanz massenkommunikativer Betätigung sehen zu wollen, hieße zu verkennen, daß die Meinungsfreiheit gerade ob ihrer publizistischen Relevanz Verfassungsschutz genießt[84]. Für die bei der Diskussion um die Freiheitsgewährleistung von Art. 5 Abs. 1 S. 2 GG im Vordergrund stehende Frage der Beschränkbarkeit von Kommunikationsinhalten muß daher gelten, daß im gleichen Maße, in dem die Vielfalt der Meinungen durch die Vielfalt des Angebots und die Wahlmöglichkeiten der Bürger unmittelbar

80 Vgl. *Ossenbühl*, Die Finanzierung des Auslandsrundfunks, RuF 1968, 389-397 (392): »Kern der Rundfunkfreiheit ist die Programmfreiheit.«; siehe ferner *Herrmann*, Fernsehen und Hörfunk in der Verfassung der Bundesrepublik Deutschland, 48 ff. zur Freiheit der Aussagebestimmung und Programmgestaltung.

81 Siehe *Mestmäcker*, Medienkonzentration und Meinungsvielfalt, 212 sowie *König*, Die Teletexte, 106 f.

82 BVerfG 16.6.1981, BVerfGE 57, 295-335 (321).

83 Vgl. *Schmitt Glaeser*, Kabelkommunikation und Verfassung, 101; *König*, Die Teletexte, 106 f.

84 Siehe *Mestmäcker*, Bildschirmtext: Rechtsgrundlagen und Auswirkungen auf die Mitglieder des Deutschen Reisebüro-Verbandes e.V., 26.

gewährleistet werden kann, die Verdrängung der individuellen Meinungsfreiheit durch ausgewogene Repräsentativmeinungen ihre Rechtfertigung verliert[85]. Mit *Mestmäcker* ist darüber hinaus darauf hinzuweisen, daß privatwirtschaftliche und privatrechtliche Organisation nicht zwangsläufig zu einer unternehmerischen, auf Gewinnerzielung gerichteten Nutzung führt; die neuen Techniken es vielmehr gestatten, daß die gesellschaftlich relevanten Grupppen wie Kirchen, Gewerkschaften, Arbeitgeberverbände etc. ihre Meinungen nun unmittelbar zum Ausdruck bringen können[86]. Für den Rundfunkbereich mag man davon ausgehen, daß sich dieser Prozeß stufenweise vollziehen wird[87], im Gegensatz dazu läßt sich für das Bildschirmtextsystem bereits heute feststellen, daß eine noch größere Vielfalt als im Pressewesen technisch und wirtschaftlich möglich ist[88].

Zusammenfassend ist festzustellen, daß die massenkommunikative Freiheitsgewährleistung des Art. 5 Abs. 1 S. 2 GG die freie Ausübung publizistischer Tätigkeiten durch die in diesem Bereich sich engagierenden Personen, den freien Zugang zu publizistischer Betätigung, die freie Gründung von (Medien-) Unternehmen sowie deren ungehinderten Betrieb beinhaltet. Die Zuordnung neuer (Massen-)Kommunikationssysteme zu den im Grundgesetz genannten Formen Presse, Rundfunk und Film ist damit unter dem Gesichtspunkt des grundgesetzlich gewährleisteten Schutzbereiches entbehrlich[89].

II. *Das Verhältnis von Medienfreiheit und individueller Meinungsfreiheit*

Die verfassungsrechtliche Einordnung der sogenannten Neuen Medien bereitet nun nicht allein im Hinblick auf Art. 5 Abs. 1 S. 2 GG Probleme. Mit der Multifunktionalität der Kommunikationsmittel und der Kommunikationswege geht ein inhaltlich-struktureller Wandel der Telekommunikation einher, als dessen Charakteristikum die Individualisierung zu nennen ist[90]. Dabei macht das Beispiel des Pay-TV (Möglichkeit des Einzelbezugs zu beliebiger Zeit oder Abruf einzelner Sendungen zu vorbestimmter Zeit) deutlich, daß die klassischen

85 Siehe *Mestmäcker*, Medienkonzentration und Meinungsvielfalt, 211.
86 *Mestmäcker*, Medienkonzentration und Meinungsvielfalt, 211.
87 So *Bullinger*, Kommunikationsfreiheit im Strukturwandel der Telekommunikation, 71 ff.
88 Vgl. *Hurcks*, Nur die Astrologen sind sich sicher: Neue Medien 1986 (Heft 11) 86-88.
89 Ebenso *König*, Die Teletexte, 109-111.
90 Vgl. *Bullinger*, Kommunikationsfreiheit im Strukturwandel der Telekommunikation, 23 ff. und 30 ff.

Medien – im Beispielsfall der Rundfunk – von dieser Entwicklung nicht ausgeschlossen sind. Während sich bisher im Telekommunikationsbereich Massen- und Individualkommunikation verhältnismäßig klar voneinander trennen ließen (Presse und Rundfunk einerseits und Briefverkehr, Telefon etc. andererseits), bereitet die Abgrenzung nunmehr äußerste Schwierigkeiten.

1. *Der Streit um die Begriffsbestimmung von Individual- und Massenkommunikation – Neue Telekommunikationsformen als Schutzgut von Art. 5 Abs. 1 S. 1 oder S. 2 GG*

Angeregt durch die beschriebene technische Entwicklung entfachte sich eine Diskussion darüber, welche Merkmale die Begriffe Massen- und Individualkommunikation prägen. Für die Definition der Massenkommunikation kann dabei Übereinstimmung insoweit festgestellt werden, als für die Bejahung von Massenkommunikation zumindest Öffentlichkeit der Kommunikation, ein großer Personenkreis auf der Rezipientenseite und die Benutzung technischer Verbreitungsmittel vorausgesetzt werden[91]. Ob darüber hinaus die Einseitigkeit des Kommunikationsvorganges oder – wie *König* formuliert – die beim Kommunikator liegende inhaltliche Gestaltungsbefugnis[92] als Abgrenzungskriterium geeignet ist, wird kontrovers beurteilt[93]. Der These *Königs*, entscheidend für eine Abgrenzung der Individualkommunikation sei der »Grad der Interaktivität«[94], wird von *von Petersdorff* entgegengehalten, daß der »Grad der Interaktivität« wegen seiner Variabilität als Unterscheidungskriterium nur bedingt brauchbar sei. Die Gefahr einer willkürlichen Bestimmung könne nicht ausgeschlossen werden[95]. Streitig ist auch die Qualität des Merkmals der »Indirektheit« für eine exakte Begriffsabgrenzung[96]. Die ablehnende Haltung wird damit begründet, daß Individualkommunikation sowohl direkt als auch indirekt erfolgen könne: entweder »von Angesicht zu Angesicht« oder auch mit räumlich und/oder zeitlicher Versetzung wie beispielsweise beim Ferngespräch; Massenkommunikation sei demgegenüber immer indirekte Kommunikation[97].

91 Siehe *König*, Die Teletexte, 25, 31, 34 sowie *Jarass*, Die Freiheit der Massenmedien, 29 f.
92 *König*, Die Teletexte, 39.
93 Grundsätzlich bejahend *König*, Die Teletexte, 39 und *Schmitt Glaeser*, Kabelkommunikation und Verfassung, 185 ff.
94 *König*, Die Teletexte, 39.
95 *von Petersdorff*, Die Bildschirmtextzentrale eine Fernmeldeanlage – Bildschirmtext ein Fernmeldedienst?, 40 f.
96 Befürwortend *Jarass*, Die Freiheit der Massenmedien, 30.
97 *König*, Die Teletexte, 40 f.

Lediglich ein »despriktives« Merkmal ist für *König* aber nicht nur die Indirektheit, sondern ebenso das von *Jarass* als »komplexe formale Organisation« bezeichnete Charakteristikum[98]. Bereits sprachlich bedeute Massenkommunikation allein, daß »jemand« mit einer Masse von Individuen kommuniziere. Über das Erscheinungsbild des Kommunikators selbst sei dabei nichts ausgesagt. Außerdem gebe es Beispiele aus den einzelnen Massenmedien, bei denen dieses Kriterium nicht zutreffe: Auch Flugblätter zählten zum Massenmedium Presse[99].

Ähnlich kontrovers wie die hier skizzierte Diskussion über die Kriterien der Abgrenzung von Massen- und Individualkommunikation und naturgemäß partiell durch diese begründet, verläuft die Erörterung der Frage, ob und welcher der beiden Kommunikationsformen die neuen Systeme unterfallen. So wird Bildschirmtext unter Beibehaltung der bislang geläufigen Trennung von Massen- und Individualkommunikation entweder gänzlich dem Bereich der Individualkommunikation[100] oder mit Ausnahme der »echten Dialogdienste« dem der Massenkommunikation zugerechnet[101]. Im Hinblick auf Videotext wird – wenngleich nur vereinzelt – eine uneingeschränkte Zuordnung zur Massenkommunikation angenommen[102]. Bei Kabeltext halten einige Autoren eine abschließende Einordnung noch nicht für möglich, da nicht genau abzusehen sei, welche technischen Varianten realisiert würden[103].

Nach anderer Auffassung ist mit dem Bildschirmtext – und dies gelte für den gesamten Teletextbereich(!) – der Typus der Individualkommunikation verlassen, der Typus der Massenkommunikation aber noch nicht erreicht[104]. Die potentielle und partielle Zuordnung des Teletextes als eines Annexes zu Rundfunk oder Presse ändere nichts daran, daß dem Grundtypus des Teletextes eine Aufspaltung der Informationsmasse in getrennt lieferbare, dissoziierte Einzelinformationen innewohne und ihn so grundsätzlich zu einer inhaltlich-strukturellen Telekommunikationsform eigener Art werden lasse[105].

98 *Jarass*, Die Freiheit der Massenmedien, 29.

99 *König*, Die Teletexte, 42.

100 So *Ferger/Junker*, »Neue Medien« und Fernmelderecht: DÖV 1981, 439-448 (446).

101 So *König*, Die Teletexte, 45-47.

102 Vgl. etwa *König*, Die Teletexte, 45.

103 Siehe dazu Zweiter Bericht der Rundfunkreferenten der Länder zur Frage des Rundfunkbegriffs, insbesondere der medienrechtlichen Einordnung von »Videotext«, »Kabeltext« und »Bildschirmtext« (Teleschriftformen) – »Würzburger Papier«vom 25.5.1979 C.III 2 c) aa) – abgedruckt in: *Ring*, Textsammlung F-I 1.6.; ähnlich *König*, Die Teletexte, 46.

104 *Bullinger*, Kommunikationsfreiheit im Strukturwandel der Telekommunikation, 37; ebenso *Bartl*, Handbuch Btx-Recht, 18 Rdnr. 21; vgl. auch die Begründung zum Btx-Staatsvertrag: »Bildschirmtext ist ein neues Medium, bei dem es nicht um klar abgegrenzte Individualkommunikation, sondern um einen ambivalenten, in eine überindividuelle Kommunikation übergehenden Dienst geht.« abgedruckt in: *Meyer/Schiwy/ Schneider*, Kabelrundfunk H. 2.3 (A III 2).

105 *Bullinger*, Kommunikationsfreiheit im Strukturwandel der Telekommunikation, 41.

2. *Der Lösungsvorschlag Bullingers*

Der Grund für die Bemühungen, Kriterien für die Unterscheidung von Massen- und Individualkommunikation zu finden, liegt in dem vermeintlichen Spannungsverhältnis von Art. 5 Abs. 1 S. 2 GG und Art. 5 Abs. 1 S. 1 GG. Schutzgegenstand der im umfassenden Sinne verstandenen Kommunikationsfreiheit ist die Freiheit von staatlicher Bestimmung oder Einflußnahme auf den Kommunikationsinhalt. In Anlehnung an die Rechtsprechung des Bundesverfassungsgerichts ist dies nach richtiger Auffassung *Bullingers*[106] dahingehend zu ergänzen, daß auch gesellschaftlichen Gruppen ein dominierender Einfluß versagt sein soll. Für die Individual- und Massenkommunikation wurden jedoch verschiedene Wege zur Durchsetzung dieser Freiheitsgewährleistung beschritten: Während im Bereich der Individualkommunikation der Inhalt den Kommunikationspartnern völlig freigestellt ist – abgesehen von durch allgemeine Gesetze, das »öffentliche Wohl« oder die »guten Sitten« vorgegebenen Grenzen[107], wurde und wird der durch das Massenkommunikationsmittel Rundfunk übertragene Inhalt jedenfalls insoweit reglementiert, als zumindest das Gesamtprogramm die Vielfalt der tatsächlich existierenden Meinungen wiedergeben soll (Ausgewogenheit). Daß es an gleichartigen Regelungen für das Pressewesen fehlt, ist gewissermaßen ein »glücklicher historischer Zufall«. Denn zu dem Zeitpunkt, »in dem eine historisch durch öffentlich-rechtliche Anstalten geprägte Erscheinungsform des Rundfunks mit Verfassungsrang ausgestattet wurde«[108], mußte das Bundesverfassungsgericht im Hinblick auf das Pressewesen konstatieren: »Während bei der Presse die geschichtliche Entwicklung zu einem gewissen bestehenden Gleichgewicht geführt hat, so daß es heute zur Sicherstellung umfassender Informationen und Meinungsbildung durch die Presse grundsätzlich genügen mag, Bestehendes zu gewährleisten,...«[109].
Nach Auffassung *Bullingers* kann die so umschriebene Diskrepanz inhaltlicher Reglementierungen bei Massen- und Individualkommunikation grundsätzlich nicht aufrechterhalten werden, wenn die technisch-inhaltliche Entwicklung der Telekommunikation Zwischenformen individualisiert-allgemeiner Telekommunikation wie den Teletext oder das Pay-TV entstehen lasse und sich der Rundfunk selbst unausweichlich von der öffentlichen Grundversorgung zum

106 *Bullinger*, Kommunikationsfreiheit im Strukturwandel der Telekommunikation, 68.

107 Vgl. § 42 Verordnung über die Bedingungen und Gebühren für die Benutzung der Einrichtungen des Fernmeldewesens vom 5.11.1986 (BGBl. 1986 I, 1749) i.d.F. der Bekanntmachung vom 16.7.1987 (BGBl. 1987 I, 1761).

108 Vgl. *Mestmäcker*, In welcher Weise empfiehlt es sich, die Ordnung des Rundfunks und sein Verhältnis zu anderen Medien – auch unter dem Gesichtspunkt der Harmonisierung – zu regeln? 56. DJT (1986) Band II, 09-037 (012).

109 BVerfG 16.6.1981, BVerfGE 57, 295-335 (323).

konkurrierenden Angebot selektiver Einzelsendungen wandele[110]. Für neue Kommunikationssysteme könne inhaltliche Ausgewogenheit nicht verlangt werden, sofern diese jedem Verbreitungs- oder Rezeptionswilligen zu technisch und finanziell tragbaren Bedingungen zur Verfügung ständen – wie dies bei den Teletexten der Fall sei; unbegrenzte Pluralität des Kommunikationsangebots und freie Selektion durch den Rezipienten ersetzten die Ausgewogenheit[111]. Soweit die Kommunikationsformen wie die Teletexte als Hilfsfunktion Rundfunk oder Presse zuzurechnen seien, kämen zwar grundsätzlich die spezifischen Inhaltsregeln dieser Bereiche zur Anwendung; diese müßten allerdings modifiziert werden, soweit sie auf die spezielle Verbreitungsform des Teletextes nicht paßten[112]. Anders sei demgegenüber der Individualisierung im Rundfunkbereich Rechnung zu tragen. Da diese hier kein sofort wirksamer Vorgang, sondern ein von zahlreichen Faktoren bestimmter Prozeß sei, lasse sich auch die inhaltliche Staatsfreiheit nur »stufenweise« neu bestimmen[113]. Erst wenn ein dem Teletextsystem entsprechendes plurales Kommunikationssystem vorhanden sei, in dem prinzipiell alle nicht nur theoretisch, sondern praktisch die nicht nur entfernte Möglichkeit hätten, Information und Meinungen zu verbreiten oder zu empfangen, wobei freilich dem Grundgesetz nicht das sozial-egalitäre Postulat finanziell gleicher Chancen eines jeden entnommen werden dürfe, in gleicher Weise und im gleichen Umfang Meinungen zu verbreiten, könne das Prinzip der inhaltlichen Staatsfreiheit volle Geltung beanspruchen[114].

3. *Die Leitbildfunktion der Meinungsäußerungsfreiheit*

Zustimmungswürdig ist der Lösungsvorschlag *Bullingers* insoweit, als nicht nur eindeutig in den Bereich der Individual- oder Massenkommunikation fallende Kommunikationssysteme, sondern auch Zwischenformen als durch Art. 5 Abs. 1 GG geschützt betrachtet werden. Ebenso ist zu begrüßen, daß sich *Bullinger* gegen eine isolierte Sicht der in Art. 5 Abs. 1 GG enthaltenen Einzelgarantien wendet, und von einem Zusammenwachsen der Einzelbestandteile dieser Verfassungsnorm zu einem einheitlichen, im Ansatz individuellen Grundrecht der Kommunikationsfreiheit ausgeht[115].

110 *Bullinger*, Kommunikationsfreiheit im Strukturwandel der Telekommunikation, 69.
111 *Bullinger*, Kommunikationsfreiheit im Strukturwandel der Telekommunikation, 69 f.
112 *Bullinger*, Kommunikationsfreiheit im Strukturwandel der Telekommunikation, 70 f., 71 (N. 160).
113 *Bullinger*, Kommunikationsfreiheit im Strukturwandel der Telekommunikation, 71 f.
114 *Bullinger*, Kommunikationsfreiheit im Strukturwandel der Telekommunikation, 72 f.
115 *Bullinger*, Kommunikationsfreiheit im Strukturwandel der Telekommunikation, 59 ff.

Stützen und verstärken läßt sich diese Auffassung, wenn man sich die Bedeutung der Meinungsfreiheit gerade für die Massenkommunikation vergegenwärtigt. Zu hinterfragen ist in diesem Zusammenhang insbesondere die strikte dogmatische Trennung beider Grundrechtsgewährleistungen[116]. Denn soll von der Zuordnung zur – wie auch immer zu definierenden – Individual- oder Massenkommunikation abhängig sein können, ob der jeweilige Kommunikationsinhalt reglementierbar ist, ist dies allein unter zwei Vorbedingungen denkbar. Zu erwägen wäre einerseits, ob die Äußerungsfreiheit im massenkommunikativen Bereich ein aliud gegenüber der Gewährleistung in Art. 5 Abs. 1 S. 1 GG darstellt. Zum anderen könnte man zwar allein im Hinblick auf die Meinungsfreiheit einen identischen Schutzbereich bei Art. 5 Abs. 1 S. 1 und S. 2 GG annehmen, Einschränkungen dieser Garantie für den Fall der Verbreitung durch Massenmedien jedoch aufgrund der institutionellen Freiheitsgewährleistung für zulässig erachten. Die erste Alternative scheidet aus: Gleichgültig, ob man Art. 5 Abs. 1 S. 2 GG als einen bloßen Unterfall der allgemeinen Meinungsäußerungsfreiheit ansieht, oder ob man die Freiheit der Massenmedien als ein eigenes, da verschiedenartiges Grundrecht erachtet[117], nach keiner Ansicht wird die Meinungsäußerungsfreiheit inhaltlich anders beurteilt. Denn betrachet man Art. 5 Abs. 1 S. 2 GG als Unterfall von Art. 5 Abs. 1 S. 1 GG, so kommt der Nennung der Presse-, Rundfunk- und Filmfreiheit nur noch Bekräftigungs- und Klarstellungsfunktion zu. Die Wertung von Art. 5 Abs. 1 S. 2 GG als eigenständiges Grundrecht basiert auf der Überzeugung, daß neben der Meinungsäußerungsfreiheit unter anderem auch die vorbereitenden Tätigkeiten durch diese Verfassungnorm geschützt werden. Das allgemeine Prinzip des Art. 5 Abs. 1 S. 1 GG werde dementsprechend durch das auf die Massenkommunikation beschränkte engere Prinzip des Art. 5 Abs. 1 S. 2 GG konkretisiert und kraft dieser Spezialität verdrängt[118].

Die verbleibende Alternative für die Rechtmäßigkeit und Legitimation der die Meinungsfreiheit einschränkender Regelungen im massenkommunikativen Bereich kann sich, wie bereits ausgeführt wurde, allein aus einer »notrechtsähnlichen Kompetenz« ergeben. Die publizistische Relevanz als solche rechtfertigt inhaltsbezogene Reglementierungen nicht. Im Grundsatz muß es daher dabei verbleiben, daß die »speziellen Meinungsfreiheiten« denselben Schutz genießen, der Art. 5 Abs. 1 S. 1 GG attestiert wird. Das Ausmaß der

116 Vgl. auch *Brugger*, Freiheit der Meinung und Organisation der Meinungsfreiheit: EuGRZ 1987, 189-201 (200 f.).

117 Einen Überblick über den Meinungsstand gibt *Bismarck*, Neue Medientechnologien und grundgesetzliche Kommunikationsverfassung, 98-100.

118 *Bismarck*, Neue Medientechnologien und grundgesetzliche Kommunikationsverfassung, 105 mit weiteren Nachweisen.

durch Art. 5 GG geschützten Meinungsfreiheit ist unabhängig davon, ob es sich um Individual- oder Massenkommunikation handelt. Aus dem Umstand, daß die Meinungsfreiheit im massenkommunikativen Bereich durch eine andere – da speziellere – Norm gewährleistet wird als die Meinungsfreiheit der Individualkommunikation, kann nicht die Schlußfolgerung gezogen werden, ein identischer Schutzbereich sei zu verneinen.
Im Hinblick auf neue Kommunikationssysteme, die zwischen Individual- und Massenkommunikation anzusiedeln sind, ist stets zu vergegenwärtigen, daß Art. 5 Abs. 1 S. 1 GG die Meinungsfreiheit schlechthin schützt, gleichgültig ob im Bereich der Individual- oder Massenkommunikation oder in dem dazwischenliegenden Bereich. Zwischen Individual- und Massenkommunikation besteht unter dem Gesichtspunkt der Meinungsfreiheit kein »grundgesetzlicher Freiraum«.

III. *Die Veränderung der Telekommunikationsstruktur und ihre kompetenzrechtlichen Folgen*

Ist damit in Grundzügen geklärt, welche inhaltlichen verfassungsrechtlichen Vorgaben für neue Kommunikationssysteme zu beachten sind, so stellt sich die weitere Frage, wem die Gesetzgebungskompetenz für die Nutzungsinhalte zusteht. Die auf den ersten Blick naheliegende Vermutung, jedenfalls in diesem Zusammenhang könne die Erforderlichkeit der Abgrenzung verschiedener massenmedialer Kommunikationsformen – insbesondere von Presse und Rundfunk – nicht mehr geleugnet werden, erweist sich als nicht zutreffend. Denn unabhängig davon, ob und welchem der im Grundgesetz genannten Medien ein neues Kommunikationssystem zugerechnet wird, ergibt sich eine grundsätzliche Gesetzgebungskompetenz der Länder: Für den Rundfunk und die Medien eigener Art folgt sie mangels einer Bundeskompetenzzuweisung aus Artt. 30, 70 GG; für die Presse (und den Film) ist sie lediglich durch eine Rahmenkompetenz des Bundes beschränkt, von der aber noch nicht Gebrauch gemacht worden ist[119].
Nicht zu bestreiten ist demgegenüber ein besonderes Spannungsverhältnis zwischen der vorerwähnten Gesetzgebungskompetenz der Länder und der Gesetzgebungshoheit des Bundes für das Fernmeldewesen aus Art. 73 Nr. 7

119 Zu diesem Ergebnis kam auch die *Expertenkommission Neue Medien – EKM Baden-Württemberg*, Abschlußbericht Bd. I, 188 f.

GG. Das Prinzip der Trennung zwischen Netzverantwortung und Verantwortung für die Informationsinhalte, für dessen Beibehaltung auch die *Kommission für den Ausbau des technischen Kommunikationssystems* (KtK) plädierte[120], galt bisher im Bereich der Massenkommunikation: »Das ›Post- und Fernmeldewesen‹ umfaßt nur den sendetechnischen Bereich des Rundfunks unter Ausschluß der sogenannten Studiotechnik .... Art. 73 Nr. 7 GG gibt dem Bund insbesondere nicht die Befugnis, die Organisation der Veranstaltung und die innere Organisation der Veranstalter von Rundfunksendungen zu regeln *oder Vorschriften in bezug auf die Sendungen zu erlassen*[121].« Ebensolche inhaltsbezogenen Vorschriften finden sich aber im Post- und Fernmelderecht, soweit es um individual-kommunikative Dienste geht. Beispielhaft genannt sei hier § 13 Abs. 1 Postordnung (PO):

»Von der Postbeförderung sind ausgeschlossen
1. Sendungen, deren Inhalt oder Beförderung gegen strafrechtliche Bestimmungen verstößt,
2. Sendungen, deren Außenseite oder einsehbarer Inhalt erkennbar gegen das öffentliche Wohl oder die Sittlichkeit verstößt, insbesondere wenn sie wegen des offenen Versands anstößig wirken.
3. Sendungen mit Vermerken politischen oder religiösen Inhalts auf der Aufschriftenseite.«[122]

Für die kompetenzrechtliche Behandlung neuer Kommunikationsdienste ergibt sich daraus nach *Ferger/Junker*, daß die Fernmeldekompetenz des Bundes aus Art. 73 Nr. 7 GG lediglich bei den Massenmedien auf den sendetechnischen Bereich beschränkt sei, während die neuen Formen der Individualkommunikation »vollständig« von Art. 73 Nr. 7 GG erfaßt würden (»Total«-Kompetenz des Bundes)[123]. Folgte man dieser Ansicht, so bedeutete dies die erneute Virulenz der Abgrenzungsproblematik von Massen- und Individualkommunikation[124]. Die von *Ferger/Junker* vorgetragenen Argumente sind indes nicht stichhaltig.

120 Vgl. KtK-Telekommunikationsbericht, 120.

121 BVerfG 28.2.1961, BVerfGE 12, 205-264 (225) (Hervorhebung durch den Verfasser).

122 Siehe Postordnung vom 16.5.1963 (BGBl. 1963 I, 341), zuletzt geändert durch die 10. Verordnung zur Änderung der Postordnung vom 10.3.1986 (BGBl. 1986 I, 343); auch abgedruckt in: *Eidenmüller*, Post- und Fernmeldewesen III Erster Teil B 1; vgl. ferner § 42 Telekommunikationsordnung (BGBl. 1986 I, 1749), der einen Übermittlungsvorbehalt der Deutschen Bundespost für Telegramme beinhaltet – zur Verfassungsmäßigkeit von § 13 Abs. 1 Nr. 3 PO siehe BVerwG 24.10.1985: NJW 1986, 949-951.

123 *Ferger/Junker* (oben N. 100) 442, 448; ebenso *Plagemann*, Zur verfassungsrechtlichen Lage bei der Einführung neuer Telekommunikationsdienste: ZUM 1986, 518-524 (521).

124 Maßgebliches Abgrenzungskriterium sind nach *Ferger/Junker* die »von einem Medium ausgehenden massenmedialen Wirkungen«, *diess.* (oben N. 100) 448.

So wird – neben dem Hinweis auf § 13 PO, § 12 FO und § 1 Abs. 2 TO – zur Begründung das erste Rundfunkurteil[125] und das Direktrufurteil[126] des Bundesverfassungsgerichtes herangezogen: Der Umstand, daß das Bundesverfassungsgericht im Direktrufurteil mit großer Selbstverständlichkeit eine »Total«-Kompetenz des Bundes aus Art. 73 Nr. 7 GG angenommen und die hier in Rede stehenden Probleme der Regelungskompetenz im Rahmen des Rundfunkurteils gar nicht erst in Erwägung gezogen habe, werfe die Frage nach der Ursache auf[127]. Diese sei – so der Tenor der Ausführungen – die Qualifizierung des Rundfunks als Massenmedium, die Fallgestaltung im Direktrufurteil weise sich demgegenüber als reine Individualkommunikation aus[128]. Die Eindeutigkeit des Rundfunks als Massenmedium zum damaligen Zeitpunkt hätte dabei jegliche Erörterung der Abgrenzungsprobleme zwischen Massen- und Individualkommunikation und ihre kompetenzrechtlichen Auswirkungen entbehrlich gemacht respektive entbehrlich scheinen lassen[129]. Die Beurteilung des Bundesverfassungsgerichts aufgreifend, daß das in seiner politischen und kulturellen Bedeutung kaum zu überschätzende Massenkommunikationsmittel Rundfunk nicht Teil, sondern Benutzer fernmeldetechnischer Einrichtungen sei, denen insoweit nur noch eine dienende und untergeordnete Funktion zukomme, gelangen *Ferger/Junker* zu dem Ergebnis: »So muß es denn einleuchten, daß bei dieser separaten Institution Rundfunk die Befugnis zum Erlaß organisatorischer Regelungen für die Veranstaltung von Sendungen wie für die Veranstalter als Länderkompetenz angesehen wird.«[130] Der hier vorgenommene Vergleich und die daraus gezogenen Schlußfolgerungen vermögen einer näheren Überprüfung nicht standzuhalten. Einzuwenden ist zunächst, daß der Vergleich als solcher bereits mehr als fragwürdig ist. Die sich in dem Direktrufurteil stellende Problematik liegt auf einer gänzlich anderen Ebene als die, die Gegenstand der Erörterung im ersten Rundfunkurteil war. In dem 1977 ergangenen Direktrufurteil war die zentrale Frage, über die das Gericht zu befinden hatte, ob die digitale Nachrichtenübertragung unter den Begriff des Fernmeldewesens fällt, nicht hingegen, ob die Fernmeldekompetenz auch die Zuständigkeit zur Reglementierung von Informationsinhalten erfaßt. Obwohl *Ferger/Junker* diesen

125 BVerfG 28.2.1961, BVerfGE 12, 205-264.
126 BVerfG 12.10.1977, BVerfGE 46, 120-160.
127 *Ferger/Junker* (oben N. 100) 440.
128 *Ferger/Junker* (oben N. 100) 441; ähnlich *Plagemann* (oben N. 123) 521: »Bei der Entscheidung zur DirektrufVO lagen eben diese Eigenschaften einer massenkommunikativen Wirkung nicht vor – es handelte sich um einen Dienst, der zur Individualkommunikation diente... . Aussagen zur Kompetenzverteilung zwischen Bund und Ländern waren daher nicht angebracht.«
129 *Ferger/Junker* (oben N. 100) 441.
130 Ebenda.

Umstand erkennen[131], unterstellen sie dem Gericht gleichwohl die Annahme einer »Total-Kompetenz«[132]. Man mag darüber streiten, ob dem Bund durch diese Entscheidung eine »Total-Kompetenz« in *technischer* Hinsicht zugebilligt wird; eine umfassende Gesetzgebungszuständigkeit des Bundes im Bereich des Fernmeldewesens in dem Sinne, daß auch die Nutzungsinhalte von der Bundeskompetenz aus Art. 73 Nr. 7 GG erfaßt würden, war aber anders als im Rundfunkurteil weder Gegenstand der Erörterung noch wurde positiv in dieser Richtung entschieden. Die in diesem Zusammenhang von *Ferger/Junker* geäußerte These, die Fallgestaltung des Direktrufurteils weise sich als reine Individualkommunikation aus, und die Behauptung, die Eindeutigkeit des Rundfunks als Massenmedium müsse als Ursache dafür angesehen werden, daß das Bundesverfassungsgericht »keinerlei Veranlassung« zur Erörterung der Abgrenzungsproblematik gehabt habe, verkennt, daß das Gericht die Kompetenz der Länder im Rundfunkbereich nicht auf die massenkommunikative Eigenschaft dieses Mediums gegründet hat, sondern auf den Umstand, daß die Reglementierbarkeit der Nutzungsinhalte nicht durch die Zuständigkeit zur Reglementierung der Nutzungswege gedeckt ist.
Das weitere Argument, die Regelung von inhaltlichen Fragen sei »herkömmlicherweise« Bestandteil der Fernmeldekompetenz, wie etwa § 13 PO deutlich machten[133], überstrapaziert die traditionell gewachsene Annexzuständigkeit des Bundes für inhaltliche Reglementierungen im Bereich des Fernmeldewesens. Das Grundgesetz geht bei der Ordnung der Gesetzgebungskompetenz von Bund und Ländern vom Grundsatz der Länderzuständigkeit aus[134]. Der Bund hat Gesetzgebungsbefugnisse nur, sofern sie in der Verfassung ausdrücklich ihm zugewiesen werden. Bei Zweifeln über die Zuständigkeit des Bundes spricht keine Vermutung zugunsten einer Bundeskompetenz. Die grundgesetzliche Systematik erfordert vielmehr eine strikte Interpretation der Artt. 73 ff. GG.

131 Siehe *Ferger/Junker* (oben N. 100) 440 N. 15: »Die eigentlichen Probleme hinsichtlich der Gesetzgebungszuständigkeiten lagen hier anders.«
132 *Ferger/Junker* (oben N. 100) 440.
133 *Ferger/Junker* (oben N. 100) 441 f.
134 BVerfG 29.7.1959, BVerfGE 10, 89-118 (101).

B. Kompetenzkonflikte zwischen Bund und Ländern im Bereich des Rundfunks

I. *Das Verhältnis von Rundfunkkompetenz und Fernmeldehoheit*

1. *Der Vorwurf der Präjudizierung medienrechtlicher Entscheidungen durch die Fernmeldepolitik der Deutschen Bundespost*

Gemäß Art. 73 Nr. 7 GG hat der Bund die Kompetenz für die Regelung des Fernmeldebereichs, d.h. für diejenigen Bestimmungen, die die Errichtung oder Benutzung von Fernmeldeanlagen betreffen. Wie das Bundesverfassungsgericht im ersten Rundfunkurteil feststellte, umfaßt diese Zuständigkeit auch die sogenannte sendetechnische Seite des Rundfunks, denn auch der Rundfunk ist »Benutzer« fernmeldetechnischer Anlagen[135]. Im Verhältnis zu der politischen und kulturellen Bedeutung des Massenkommunikationsmittels Rundfunk – so das Bundesverfassungsgericht – kommt den fernmeldetechnischen Einrichtungen allerdings nur eine untergeordnete, dienende Funktion zu[136]. Von mehreren Autoren des rechtswissenschaftlichen Schrifttums wird aus dieser Aussage die Schlußfolgerung gezogen, daß das »Verfassungskompetenzrecht« eine klare Absage an eine Telekommunikationspolitik der technischen Sachzwänge enthalte[137]. Gegenstand kritischer Begutachtung ist in diesem Zusammenhang vor allem die Planung und Errichtung von Breitbandverteilnetzen[138]. Vor allem

135 BVerfG 28.2.1961, BVerfGE 12, 205-264 (226).
136 BVerfG 28.2.1961, BVerfGE 12, 205-264 (227).
137 So insbesondere *Scherer*, Telekommunikationsrecht und Telekommunikationspolitik, 485 f.
138 Breitbandkabelnetze bestehen aus einer Zentrale, in der die von den Empfangsantennen aufgenommenen Signale aufbereitet werden, und einem baumartig ausgebildeten Netz aus Koaxialkabeln mit Zwischenverstärkern zum Ausgleich der Kabeldämpfung. Ausgehend von der Zentrale werden die Rundfunksignale über die hierarchisch gegliederten Übertragungsebenen bis hin zu den Teilnehmerdosen geleitet, wobei die Übertragung einseitig gerichtet, also nur in Vorwärtsrichtung, erfolgt. – Vgl. *Expertenkommission Neue Medien – EKM Baden-Württemberg*, Abschlußbericht Bd. I, S. 56. Nicht Gegenstand der Erörterung wird hier die ebenfalls vielfach diskutierte Frage der Wirtschaftlichkeit von Breitbandbandkabelnetzen sein. Vgl. dazu *Witte*, Neue Fernsehnetze im Medienmarkt – Die Amortisationsfähigkeit von Breitbandverteilsystemen sowie den »Bericht des Bundesrechnungshofes zur Wirtschaftlichkeit öffentlicher Breitbandverteilnetze« vom Juni 1984 (abgedruckt in: *Bauer/Detjen/Müller-Römer/Posewang*, Die Neuen Medien 4.3.9 (13)) und die »Stellungnahme der Deutschen Bundespost zum Bericht des Bundesrechnungshofes über die Wirtschaftlichkeit öffentlicher Breitbandverteilnetze« vom 19. 6.1984 (abgedruckt in: *Bauer/Detjen/Müller-Römer/Posewang*, Die Neuen Medien 4.3.9 (14).

Scherer erhebt hier den an den Bund und die Deutsche Bundespost gerichteten Vorwurf, daß die in den Kompetenzbereich der Länder fallende Medienpolitik durch die Fernmeldepolitik des Bundes und der Post präjudiziert werde: Die Länder seien in ihren medienpolitischen Entscheidungen nicht mehr frei, da durch die Fernmeldepolitik »Sachzwänge« entstanden seien[139]. Eine Unterordnung der Medienpolitik im Verhältnis zur Fernmeldepolitik könne aber nicht nur im Hinblick auf die Breitbandverteilnetze, sondern auch in Bezug auf Rundfunk-und Fernmeldesatelliten festgestellt werden[140]. Planung, Errichtung und Betrieb des Bildschirmtextdienstes sowie die Planungen für das breitbandige integrierte Vermittlungsnetz ließen ebenfalls erkennen, daß die Politik der durch Postentscheidungen geschaffenen Sachzwänge fortgesetzt werde[141].
Eine rechtliche Würdigung der Fernmeldepolitik der Deutschen Bundespost und der Medienpolitik der Bundesländer unter den vorerwähnten Gesichtspunkten setzt zunächst eine Konkretisierung der Fragestellung voraus. Anzuknüpfen ist dafür an die Nutzungsmöglichkeiten von Breitbandverteilnetzen, Fernmelde- und Rundfunksatelliten. Ihre medienpolitisch relevante Gemeinsamkeit besteht darin, daß sie das Ende des Mangels an Übertragungskapazitäten für Rundfunksendungen bedeuten, ihr Einsatz jedenfalls einen gewichtigen Schritt in diese Richtung darstellt. Gerade dieser sogenannte Frequenzmangel war es aber – neben dem Aspekt, daß die Veranstaltung von Rundfunk einen »außergewöhnlich großen finanziellen Aufwand« erfordere –, der nach Auffassung des Bundesverfassungsgerichts das Monopol der öffentlich-rechtlichen Rundfunkanstalten rechtfertigte[142]. Die Brisanz der von der Deutschen Bundespost getroffenen Entscheidungen wird dementsprechend darin gesehen, daß durch die Schaffung der technischen Voraussetzungen für zusätzliche Rundfunkprogramme dem Argument, schon aus technischen Gründen könne sich nicht wie im Pressewesen eine relativ große Zahl von selbständigen und nach ihrer Tendenz, politischen Färbung oder weltanschaulichen Grundhaltung miteinander konkurrierender Rundfunkprogramme herausbilden[143], die tatsächliche Grundlage entzogen und damit letztlich dem umstrittenen privaten Rundfunk der Weg geebnet worden

139 Siehe *Scherer*, Telekommunikationsrecht und Telekommunikationspolitik, 485 ff. und 502 ff.; *ders.*, Fernmeldepolitik als Medienpolitik?: Media Perspektiven 1985, 165-180; *ders.* Breitbandverkabelung – am Recht vorbei?: DÖV 1984, 52-61; ähnlich *Groß*, Medienlandschaft im Umbruch, 24 und *Lange*, Probleme der Rundfunkorganisation aus wirtschaftswissenschaftlicher Sicht: ZUM 1986, 441-451 (442).

140 Vgl. *Scherer*, Telekommunikationsrecht und Telekommunikationspolitik, 540 ff.

141 Vgl. *Scherer*, Telekommunikationsrecht und Telekommunikationspolitik, 553 ff. und 567 ff.

142 BVerfG 28.2.1961, BVerfGE 12, 205-264 (261).

143 Vgl. BVerfG 28.2.1961, BVerfGE 12, 205-264 (261).

sei[144]. Die Zulassung privater Rundfunkveranstalter gehört aber immer noch zu den äußerst umstrittenen Fragen inländischer Politik.

2. *Die Fernmelde- und Rundfunkpolitik seit Beginn der siebziger Jahre*

Der im Hinblick auf die Zulassung privater Rundfunkveranstalter erhobene Vorwurf der Präjudizierung medienpolitischer Entscheidungen der Länder durch die vom Bund und der Deutschen Bundespost verfolgte Fernmeldepolitik ist indes nur bedingt zutreffend. Bei näherer Beleuchtung der Sachlage ergibt sich nämlich, daß es sich hier eigentlich nicht um echte föderative Streitigkeiten handelt, sondern um Schwierigkeiten zwischen politischen Richtungen innerhalb des Gesamtstaates. Die Entstehungsgeschichte der im Mai 1978 von den Ministerpräsidenten der Länder beschlossenen Kabelpilotprojekte macht dies in besonderer Weise deutlich[145].

a) *Die Kommission für den Ausbau des technischen Kommunikationssystems und die Kabelpilotprojekte*

Die Jahre vor dem Beschluß der Länder, mehrere Kabelpilotprojekte durchzuführen, waren durch eine eher skeptische Haltung gegenüber den Möglichkeiten, die Breitbandverteilnetze eröffnen, geprägt. So wurden die Anfang der siebziger Jahre in großflächigen Abschattungsgebieten Hamburgs und Nürnbergs verlegten Kabelfernsehnetze, die kapazitätsmäßig für die Übertragung von zwölf Fernsehprogrammen und einer mindestens gleich großen Anzahl von UKW-Stereo-Programmen ausgelegt waren, allein für die Übermittlung der ortsüblich empfangbaren Programme genutzt; Versuche, die Kabelanlagen auch für die Übertragung zusätzlicher Programme zu nutzen, wurden unter Berufung auf die Rundfunkhoheit der Länder und vor allem die ungeklärte medienpolitische Situation verhindert[146]. Rücksichtnahme auf die mit der Einführung des Kabelfernsehens gesehenen rundfunkpolitischen Probleme war es auch, die den damaligen Intendanten von Radio Bremen, *Klaus Bölling*, veranlaßte, auf einen von ihm unterstützten Modellversuch – geplant war ein Stadtteilfernsehprogramm von höchstens einer Stunde täglich – im Frühjahr 1974 zu verzichten[147].

144 Ähnlich *Scherer*, Telekommunikationsrecht und Telekommunikationspolitik, 650 und Bullinger, Kommunikationsfreiheit im Strukturwandel der Telekommunkation, 9; vgl. auch *Bausch*, Rundfunkpolitik nach 1945, 898 und *Lange* (oben N. 139) 442.

145 Siehe den »Beschluß der Ministerpräsidenten betr. Kabelfernsehen und Breitbandkommunikation« vom 11.5.1978 – abgedruckt in: *Meyer/Schiwy/Schneider*, Kabelrundfunk J 2.1.

146 Für ähnliche Beispiele siehe *Ratzke*, Handbuch der Neuen Medien, 137.

147 Vgl. *Bausch*, Rundfunkpolitik nach 1945, 874.

Gegen die Durchführung des Bremer Experiments ließ sich vor allem einwenden, daß die Bundesregierung nur wenige Monate zuvor, nämlich am 2. November 1973 beschlossen hatte, eine »Kommission für den Ausbau des technischen Kommunikationssystems« (KtK) einzurichten. Diese unabhängige Kommission sollte sich mit der Entwicklung alter und neuer Telekommunikationsformen, insbesondere auch mit Fragen des Kabelfernsehens befassen und der Bundesregierung Vorschläge für den Ausbau des technischen Kommunikationssystems unterbreiten. Das geschah mit der Vorlage des Telekommunikationsberichtes Ende 1975[148]. Im Hinblick auf die hier allein interessierenden Breitbandverteilnetze kam die Kommission zu dem Ergebnis, daß das Bedürfnis nach lokalen Hörfunk- und Fernsehprogrammen wenig ausgeprägt sei und ebensowenig ein »drängender Bedarf« nach einer größeren Anzahl anzubietender (bundesweiter) Fernsehprogramme festgestellt werden könne[149]. Die Frage, »ob die Errichtung eines bundesweiten Breitbandverteilsystems trotz der unklaren Bedürfnislage aus übergeordneten Argumenten des öffentlichen Interesses zu befürworten« sei, wurde gleichwohl bejaht: Zusätzliche Kommunikationsinhalte könnten den Zugang zu Kultur und Bildung, zur gesundheitlichen Aufklärung und zur Information über Freizeitmöglichkeiten öffnen. Auch seien solche Angebote durchaus dazu geeignet, den Informationsgrad des einzelnen Bürgers zu erhöhen. Ein bedarfsgerechter weiterer Ausbau der Versorgung mit Rundfunk und anderen Telekommunikationsformen in Breitbandverteilnetzen sei deshalb gesellschaftlich positiv zu bewerten[150]. Die Einschränkung, daß der Ausbau nur bedarfsgerecht erfolgen sollte, wurde damit begründet, daß bei unsicherem oder gar bei fehlendem Bedarf der Ausbau sonst zu Lasten der öffentlichen Haushalte und damit der Allgemeinheit ginge. »Die Kommission konnte jedoch den Grad des gesellschaftlich Erwünschten nicht so hoch einstufen, daß eine Versorgung der Bevölkerung mit zusätzlichen Breitband-Angeboten auch ohne kaufkräftige Nachfrage gerechtfertigt erscheint.«[151] Da andererseits nach Auffassung der Kommission durchaus Hinweise für ein zukünftiges Anwachsen des Bedarfs vorhanden waren, regte die Kommission an, zunächst Pilotprojekte (Modellversuche) mit Breitbandkabelsystemen durchzuführen[152] Für die Kabelpilotprojekte, aber auch für zukünftige Breitbandverteilsysteme – sollten nämlich die Versuche zu einem positiven Ergebnis führen – empfahl die Kommission die

148 Die Kommission bestand aus 22 Mitgliedern: dem vom Bundesminister für das Post- und Fernmeldewesen berufenen Vorsitzenden Prof. *Witte*, vier weiteren Vertretern der Wissenschaft, Vertretern der Länder, der Gemeinden, der Parteien, der Presse, des Rundfunks, der Gewerkschaften und der Wirtschaft – siehe den KtK-Telekommunikationsbericht, S. 15 ff.

149 Siehe dazu den KtK-Telekommunikationsbericht, S. 114 ff.

150 KtK-Telekommunikationsbericht, S. 117 f.

151 KtK-Telekommunikationsbericht, S. 118.

152 KtK-Telekommunikationsbericht, S. 118 f.

Trennung zwischen Netzverantwortung und Verantwortung über die Informationsinhalte[153]. Außerdem müsse sichergestellt werden, daß alle entstehenden Teil- und Versuchsnetze in Richtung auf ein gemeinsames, kompatibles, die zukünftige techno-ökonomische Entwicklung förderndes Netz errichtet würden[154]. Als Netzträger schlug die Kommission neben der Deutschen Bundespost auch Gemeinden und private Unternehmer vor[155].

Bei der Abgabe ihrer Empfehlungen war sich die Kommission durchaus bewußt, daß es ihr nicht möglich gewesen ist, medienpolitisch wertneutrale Vorschläge und Anregungen zu geben. Sie stellte daher fest: »Es ist sachlich unerläßlich, daß die insbesondere im Rundfunkbereich rechtlich zuständigen Länder alsbald in den aufgeworfenen Fragen des Programmangebots zu Entscheidungen gelangen. Der Netzausbau hängt von diesen Entscheidungen ab.«[156] Bis zum Beschluß der Ministerpräsidenten der Länder, vier Pilotprojekte – wie von der KtK vorgeschlagen – durchzuführen, vergingen jedoch fast zweieinhalb Jahre[157]. Der Grund für die nicht unerhebliche Zeitspanne zwischen Vorlage des Telekommunikationsberichtes und Inangriffnahme der darin ausgesprochenen Empfehlungen waren die Auseinandersetzungen darüber, ob die Nutzung der neuen Techniken durch private oder öffentlich-rechtliche, pluralistisch strukturierte Träger erfolgen sollte[158]. So hieß es in einer Pressemitteilung der CDU vom 27. Januar 1976: »Keineswegs darf die Veranstaltung von Programmen und die Programmverantwortung nur den bestehenden Rundfunkanstalten vorbehalten bleiben; die Versuchsphase muß auch Privaten chancengleich eröffnet werden.« Die neuen technischen Medien sollen genutzt werden, »... um die bestehende Struktur unseres Kommunikationswesens freiheitlicher zu gestalten.«[159] Demgegenüber plädierte die SPD dafür, die Versuche unter dem Dach der bestehenden Rundfunkanstalten stattfinden zu lassen und Kooperation mit privatwirtschaftlichen Medienproduzenten nur im gleichem Maße zu gestatten, wie es bisher der Fall gewesen war[160]. Das Ergebnis der Verhandlungen war schließlich ein Kompromiß. In ihrer Sitzung vom 11. Mai 1978 vereinbarten die Ministerpräsidenten der Länder: »An der Durchführung der Pilotprojekte sind

153 KtK-Telekommunikationsbericht, S. 120, 124.
154 KtK-Telekommunikationsbericht, S. 122.
155 KtK-Telekommunikationsbericht, S. 126.
156 KtK-Telekommunikationsbericht, S. 122.
157 «Beschluß der Ministerpräsidenten der Länder betr. Kabelfernsehen und Breitbandkommunikation« vom 11.5.1978 – abgedruckt in: *Meyer/Schiwy/Schneider*, Kabelrundfunk J 2.1.
158 Vgl. *Groß*, Breitbandverkabelung und Übernahme von Rundfunkprogrammen in Kabelnetze: NJW 1984, 409-415 (411).
159 Siehe Die Kabelpilotprojekte – Versuch einer Bestandsaufnahme, Chronologie, Synopse: Funk-Korrespondenz 1979, 1-47 (10).
160 Vgl. Die Kabelpilotprojekte (vorige Note) 13.

Rundfunkanstalten, eine öffentlich-rechtliche Körperschaft und eine öffentlich-rechtliche Anstalt beteiligt, wobei auch private Veranstalter bei der Erprobung der ›Neuen Medien‹ auf der Grundlage des von Rheinland-Pfalz mit Schreiben vom 24. April 1978 übermittelten Modells für ein Kabelfernsehpilotprojekt in privater Programmträgerschaft (Stand: 12. April 1978) in der geänderten Fassung vom 5. Mai 1978 zugelassen werden.«[161] Geplante Standorte der Pilotprojekte waren Berlin, Ludwigshafen- Mannheim, Nordrhein-Westfalen (Köln oder Wuppertal) und München. Es sollten jedoch wiederum über zwei Jahre vergehen, ehe die Ministerpräsidenten auf der sogenannten Kronberger Konferenz (12.-14.November 1980) eine Vereinbarung über die Projektfinanzierung und über eine wissenschaftliche Begleitung der Versuche trafen[162].

161 Beschluß der Ministerpräsidenten der Länder betr. Kabelfernsehen und Breitbandkommunikation« vom 11.5.1978, abgedruckt in: *Meyer/Schiwy/Schneider*, Kabelrundfunk J. 2.1.

162 Siehe den »Beschluß der Ministerpräsidenten der Länder betr. Gemeinschaftliche Finanzierung der Pilotprojekte »Kabelfernsehen« durch die Länder vom 14.11.1980« – abgedruckt in: *Ring*, Textsammlung F-III 1.3; die Medienkommission der Länder wurde im Frühjahr 1983 errichtet – zur personellen Zusammensetzung siehe *Ratzke*, Handbuch der Neuen Medien, 149 f. Das Kabelpilotprojekt Ludwigshafen-Mannheim war zunächst als gemeinsamer Versuch der Länder Baden-Württemberg und Rheinland-Pfalz vorgesehen. Mit Beginn des Jahres 1979 zog sich jedoch Baden-Württemberg schrittweise aus dem gemeinsamen Vorhaben zurück (zu den Gründen siehe *Bausch*, Rundfunkpolitik nach 1945, 915 ff). Rheinland-Pfalz verfolgte das Ziel – auf Ludwigshafen begrenzt – weiter (vgl. *Ratzke*, Handbuch der Neuen Medien, 142 f.; siehe ferner *Detjen*, Das Kabelpilotprojekt Ludwigshafen). Nach dem am 4.12.1980 verabschiedeten und am 15.12.1980 verkündeten Landesgesetz über einen Versuch mit Breitbandkabel vom 4.12.1980 ((Rheinland-Pfalz GVBl. 1980, 229), vgl. ferner das Landesgesetz zur Änderung des Landesgesetzes über einen Versuch mit Breitbandkabel vom 20.12.1984 (Rheinland-Pfalz GVBl. 1984, 241)) wurden auch private Veranstalter als eigenverantwortliche Programmträger zugelassen. Der am 1. Januar 1984 aufgenommene Versuch lief am 31. Dezember 1986 aus. Unmittelbar im Anschluß daran, nämlich am 1. Januar 1987, trat das Landesrundfunkgesetz in Kraft (siehe Rheinland-Pfalz GVBl. 1986, 159).
Eine weitaus kürzere Laufzeit hatte das Münchner Kabelpilotprojekt, bei dem der Sendebetrieb am 1. April 1984 aufgenommen wurde (ausführlich zur Vorgeschichte: *Stock*, Koordinationsrundfunk im Modellversuch, 94 ff.; vgl. ferner *Ratzke*, Handbuch der Neuen Medien, 143 ff. und *Bausch*, Rundfunkpolitik nach 1945, 923 ff.) Ebenso wie der Ludwigshafener Versuch sollte auch der Münchner ursprünglich drei Jahre dauern, man beendete das Projekt jedoch vorzeitig zum 31. Dezember 1985 (siehe Art. 5 Abs. 1 Gesetz über die Erprobung und Entwicklung neuer Rundfunkangebote und anderer Mediendienste in Bayern (Medienerprobungs- und entwicklungsgesetz – MEG) vom 22. November 1984 – Bayern GVBl. 1984, 445)). Der wesentliche Unterschied im Vergleich zum Ludwigshafener Projekt bestand in der Konstruktion: Im Hinblick auf Art. 111 a Abs. 2 S. 1 der Bayerischen Verfassung, wonach Rundfunk in Bayern nur in öffentlicher Verantwortung und in öffentlicher Trägerschaft betrieben werden darf, wurde vereinbart, daß die rundfunkrechtliche Verantwortung für alle Versuchsprogramme beim Bayerischen Rundfunk und beim ZDF liegen sollte. Für die Organisation und Koordination des Programmangebotes sowie für die technische Abwicklung sorgte die »Münchner Pilotgesellschaft für Kabelkommunikation GmbH« (MPK) – eine Gesellschaft mit privaten und öffentlich-rechtlichen Gesellschaftern (zur personellen Zusammensetzung siehe *Bauer/Detjen /Müller- Römer/Posewang*, Die Neuen Medien 18.5.1.). Zur Vereinbarkeit des MEG mit der Bayerischen Verfassung siehe ausführlich

b) *Maßnahmen der Deutschen Bundespost im Bereich der Breitbandverteilnetze bis zum Jahre 1982*

Die Entscheidung, mehrere Kabelpilotprojekte durchzuführen, war nicht durch Maßnahmen der Deutschen Bundespost beeinflußt worden. Neutral war in dieser Hinsicht etwa der Beschluß der Post, als Trägerin der Fernmeldehoheit nicht mehr nur als Genehmigungsbehörde aufzutreten, sondern die Verbreitung von Rundfunkprogrammen über Kabel auch als eigenen Fernmeldedienst anzubieten[163]. Ab 1974 galt nämlich für die Genehmigungserteilung der »Grundsatz, daß Gemeinschaftsantennenanlagen, die der Versorgung größerer Flächen, z.B.

Stettner, Rundfunkstruktur im Wandel, und zur Vereinbarkeit mit dem Grundgesetz, *Bethge*, Rundfunkfreiheit und öffentlich-rechtlicher Organisationsvorbehalt.
Nach Ludwigshafen und München nahm das Dortmunder Kabelpilotprojekt am 1. Juni 1985 den Sendebetrieb auf (zur Vorgeschichte siehe *Stock*, Koordinationsrundfunk im Modellversuch, 108 ff.). Eine Ähnlichkeit mit dem Münchener Versuch bestand insoweit, als er in ausschließlicher Verantwortung des Westdeutschen Rundfunks in Köln (WDR) durchgeführt wurde und allein Programme des WDR und des ZDF verbreitet werden durften (siehe §§ 4, 10 und 11 des Gesetzes über die Durchführung eines Modellversuchs mit Breitbandkabel vom 20. Dezember 1983 (Nordrhein-Westfalen GVBl. 1983, 640)). Diese Beschränkung auf ausschließlich öffentlich-rechtliche Programme wurde jedoch bereits durch das »Gesetz über die vorläufige Weiterverbreitung von Rundfunkprogrammen in Kabelanlagen« vom 19. März 1985 durchbrochen (siehe Nordrhein-Westfalen GVBl. 1985, 248). Durch dieses Gesetz wurden erstmals die rechtlichen Voraussetzungen dafür geschaffen, daß außerhalb Nordrhein-Westfalens veranstaltete Programme Privater, die über Fernmeldesatelliten verbreitet wurden, auch im Kabelnetz des Pilotprojektes verbreitet werden konnten.
Grundlage für das Kabelpilotprojekt Berlin, das am 28. August 1985 seinen Sendebetrieb aufgenommen hat, bildet das »Gesetz über die Durchführung des Kabelpilotprojekts Berlin« (KPPG) vom 17. Juli 1984 (siehe Berlin GVBl. 1984, 964; zur Vorgeschichte siehe *Stock*, Koordinationsrundfunk im Modellversuch, 101 ff). Durch die Novellierung des Versuchsgesetzes wurde die Zuständigkeit der Anstalt für Kabelkommunikation, in deren Kompetenzbereich die Erteilung von Sendeerlaubnissen fällt, auf die Erteilung von Sendegenehmigungen für freistrahlenden UKW-Hörfunk und terrestrisch verbreitete Fernsehfrequenzen erweitert (siehe Erstes Gesetz zur Änderung des Kabelpilotprojektgesetzes vom 27.3.1986 (Berlin GVBl. 1986, 526)). Der Versuch ist insgesamt auf fünf Jahre angelegt, eine vor dem 28. August 1990 liegende Beendigung ist allerdings möglich, Voraussetzung ist das Inkrafttreten einer auf der Grundlage des Versuchs geschaffenen Regelung für die Nutzung der Breitbandkommunikation (siehe § 6 KPPG). Weitere Einzelheiten bei *Benda*, Das Berliner Kabelpilotprojekt – erste Erfahrungen.

163 Viele der in den sechziger Jahren vorhandenen Großgemeinschaftsantennenanlagen waren von privater Seite errichtet und betrieben worden. Möglich war dies, weil nach dem Gesetz über Fernmeldeanlagen (FAG) die Befugnis zur Errichtung und zum Betrieb einzelner Fernmeldeanlagen verliehen werden kann (siehe § 2 Abs. 1 FAG – zum Begriff der Verleihung vgl. *Eidenmüller*, Post- und Fernmeldewesen III Zweiter Teil A.3.1. (§ 2 FAG Anm. 3)). Die erforderliche Genehmigung galt zunächst sowohl für das Rundfunkgerät wie auch für die Antennenanlage (vgl. *Hesse*, Die Verfassungsmäßigkeit des Fernmeldemonopols der Deutschen Bundespost, 62), ab 1964 wurde die Errichtung und der Betrieb von Rundfunkempfangsantennenanlagen jedoch einer gesonderten Genehmigung unterworfen (siehe Verfügung Nr. 332/1964 sowie Verfügung Nr. 333/1964: Amtsblatt des Bundesministers für das Post- und Fernmeldewesen 1964, 807); vgl. ferner *Krath*, Bundespost und Kabelfernsehen – Monopol der Netzträgerschaft?: ZPF 1978 (Heft 3) 32-37 (34).

ganzer Stadtteile oder Städten dienen, in der Regel nicht als private, sondern als Anlagen der Deutschen Bundespost im Rahmen ihrer technischen und wirtschaftlichen Möglichkeiten betrieben werden sollen.«[164] Für die Breitbandkommunikation von großer Bedeutung, aber ohne unmittelbar präjudizierende Wirkung für die Rundfunkpolitik waren ferner die Mitte der siebziger Jahre begonnenen Vorbereitungen für die Standardisierung von breitbandigen Kabelnetzen[165]. Ein Verlust oder zumindest eine Einengung des medienpolitischen Spielraums hätte demgegnüber die Folge eines Vorhabens sein können, das die Deutsche Bundespost wenig später geplant hatte, aber nicht durchzusetzen vermochte. Auf der Grundlage des im Rahmen der 10. Verordnung zur Änderung der Fernmeldeordnung vom 22. Dezember 1977 neugeschaffenen § 49a, der die Deutsche Bundespost dazu ermächtigte, »versuchsweise... einzelne örtliche Kabelnetze für die Übertragung von Ton- und Fernsehsignalen zur allgemeinen Benutzung« zu errichten[166], sollte nämlich die flächendeckende Verkabelung von elf Städten in Angriff genommen werden. Auf Veranlassung des amtierenden Bundeskanzlers *Schmidt* stellte der Bundesminister für das Post- und Fernmeldewesen seine Verkabelungspläne jedoch zurück. Diese als »Verkabelungsstopp« bekanntgewordene Intervention schlug sich auch im Medienpolitischen Beschluß des sozialliberalen Bundeskabinetts vom 26. September 1979 nieder, in dem es unter Punkt 1 und 4 hieß: »Sichergestellt werden muß, daß die Entwicklung und Anwendung neuer Kommunikationstechniken

164 Siehe hierzu § 2 Abs. Abs. 4 und 5 der »Bestimmungen über Gemeinschaftsantennenanlagen mit aktiven elektronischen Bauelementen« (Anlage zur Verfügung Nr. 536/1974: Amtsblatt des Bundesministers für das Post- und Fernmeldewesen 1974, 1539).

165 Vgl. *Seidelmann*, Das technische Konzept der Deutschen Bundespost für die örtlichen Breitbandverteilnetze: Jahrbuch der Deutschen Bundespost 1979, 343-407 (361 f.). Wie bei anderen Entwicklungsvorhaben auch bediente sich die Deutsche Bundespost dabei mangels eigener Fachkräfte der Mitwirkung mehrerer Herstellerfirmen wie beispielsweise AEG-Telefunken. Die Arbeitsergebnisse der unter Federführung der Deutschen Bundespost tätigen Entwicklungskreise wurden in sog. Pflichtenheften als künftige Anforderungen der Post an die Herstellung von Fernmeldegeräten aufgelistet. Der ursprüngliche Plan, für die Aushändigung dieser Pflichtenhefte von Unternehmen, die an der Entwicklung der »KTV-Einheitstechnik« (vgl. *Ueckert*, Die Einheitstechnik im Unternehmensbereich Fernmeldewesen der Deutschen Bundespost: APF 1981, 175-180) nicht beteiligt waren, einen bestimmten Geldbetrag als Ausgleich für die aufgewendeten Entwicklungskosten zu fordern, wurde wegen kartellrechtlicher Bedenken fallengelassen (vgl. Bericht des Bundeskartellamtes über seine Tätigkeit des Jahres 1978 sowie Lage und Entwicklung auf seinem Aufgabengebiet (§ 50 GWB: BT-Drucksache VIII, Nr. 2980 (S. 88)) sowie *Mestmäcker*, Recht und ökonomisches Gesetz, 778 f.).

166 Abgedruckt in: *Bauer/Detjen/Müllter-Römer/Posewang*, Die Neuen Medien 4.3.1/7. Mit der 14. Verordnung zur Änderung der Fernmeldeordnung vom 23.1.1980 erhielt § 49 a die folgende Fassung: »(1) Die Deutsche Bundespost kann im Rahmen ihrer technischen und wirtschaftlichen Möglichkeiten Anschlüsse an örtliche Breitbandnetze überlassen...« – abgedruckt in: *Bauer/Detjen/Müller-Römer/Posewang*, Die Neuen Medien 4.3 1/8.

nicht zu Zugzwängen, zur faktischen, rechtlichen oder politischen Präjudizierung medienpolitischer Grundentscheidungen führen... Die Deutsche Bundespost wird die Ergebnisse der Pilotprojekte nicht durch eigene Maßnahmen präjudizieren. Sie sieht insoweit keine Veranlassung, beim Aufbau ihres Breitbandfernmeldenetzes Einrichtungen für den Empfang zusätzlicher Programme zu schaffen.«[167] Der Eingriff der Bundesregierung bedeutete aber nicht das Ende der Breitbandverkabelung außerhalb der Kabelpilotprojekte; fortgeführt wurde bis 1982 vielmehr das schon mit den Versuchsanlagen Hamburg und Nürnberg aufgenommene Konzept der bedarfsorientierten Versorgung[168].

c) *Das Projekt TV-Sat – staatsvertragliche Regelungen zur Nutzung des ersten deutschen Rundfunksatelliten*

Eine nicht nicht mehr als neutral zu bezeichnende Fernmeldepolitik der Bundespost ist allerdings in anderer Hinsicht festzustellen. Denn bereits Anfang der 70er Jahre hatte man auf Seiten des Bundes begonnen, konkrete Überlegungen über die Möglichkeiten des Baus eines deutschen Rundfunksatelliten anzustellen. Eine zweiteilige Studie, die das damalige Bundesministerium für Bildung und Wissenschaft an zwei Firmenkonsortien (AEG-Telefunken, Dornier und Erno-Raumfahrttechnik sowie Siemens, SEL und MBB) vergeben hatte, bestätigte, daß ein Rundfunksatellitensystem im 12 GHz-Bereich zum Empfang durch jedermann mit Parabolantennen von 60-80 cm Durchmesser realisierbar ist[169].
Auf internationaler Ebene führte diese nicht nur in der Bundesrepublik betriebene Forschung auf dem Gebiet der Rundfunksatellitentechnik im Jahre 1973 zu dem Beschluß der Internationalen Fernmeldeunion (ITU), 1977 eine weltweite Rundfunk-Verwaltungskonferenz durchzuführen. Zahlreiche Mitgliedsländer der ITU befürchten nämlich, daß bei fehlender rechtzeitiger und gerechter Zuteilung die Industriestaaten die besten und geeignetsten Frequenzen und Orbitpositionen in Anspruch nehmen würden[170]. Das Ergebnis der vom 10.1. bis 13.2.1977 dauernden World Administration Radio Conference (WARC) in

167 Abgedruckt in: Bulletin des Presse- und Informationsamtes der Bundesregierung Nr. 121 (1979), S. 1125; vgl. ferner »Grundhaltung der Deutschen Bundespost zu den Pilotprojekten 1980«: *Ring*, Textsammlung F-III 2.1.1.: »Die Deutsche Bundespost unterstützt die Realisierung der von der KtK empfohlenen und von den Ministerpräsidenten der Länder am 11. Mai 1978 beschlossenen Pilotprojekte. Diese Grundeinstellung veranlaßt sie auch, die Pilotprojekte durch eigene Maßnahmen nicht zu präjudizieren...«.

168 Vgl. Bericht der Bundesregierung über die Lage der Medien in der Bundesrepublik Deutschland 1985 – Medienbericht ›85: BT-Drucksache X, Nr. 5663.

169 Siehe *Müller-Römer*, Satelliten- und Kabelrundfunk, A4.

170 153 Vgl. *Immelmann*, Die Verhandlungen der WARC 1977, 5 f.

Genf, an der für die Bundesrepublik nur die Deutsche Bundespost, nicht aber die Länder teilnahmen[171], sieht für die europäischen Staaten die Zuteilung von jeweils fünf Kanälen vor, die für die Verbreitung von je einem Fernsehprogramm oder einer größeren Anzahl von Hörfunkprogrammen in Stereoqualität verwendet werden können[172]. Der Bundesrepublik wurde dabei zusammen mit Belgien, Frankreich, Italien, Luxemburg, Österreich sowie der Schweiz und den Niederlanden die Orbitposition 19 Grad West zugewiesen[173].

Auf der Grundlage dieser in Genf getroffenen Beschlüsse haben die Regierungen der Bundesrepublik Deutschland und Frankreichs am 29. April 1980 ein Abkommen vereinbart, daß die technisch- industrielle Zusammenarbeit beider Länder auf dem Gebiet der Rundfunksatelliten vorsieht[174]. Es umfaßt Entwicklung, Bau, Start, Positionierung sowie Erprobung je eines deutschen

171 Vgl. hierzu die »Antwort der Bundesregierung auf die Kleine Anfrage der Fraktion CDU/CSU betr. Empfang von Satellitenprogrammen« vom 20.3.1981 (BT-Drucksache IX, Nr. 275 – abgedruckt auch in: *Ring*, Textsammlung F-II 3): »Hierbei handelt es sich – dem Auftrag der Konferenz entsprechend – ausschließlich um fernmeldemäßige und nicht um medienpolitische Regelungen. Dies haben die Vertreter der Bundesrepublik Deutschland gemeinsam mit Delegierten anderer westlicher Staaten durch einen Vorbehalt (Erklärung im Plenum am 11. Februar 1977) zu dem Abkommen deutlich gemacht.«

172 Vgl. *Bauer/Detjen/Müller-Römer/Posewang*, Die Neuen Medien 3.1.2 (S. 7 f.) – Die Übereinkunft der WARC trat am 1.1.1979 mit einer Geltungsdauer von 15 Jahren in Kraft.

173 Da jede Orbitposition mit 40 Kanälen nutzbar ist, können maximal 8 Länder (mit je 5 Kanälen) gemeinsam eine Position belegen. Für die Rundfunkteilnehmer bedeutet die Benutzung einer gemeinsamen Orbitposition, daß sie für den Empfang der Satellitenprogramme nur eine einzige Empfangsantenne benötigen.

174 Zur Vorgeschichte: Geplant war zunächst unter der Regie des Bundesministeriums für Forschung und Technologie ein Fernsehrundfunk- und ein Hochleistungssatellit in nationaler Eigenverantwortung. Mit der Umwandlung der ehemaligen »European Space Research Organization« (ESRO) und der »European Launch Development Organization« (ELDO) in die »European Space Agency« (ESA) ergab sich ab 1975 dann die Möglichkeit, diese Projekte in die neue europäische Weltraumorganisation ESA einzubringen. In der Folge wurde das deutsche Projekt eines Rundfunksatelliten sodann innerhalb des ESA-Programms als »H-SAT« (Heavy Satellite) weitergeführt und dort zunächst zu 32% von der Bundesrepublik, zu 28% von Frankreich und zu 16% von Italien finanziert. 1979 kündigten sowohl die Bundesrepublik als auch Frankreich ihre Beteiligung am H-SAT-Programm auf. Begründet wurde dieser Schritt mit den Ergebnissen der WARC von 1977, auf der – wie erwähnt – geostationäre Positionen und Frequenzen auf nationaler Basis an einzelne Staaten vergeben worden waren und damit – so das Argument – einem regional-europäischen Gemeinschaftsprojekt die betriebstechnische und verwaltungsrechtliche Grundlage entzogen wäre. (Vgl. *Finke*, Das deutsch-französische Fernsehrundfunk-Satellitenprojekt, 150-160). Nach *Luyken* ist allerdings zu vermuten, daß dies nicht das einzige Motiv gewesen ist: »Im Hintergrund dieser Abkoppelungsentscheidung dürfte aber vor allem das Freiwerden der SYMPHONIE-Kapazitäten und der technische Erfolg dieses Projekts gestanden haben, auf Grundlage dessen die Technologiepolitiker und Industriemanager beider Staaten möglichst schnell ein betriebsbereites System zur Verfügung haben wollten. Denn im Gegensatz zu den weniger technologiefortgeschrittenen ESA-Mitgliedern galt ihr Hauptinteresse weniger den wissenschaftlichen Forschungs-und Entwicklungsvorhaben, als der weltweiten Kommerzialisierung von DRS.« (*Luyken*, Direktempfangbare Rundfunksatelliten, 192).

und eines französischen Rundfunksatelliten, des deutschen TV-Sat und des französischen TDF 1[175].
Die Verantwortung für den Betrieb beider Satelliten obliegt nach Art. 2 des Abkommens den zuständigen Verwaltungen, also der Deutschen Bundespost und der Télédiffusion de France. In die Erdumlaufbahn gebracht und funktionstüchtig ist bislang nur der französische Satellit TDF 1. Sah der Vertrag zwischen dem deutsch-französischen Firmenkonsortium Eurosatellite[176] und dem sogenannten Lenkungsausschuß als Vertreter der beiden Regierungen[177] vom 16. Dezember 1982 als Starttermin des TV-Sat noch den April des Jahres 1985 vor, so war ein Jahr nach Vertragsabschluß die erste Startverschiebung auf den September 1985 absehbar. Ende 1985 mußte Eurosatellite mitteilen, daß sich die Fertigstellung des Satelliten auf März 1986 verschieben werde[178].
Wiederholtes Versagen der Trägerrakete Ariane (im August 1985 und im Juni 1986) führten dann zu weiteren Verzögerungen. Im November 1987 konnte der TV-Sat zwar schließlich im Weltall stationiert werden, seine Benutzung ist jedoch zur Zeit noch nicht möglich, da sich für den Betrieb und die Sendeleistung notwendigen Solargeneratoren nicht entfalten ließen.
Die geschilderte Entwicklung mag belegen, daß die Fernmeldepolitik jedenfalls im Bereich des Satellitendirektrundfunks schon in den siebziger Jahren nicht unbedingt medienpolitisch neutral gewesen ist. Die Reaktion der Länder war indes nicht wie bei der geplanten flächendeckenden Verkabelung von Widerstand geprägt. Eine der ersten Auseinandersetzungen der Länder mit Fragen und Problemen des Rundfunks, dem »Bericht zu aktuellen Fragen des Satellitenrundfunks« vom 27. Mai 1981[179], läßt vielmehr erkennen, daß die Länder »nur« einen erneuten direkten Eingriff des Bundes in die ihnen zugewiesene Kompetenz für den Rundfunk befürchteten[180]. Die Gefahr einer Präjudizierung

175 Vgl. Art. 1 des Abkommens zwischen der Regierung der Bundesrepublik Deutschland und der Regierung der Französischen Republik über die technisch-industrielle Zusammenarbeit auf dem Gebiet von Rundfunksatelliten vom 29.4.1980 (BGBl. 1981 II, 49).

176 Ihm gehören von deutscher Seite Messerschmitt-Bölkow-Blohm (MBB) und AEG Telefunken, von französischer Seite die staatseigene Aerospatiale und Thomson-CSF an. – Vgl. *Bauer/Detjen/Müller-Römer/Posewang*, Die Neuen Medien 3.2.1 (S. 2 f.).

177 Vgl. Art. 5 des deutsch-französischen Satellitenabkommens (oben N. 175).

178 Zu den technischen Gründen siehe ausführlich *Bauer/Detjen/ Müller-Römer/Posewang*, Die Neuen Medien 3.2.2 (S. 1).

179 Er wurde der Rundfunkkommission der Ministerpräsidenten von der Staatskanzlei Rheinland-Pfalz erstattet – abgedruckt in: *Ring*, Textsammlung F-II 1.1 (Anlage 1).

180 So heißt es unter Ziffer II 2.: »Einzelzuständigkeiten des Bundes für bestimmte Sachbereiche ergeben, auch zusammengefaßt, keine Gesetzgebungsbefugnisse für die Veranstaltung von Rundfunk... Dies gilt auch für den Satellitenrundfunk.« und unter Ziffer IV: »Fernmelderechtlich geschützt sind allerdings nur die Ausstrahlungsellipsen innerhalb des Zuständigkeitsbereichs der jeweiligen nationalen Fernmeldeverwaltungen. Die Aufgabenstellung des Deutschlandfunks und der Deutschen Welle beziehen sich dagegen auf grenzüberschreitende Rundfunkveranstaltungen.

ihrer medienpolitischen Vorstellungen durch das Projekt TV-Sat sahen die Länder offenbar nicht. Zwar wurde in dem vorerwähnten Bericht zu aktuellen Fragen des Satellitenrundfunks aus dem Jahre 1981 betont, daß »die Frage der Nutzbarmachung der Satellitentechnik für Rundfunkzwecke« ebenso in die Zuständigkeit der Länder falle wie »die Regelung der Nutzung selbst«[181] als Vorwegnahme dieser Entscheidung oder Einengung des Entscheidungsspielraums wertete man aber weder die Ergebnisse der Weltfunkverwaltungskonferenz von 1977 noch das deutsch- französische Abkommen. Auf letzteres und den ursprünglich für den 15. April 1985 vorgesehenen Start des TV-Sat bezugnehmend wird nämlich im »Bericht über Fragen des Satellitenrundfunks« vom 3. Juni 1982[182] ausgeführt, daß sich eine Grundsatzentscheidung darüber, ob die künftige Rundfunkversorgung in der Bundesrepublik auch über Kommunikationssatelliten erfolgen sollte und ob dazu Rundfunk- oder Fernmeldesatellitensysteme verwendet werden sollten oder aber sich beide Systeme sinnvoll ergänzen könnten, »zur Zeit« noch nicht treffen lasse, für eine programmliche Nutzung allerdings gewichtige Gründe sprächen. Die Ministerpräsidenten der Länder stimmten einer »vorläufigen« programmlichen Nutzung des TV-Sat zu, stellten jedoch klar, daß der Dauerbetrieb eines deutschen Rundfunksatellitensystems die Klärung verschiedener Fragen voraussetze[183]. Der zwei Jahre später gefaßte Beschluß zugunsten eines Dauerbetriebes des TV-Sat-Systems[184] erfolgte einvernehmlich. Dieses Einvernehmen ist insofern

Das Gesetz über die Errichtung von Rundfunkanstalten des Bundesrechts gibt dem Bund deshalb keine Handhabe, über die Nutzung von Rundfunksatelliten zu befinden«; vgl. ferner Ziffer 2 des »Beschluß(es) der Ministerpräsidenten der Länder betr. Beteiligung der deutschen Zeitungsverleger an europäischen Rundfunksatelliten-Programmen« vom 4. Juni 1981 (abgedruckt in: *Ring*, Textsammlung F-II 1.1): »Sie stellen erneut fest, daß über die Nutzung von Satelliten für Rundfunkzwecke ausschließlich die Länder als verfassungsmäßige Träger der Rundfunkhoheit zu entscheiden haben.«

181 Siehe »Bericht zu aktuellen Fragen des Satellitenrundfunks« (vorige Note) Ziffer II 1.

182 Abgedruckt in: *Ring*, Textsammlung F-II 1.2 (Anlage 8) Ziffer II.6.4.

183 Siehe den »Beschluß der Ministerpräsidenten betr. Nutzung eines deutschen Rundfunksatelliten« vom 22.10. 1982 (abgedruckt in: *Ring*, Textsammlung F-II 1.2) Ziffer II 2. Zu den offenen Fragen gehörten unter anderem mögliche finanzielle, ordnungspolitische und rechtliche Rahmenbedingungen für die Veranstaltung von Rundfunk mittels Satellit unter Einbeziehung öffentlich-rechtlicher und privatrechtlicher Organisationsformen, auch mit Blick auf sich abzeichnende andere Entwicklungen der Medientechnik.

184 Vgl. den »Beschluß der Ministerpräsidenten betr. Konzept der Länder zur Neuordnung des Rundfunkwesens« vom 18.10.1984 – abgedruckt in: *Ring*, Textsammlung F-I 1.2. Dort heißt es zum Nutzungskonzept für den TV-Sat u.a.: »III 2a) Die Regierungschefs der Länder entscheiden sich für den alsbaldigen Beginn der operationellen Phase von direktstrahlenden Rundfunksatelliten (TV-Sat). Sie fordern deshalb die Bundesregierung auf, entsprechend dem Schreiben des Bundesministers für das Post- und Fernmeldewesen vom 28.8.1984 unverzüglich die hierfür notwendigen Aufträge zu erteilen, damit der Dauerbetrieb des TV-Sat-Systems gewährleistet ist.« und »III 2d) Die für Fernsehzwecke zu nutzenden drei Kanäle der präoperationellen Phase werden nach noch festzulegenden Ländergewichtungen verteilt. Sie sollen neuen Veranstaltern zur

von besonderer Bedeutung, als es auf den ersten Blick erstaunlich ist, daß bis zu einer staatsvertraglichen Regelung der gefaßten Beschlüsse einige Jahre vergingen. Der Grund hierfür ist jedoch darin zu suchen, daß der Abschluß des von den Ländern geplanten Staatsvertrages der Grundstein für die Neuordnung des gesamten Rundfunkwesens sein sollte, lange Zeit an der Haltung Hessens scheiterte, das nicht bereit war, den Hessischen Rundfunk unter Verzicht auf Werbung in dessen drittem Fernsehprogramm einzubeziehen.
Die Annahme, der TV-Sat werde schon Ende 1986 betriebsbereit sein, und die Unabsehbarkeit einer staatsvertraglichen Übereinkunft aller Bundesländer führte dazu, daß die Länder Berlin, Niedersachsen, Hamburg und Schleswig-Holstein am 20. März 1986[185] und die Länder Baden-Württemberg, Bayern und Rheinland-Pfalz am 12. Mai 1986[186] übereinkamen, die Vergabe und Nutzung je eines Kanals auf dem TV-Sat gemeinsam zu regeln[187]. Der schließlich am

Verfügung gestellt werden. Die Landesrundfunkanstalten und das ZDF können – gegebenenfalls in Kooperation mit privaten Veranstaltern – beteiligt werden.« sowie »III 2e) Der in der operationellen Phase zusätzlich für Fernsehzwecke nutzbare Kanal wird ARD und ZDF zugewiesen. Bei der Aufteilung zwischen den beiden öffentlich-rechtlichen Systemen sind etwaige Anteile nach d) zu berücksichtigen.«

185 Vgl. »Staatsvertrag über die Veranstaltung von Fernsehen über Rundfunksatellit« vom 20.3.1986 – abgedruckt in: *Ring*, Textsammlung C-0.2.1.

186 Vgl. »Staatsvertrag über die gemeinsame Nutzung eines Fernseh- und eines Hörfunkkanals auf Rundfunksatelliten« vom 12.5.1986 – abgedruckt in: *Ring*, Textsammlung C-0.2.2.

187 Zu diesem Entschluß heißt es in der – soweit ersichtlich nicht veröffentlichten – Begründung zum Staatsvertrag der Länder Baden-Württemberg, Bayern und Rheinland-Pfalz: »Es ist nicht hinnehmbar, daß diese neue Rundfunkübertragungstechnik durch die Haltung eines Landes blockiert wird, auch wenn die technischen Eigenschaften des Rundfunksatelliten zu einer länderübergreifenden Empfangbarkeit der über ihn abgestrahlten Programmen führen. Die Ländermehrheit hat in wiederholten Anläufen alle Möglichkeiten für eine Verständigung der Länder ausgeschöpft. Sie hat dabei versucht, den bestehenden gemeinsamen Ordnungsrahmen für den öffentlich-rechtlichen Rundfunk zu erhalten und ihn unter Berücksichtigung des Hinzutretens neuer Programmanbieter fortzuentwickeln. Deshalb muß es nunmehr einzelnen Ländern möglich sein, ihr Rundfunkrecht auch in bezug auf die Nutzung des TV-Sat fortzuentwickeln, nicht zuletzt deshalb, weil die von den Regierungschefs der Länder vereinbarten Quoten von keinem der Beteiligten jemals in Zweifel gezogen wurden und schon deshalb als geeigneter Verteilungsmaßstab anzusehen sind. Im Hinblick auf die technischen Entwicklungen im Ausland und wegen der beträchtlichen Kosten dieses Satellitensystems ist es verständlich, daß jetzt auch die Bundesregierung darauf drängt, den in Kürze verfügbaren TV-Sat unverzüglich einer Nutzung zuzuführen. Vor diesem Hintergrund ist die Entscheidung der Bundesregierung vom 5. März 1986 zu sehen, mit der der Bundespostminister beauftragt wurde, die Übertragungskanäle des TV-Sat nunmehr nach einem Schlüssel zu belegen, der sich aus der Entscheidung der Mehrzahl der Länder unter Berücksichtigung der Interessen der anderen Länder an der Offenhaltung einer angemessenen Nutzungskapazität ergibt. Es besteht die Gefahr, daß vom Ausland über ausländische Satellitenkanäle für die Bundesrepublik Deutschland bestimmte deutschsprachige Programme ohne Rücksicht auf die inländische Rundfunkordnung eingestrahlt werden.« (Siehe die Begründung zum Staatsvertrag der Länder Baden-Württemberg, Bayern und Rheinland-Pfalz über die gemeinsame Nutzung eines Fernseh-und eines Hörfunkkanals auf Rundfunksatelliten A. Allgemeines.
Vgl. auch die Begründung zum Entwurf eines Gesetzes zu dem Staatsvertrag der Länder Berlin,

12. März 1987 von allen Ländern unterzeichnete Staatsvertrag zur Neuordnung des Rundfunkwesens ließ diese Vereinbarung unberührt[188].

d) *Inangriffnahme einer flächendeckenden Verkabelung – die Zulassung privaten Rundfunks*

Ausgangspunkt der Überlegungen der Länder zu einem Gesamtstaatsvertrag war indes nicht nur die erheblich fortgeschrittene Entwicklung im Bereich direktstrahlender Satelliten, sondern vor allem die durch das Zusammenspiel von Breitbandverteilnetzen und Fernmeldesatelliten gegebene Vervielfachung der Sendekapazitäten für Rundfunkprogramme[189]. Die so erreichte Überwindung des sogenannten Frequenzmangels beendete den politischen Streit um die Zulassung privater Rundfunkveranstalter; Kernpunkt des Rundfunkstaatsvertrages war die Normierung von Grundsätzen für ein duales Rundfunksystem[190]. Als Grundstein für diese Entwicklung kann allerdings kaum die Durchführung des ersten Kabelpilotprojektes, nämlich dem in Ludwigshafen, bei dem erstmals Private als eigenverantliche Programmträger zugelassen waren, angesehen werden. Denn schon bevor dieser Versuch am 1. Januar 1984 anlief, stand fest, daß der Bund und die Deutsche Bundespost den Ausbau von Breitbandverteilnetzen nicht vom Ausgang der Piloprojekte abhängig machen würden. Nach dem Regierungswechsel vom Oktober 1982 wurde die Errichtung einer

Niedersachsen und Schleswig-Holstein über die Veranstaltung von Fernsehen über Rundfunksatellit (Schleswig-Holsteinischer Landtag Drucksache 10/1457 unter A. Allgemeines): »Angesichts der bevorstehenden Einsatzbereitschaft des deutschen Rundfunksatelliten und im Hinblick auf die Tatsache, daß eine Einigung aller Länder über einen umfassenden Staatsvertrag zur Neuordnung des Rundfunks in der Bundesrepublik Deutschland noch nicht zustande gekommen ist, ist es erforderlich, die Entscheidung über die Nutzung der Sendekapazität des nationalen direktstrahlenden Rundfunksatellitensystems nunmehr losgelöst von den übrigen Fragen der Neuordnung des Rundfunkwesens zu treffen.«

188 Abgedruckt in: Media Perspektiven 1987, 81-88 und *Ring*, Textsammlung C-0.1; zur Begründung zum Rundfunk-Staatsvertrag siehe Media-Perspektiven 1987, 89-103. Nach Art. 1 können drei Fernsehkanäle auf einem von der Deutschen Bundespost zur Verfügung gestellten Rundfunksatelliten »aufgrund von Staatsverträgen zwischen den Ländern nach Länderquoten« von verschiedenen privaten Veranstaltern genutzt werden, die verbleibenden Kanäle stehen auf Dauer den in der ARD zusammengeschlossenen Landesrundfunkanstalten und dem ZDF zu. – Zur Entstehungsgeschichte des Staatsvertrages allgemein siehe *Glotz/Kopp*, Das Ringen um den Medienstaatsvertrag der Länder.

189 Siehe die Begründung zum Staatsvertrag zur Neuordnung des Rundfunkwesens (Rundfunkstaatsvertrag): Media Perspektiven 1987, 89-102 (89) sowie *Ring*, Textsammlung C-0.3 unter A. Allgemeines I.

190 Siehe die Begründung zum Staatsvertrag zur Neuordnung des Rundfunkwesens (vorige Note).

flächendeckenden Verkabelung der Bundesrepublik zum Ziel der neuen Bundesregierung *Kohl* (CDU)/ *Genscher* (FDP)[191]. Dementsprechend wurde bereits 1983 der Haushaltsansatz der Deutschen Bundespost für Breitbandverteilnetze von 410 Millionen DM auf eine Milliarde DM aufgestockt und auch für 1984 eine Milliarde DM bereitgestellt[192]. Um dem »starken Interesse an der Verbesserung und Erweiterung der Rundfunkversorgung schneller Rechnung zu tragen«[193], sollten außerdem private Unternehmer beim Ausbau und Betrieb von Breitbandverteilnetzen beteiligt werden[194]. Parallel zu diesen Maßnahmen kümmerte sich die Deutsche Bundespost aber auch um die Bereitstellung der beim Einsatz von Breitbandverteilnetzen erforderlichen Satellitenkanäle. Auf Initiative des Bundespostministers wurde auf dem am 16. Juni 1983 gestarteten und in Position gebrachten Fernmeldesatelliten ECS 1 zwei Kanäle (Ost- und West-Beam) angemietet[195].

In einem dem Bundeskabinett am 24. August 1983 vorgelegten, entsprechenden Plan wurde zudem die Anmietung von drei Transpondern auf einem Intelsat-Satelliten sowie der Bau eigener Fernmeldesatelliten in Aussicht genommen. Nach Billigung dieser Vorhaben durch das Kabinett mietete die Post sechs Kanäle des Fernmeldesatelliten Intelsat V zur nationalen Verteilung von Rundfunkprogrammen[196]. In Angriff genommen wurde ferner die Errichtung eines nationalen

191 Vgl. die Regierungserklärung vom 13. Oktober 1982 (BT-Sitzungsberichte IX, S. 7217) und vom 4. Mai 1983 (BT-Sitzungsberichte X, S. 63) sowie »zur Flächenverkabelung« Bundespostminister *Schwarz-Schilling*, BT-Sitzungsberichte X, S. 2175 f.

192 Vgl. den Medienbericht ›85 (oben N. 168) 40. Bis 1982 wurden demgegenüber jährlich nur ca. 250 Mio. DM in den Netzausbau investiert – vgl. *Groß* (oben N. 158) 409.

193 Siehe den Medienbericht ›85 (oben N. 168) 40.

194 Für die Kooperation mit Privaten wurden zwei Versuchsmodelle entwickelt: – Beim Kooperationsmodell A stellt die Deutsche Bundespost höherwertige Übergabepunkte zur Verfügung. An diese Übergabepunkte können private Netzteile – auch im öffentlichen Weg – angeschlossen werden, über die Rundfunkprogramme an die Endverbraucher verteilt werden. Diese Netzteile werden von privaten Unternehmern errichtet und betrieben. – Beim Kooperationsmodell B ist vorgesehen, daß die Deutsche Bundespost, private Unternehmen und eventuell die Kommunen privatwirtschaftliche Gesellschaften gründen. Diese akquirieren, vermarkten, finanzieren und errichten gegebenenfalls Breitbandverteilnetze auf örtlicher Ebene; der Betrieb der Netze wird von der Deutschen Bundespost wahrgenommen.

195 Der ECS 1 war der erste Satellit des von der European Space Agency entwickelten ECS-Systems; ECS 2 wurde am 4.8.1984 stationiert. Träger und Betriebsorganisation dieses Satellitensystems war zunächst die 1977 von 17 europäischen Fernmeldeverwaltungen gegründete Fernmeldesatellitenorganisation »Interim Eutelsat«. Mit der Umwandlung der Verwaltungsorganisation Interim Eutelsat in die Regierungsorganisation Eutelsat (zu den Gründen siehe *Mahler*, Einsatz des Europäischen Fernmeldesystems ECS für die Verteilung zusätzlicher Rundfunkprogramme: ZPF 1984 (Heft 7) 15-22 (16)) wurde letztere für die Nutzung der Satelliten zuständig.

196 Vgl. hierzu *Barsig*, Die Länder und die Satelliten: ZPF 1984 (Heft 5) 20-24 (22) sowie die Ausführungen des Staatssekretärs *Florian* vom 8.8.1985: ZPF 1985 (Heft 11) 43. Bei INTELSAT (International Telecommunications Satellite Consortium) handelt es sich um eine internationale Satellitenorganisation, die am 20.8.1964 mit dem Ziel gegründet wurde, ein weltumspannendes Satellitennetz aufzubauen, zu betreiben und die Satellitenflüge zu koordinieren (vgl. dazu ausführlich *Snow*, The International Telecommunications Satellite Organization).

Fernmeldesatellitensystems. Die Konzeption eines solchen Systems war zuvor in Zusammenarbeit der Deutschen Bundespost, der Deutschen Telepost Consulting GmbH (DETECON), der Deutschen Forschungs- und Versuchsanstalt für Luft- und Raumfahrt e.V. (DFVLR) und der deutschen Fernmelde- und Raumfahrtindustrie entstanden[197]. Auf der Grundlage dieser Planungen beauftragte die Deutsche Bundespost Ende 1983 ein deutsches Firmenkonsortium (Siemens AG, ANT Nachrichtentechnik, Messerschmitt-Bölkow-Blohm/Erno GmbH und SEL AG) mit der Errichtung des deutschen Fernmeldesatellitensystems »Kopernikus«[198].

Daß es dem Bund bei all diesen Maßnahmen auch darum ging, die technischen Voraussetzungen für die Zulassung privater Rundfunkveranstalter zu schaffen, wurde nicht bestritten. In seiner Stellungnahme zu einem auf Ersuchen des Haushaltsausschusses des Bundestages erstellten Bericht des Bundesrechnungshofes zur Wirtschaftlichkeit öffentlicher Breitbandverteilnetze begründete das Bundespostministerium die forcierte Verkabelung so: »In der Bundesrepublik Deutschland hatten potentielle Programmanbieter bisher das Problem, daß ihnen das Übertragungsmedium und somit die möglichen Adressaten ihrer Programme fehlten. So konnten sich Programmanbieter nicht organisieren und bislang keine Programme entstehen, da diese sich ja aus Werbeeinnahmen finanzieren müssen, die wiederum von den erreichbaren Teilnehmern abhängen... Es ergab sich ein verhängnisvoller ›circulus vitiosus‹, in dem keiner für sich etwas ausrichten konnte: ohne Breitbandnetze kein Programmangebot, ohne Programme keine Akzeptanz für Breibandnetze. Es entspricht der erklärten Politik der derzeitigen Bundesregierung, diesen Kreislauf zu durchbrechen.«[199] Die damit endgültige Aufgabe einer neutralen Fernmeldepolitik ist zweifellos die Ursache dafür, daß schon bei Beginn der Kabelpilotprojekte im Jahre 1984 von einem Versuchscharakter derselben kaum noch die Rede sein konnte[200]. Der daraus abgeleitete Vorwurf der Präjudizierung medienpolitischer Entscheidungen auf Länderebene ist indes – ähnlich wie dies bei der Entstehungsgeschichte der Pilotprojekte zu beobachten war – in seiner Allgemeinheit unzutreffend. Richtig ist zwar, daß in den Begründungen der ersten Landesrundfunkgesetze[201] dar-

197 Siehe hierzu ausführlich *Hiergeist*, Vorschlag für ein deutsches Fernmeldesatelliten-System: Jahrbuch der Deutschen Bundespost 1983, 186-225.

198 Siehe DFS Kopernikus: ein zukunftsweisendes Satellitensystem der DBP: ZPF 1984 (Heft 2) 1.

199 Siehe Stellungnahme des Bundespostministeriums in: *Bundesrechnungshof*, Bericht zur Wirtschaftlichkeit öffentlicher Breitbandverteilnetze, Anlagenband, Anlage 10, S. 2 f.

200 So auch *Scherer* (oben N. 139) 52.

201 Siehe das Niedersächsische Landesrundfunkgesetz vom 23.5.1984 (Niedersachsen GVBl. 1984, 147; geändert durch das »Gesetz zur Änderung des Niedersächsischen Landesrundfunkgesetzes vom 9.2.1987 (Niedersachsen GVBl. 1987, 5)); das Rundfunkgesetz für das Land Schleswig-Holstein vom 27.11.1984 (Schleswig-Holstein GVBl. 1984, 214) und das Gesetz Nr. 1174, Rundfunkgesetz für das Saarland vom 28.11.1984 (Saarland ABl. 1984, 1249).

auf verwiesen wird, daß der Wandel vom Frequenzmangel zu einer Vielzahl an Übertragungsmöglichkeiten für den Gesetzgeber einen medienpolitischen Handlungs- und Entscheidungsbedarf begründet[202]. Nicht verkannt werden darf allerdings, daß die auf die veränderten technischen Voraussetzungen gestützte Zulassung privater Veranstalter zunächst durchweg in Ländern mit konservativen Parlamentsmehrheiten erfolgte. Welche Vorstellungen die CDU und CSU aber über die Zukunft des Rundfunks hatten, machte der von beiden Parteien eingesetzte Koordinierungsausschuß für Medienpolitik in seinem Programm vom 5. Oktober 1984 deutlich. Zur künftigen Entwicklung des Rundfunks hieß es dort:

»CDU und CSU befürworten im Bereich der elektronischen Medien Wettbewerb und Vielfalt des Angebotes durch eine sinnvolle Konkurrenz zwischen öffentlich-rechtlichen und privatrechtlichen Veranstaltern. Denn privater Rundfunk dient der Verwirklichung der Rundfunkfreiheit des Bürgers.
Private Anbieter müssen durch gesetzliche Regelungen die gesicherte Chance erhalten, sich erfolgreich zu bewähren. Es müssen Voraussetzungen geschaffen werden, die ihre dauerhafte Existenz und Fortentwicklung ermöglichen. Bei der Sicherung des Entfaltungsanspruchs privater Anbieter ist der große Wettbewerbsvorsprung der öffentlich-rechtlichen Anstalten, der vor allem auf dem bisherigen Monopol und der Absicherung durch Gebühren beruht, angemessen zu berücksichtigen. Die Länder werden aufgefordert, einen verläßlichen Ordnungsrahmen zu schaffen, der geeignet ist, die Grundlage für langfristige Investitionen zu bilden. Es muß vermieden werden, daß interessierte private Anbieter gezwungen sind, ihre Programme im Ausland zu veranstalten, weil im Inland keine geeigneten Voraussetzungen geschaffen werden.
Die Landesgesetzgeber haben Strukturen zu schaffen, die einen fairen Wettbewerb zwischen dem bestehenden und dem neuen Rundfunkangebot ermöglichen. Durch Konkurrenz werden Durchschaubarkeit und Leistungsfähigkeit des Mediensystems verbessert«[203].
Dieser positiven Einstellung zum privatrechtlichen und privatwirtschaftlichen Rundfunk entsprechend befürworteten CDU und CSU auch den Ausbau von Breitbandnetzen und sahen darüber hinaus sogar eine Verpflichtung der Deutschen Bundespost, im Rahmen ihrer technischen und wirtschaftlichen Möglichkeiten die Voraussetzung dafür zu schaffen, daß den Bürgern ein vielfältiges

202 Vgl. die Begründung zum Gesetzentwurf für das Landesrundfunkgesetz Schleswig-Holstein (Schleswig-Holsteinischer Landtag, Drucksache 10/450); ähnlich die Begründung zum Gesetzentwurf für das Landesrundfunkgesetz des Saarlands (Landtag des Saarlands, Drucksache 8/1984).

203 «Medien von Morgen – Programm der CDU/CSU für eine freiheitliche Informationspolitik« Ziffer IV 3 und 4 – abgedruckt in: *Meyer/Schiwy/Schneider*, Kabelrundfunk F. 3.1.

Programmangebot zur Verfügung gestellt werden kann[204]. Die Haltung der SPD war demgegenüber zu diesem Zeitpunkt durch eine strikte Ablehnung einer flächendeckenden Verkabelung gekennzeichnet. Es wurde eingewandt, daß darauf abzielende Maßnahmen bei einer zeitgerechten Weiterentwicklung des Konzepts der direktstrahlenden Satelliten unnötig seien. Der Einsatz von Rundfunksatelliten, mit dem die bei einer Verkabelung entstehenden »Milliardenkosten« vermieden werden könnten, verhindere im übrigen »das Versorgungsgefälle zwischen Ballungsräumen und ländlichen Gebieten, das dann zwangsläufig entsteht, wenn man auf eine die Großstädte bevorzugende flächendeckende Verkabelung setzt.«[205] Diese rundfunkpolitisch scheinbar neutrale Argumentation kann indes nicht darüber hinwegtäuschen, daß die Verkabelungspläne der Deutschen Bundespost vor allem deshalb bekämpft wurden, weil man darin das Einfallstor für den privaten Rundfunk wähnte. Zwar heißt es in dem Aktionsprogramm von 1984 nicht ausdrücklich, daß ein auch privatrechtliches und privatwirtschaftliches Rundfunkwesen uneingeschränkt abgelehnt werde. Unter der Bedingung einer Garantieerklärung für Bestand und Fortentwicklung des öffentlich-rechtlichen Rundfunks erklärte sich die SPD sogar bereit, auch private Anbieter zuzulassen; der Grund hierfür war indes allein, daß die technischen, ökonomischen und politischen Entwicklungen nach Ansicht der SPD »das Festhalten an einem ausschließlich öffentlich-rechtlich organisierten Rundfunkwesen in der Bundesrepublik erschweren, unter Umständen sogar unmöglich machen«[206]. Dieser auch den Ländern, die privatwirtschaftliche Rundfunkveranstalter zulassen wollten, gegenüber erhobene Vorwurf bestätigt die eingangs getroffene Feststellung, daß ein echter föderativer Konflikt im Grunde nicht gegeben ist[207].

204 Siehe »Medien von Morgen« – Programm der CDU/CSU für eine freiheitliche Informationspolitik« (vorige Note) Ziffer VI 4 und 6.

205 Siehe »Medienpolitisches Aktionprogramm der SPD 1984« (Beschluß des Bundesparteitages vom 19.5.1984) Ziffer 6 – abgedruckt in: *Meyer/Schiwy/Schneider*, Kabelrundfunk F 3.2.

206 Medienpolitisches Aktionsprogramm der SPD 1984 (vorige Note) Ziffer 3.

207 Derzeitiger Stand der Rundfunkgesetzgebung: Mit Ausnahme von Berlin und Bayern (hier sind die Versuche noch nicht beendet – vgl. das Kabelpilotprojekt- und Versuchsgesetz für drahtlosen Rundfunk in Berlin vom 17.7.1984 (Berlin GVBl. 1984, 964), geändert durch das Erste Gesetz zur Änderung des Kabelpilotprojektgesetzes vom 27.3.1986 (Berlin GVBl. 1986, 526), und das Gesetz über die Erprobung und Entwicklungg neuer Rundfunkangebote und anderer Mediendienste in Bayern vom 22.11.1984 (Bayern GVBl. 1984, 445), zuletzt geändert durch das Gesetz zur Änderung des Medienerprobungs- und Entwicklungsgesetzes und des Bayerischen Rundfunkgesetzes vom 30.7.1987 (Bayern GVBl. 1987, 214)) sind private Anbieter bundesweit zugelassen (siehe: Landesmediengesetz Baden-Württemberg vom 16.12.1985 (Baden-Württemberg GBl. 1985, 539), zuletzt gändert durch das Gesetz zur Änderung des Landesmediengesetzes Baden-Württemberg vom 14.12.1987 (Baden-Württemberg GBl. 1987, 728); Bremisches Landesmediengesetz vom 14.2.1989 (Bremen GBl. 1989, 77); Hamburgisches Mediengesetz vom 3.12.1985 (Hamburg GVBl. 1985, 315), zuletzt geändert durch das Gesetz

Die These von der Präjudizierung medienpolitischer Entscheidungen durch die Fernmeldepolitik des Bundes im Hinblick auf die Zulassung privater Rundfunkveranstalter läßt sich nach allem allenfalls für die SPD-geführten Bundesländer bejahen. Der Vorwurf der verfassungswidrigen Präjudizierung setzt jedoch weiter voraus, daß die Vervielfältigung der Übertragungskapazitäten für Rundfunkprogramme zu der rechtlichen Verpflichtung führt, den Rundfunk auch privaten Interessenten zu öffnen; diese Frage wird im nachfolgenden Gegenstand der Untersuchung sein. Zuvor sei jedoch anhand eines historischen Rückblicks geklärt, ob ähnliche Probleme auch in der Vergangenheit aufgetreten sind und die für sie gefundenen Lösungen für den gegenwärtigen Konflikt fruchtbar gemacht werden können.

3. *Historischer Rückblick*

a) *Der Kompetenzkonflikt zwischen Reich und Ländern im Jahre 1925*

Die Rückschau auf den ersten föderalistischen Konflikt zwischen Reich und Ländern über die Organisation des Rundfunks macht deutlich, daß die hier untersuchte Problematik einer mittelbaren Beeinflussung rundfunkpolitischer Entscheidungen durch fernmeldetechnische Maßnahmen als neue Dimension eines alten Konflikts gewertet werden kann. Im Gegensatz zu heute versuchte die Deutsche Reichspost nämlich, in direkter und unmittelbarer Weise Einfluß auf den Rundfunk zu nehmen.

Erkennbar wurde diese Absicht schon in den Reaktionen auf die ersten Konzessionsanträge. Während das Reichspostministerium dem Antrag der »Deutschen

zum Staatsvertrag zur Neuordnung des Rundfunkwesens vom 12.11.1987 (Hamburg GVBl. 1987, 195); Gesetz über den privaten Rundfunk in Hessen vom 30.11.1988 (Hessen GVBl. 1988, 385); Niedersächsisches Lanndesrundfunkgesetz vom 23.5.1984 (Niedersachsen GVBl. 1984, 147), zuletzt geändert durch das Gesetz zu dem Staatsvertrag zur Neuordnung des Rundfunkwesens vom 28.10.1987 (Niedersachsen GVBl. 1987, 183); Rundfunkgesetz für das Land Nordrhein-Westfalen vom 19.1.1987 (Nordrhein-Westfalen GV. NW. 1987, 22), zuletzt geändert durch Gesetz zur Änderung des Gesetzes über den »Westdeutschen Rundfunk Köln« und des Rundfunkgesetzes für das Land Nordrhein-Westfalen vom 8.12.1987 (Nordrhein-Westfalen GV. NW. 1987, 420); Landesrundfunkgesetz Rheinlannd-Pfalz vom 24.6.1986 (Rheinland-Pfalz GVBl. 1986, 159), zuletzt geändert durch Landesgesetz zur Änderung rundfunkrechtlicher Vorschriften vom 5.7.1988 (Rheinland-Pfalz GVBl. 1988, 123); Gesetz Nr. 1174 – Rundfunkgesetz für das Saarland vom 28.11.1984 (Saarland ABl. 1984, 1249) i.d.F. der Neubekanntmachung des Rundfunkgesetzes für das Saarland vom 11.8.1987 (Saarland ABl. 1987, 1005) und Rundfunkgesetz für das Land Schleswig-Holstein vom 27.11.1984 (Schleswig-Holstein GVOBl. 1984, 214), zuletzt geändert durch das Gesetz zu dem Staatsvertrag zur Neuordnung des Rundfunkwesens (Rundfunkstaatsvertrag) und zur Änderung des Landesrundfunkgesetzes vom 5.6.1987 (Schleswig-Holstein GVOBl. 1987, 233).

Stunde, Gesellschaft für drahtlose Belehrung und Unterhaltung mbH«[208] vom 22. Mai 1922 wohlwollend gegenüberstand, lehnte es den Konzessionsantrag zweier Unternehmen der Funkindustrie (»Telefunken« und »Lorenz«) vom 16. Mai 1922 ab. Die positive Haltung gegenüber dem Plan der »Deutschen Stunde«, Rundfunksendungen über den reichseigenen Sender Königswusterhausen bei Berlin über das gesamte Reichsgebiet auszustrahlen und über Lautsprecher in großen Sälen gegen Eintrittsgeld vorzuführen[209], wurde damit begründet, daß dieses Vorhaben »nach diesseitigem Ermessen verhältnismäßig ungefährlich« sei, »da hier die Sendestelle unter Aufsicht des Reiches arbeitet und die einzelnen Empfangsstellen ohne größere Schwierigkeiten überwacht werden können.«[210]Das Konzept der Funkindustrie, selbst in mehreren Städten des Reiches Sender zu errichten und zu betreiben, fand demgegenüber keine Zustimmung, weil die Unternehmen als Gegenleistung das Recht forderten, als einzige die notwendigen Empfänger herstellen und verkaufen zu dürfen[211]; einer »ausgedehnten Verbreitung von Empfangsanlagen, die entweder überhaupt nicht oder doch nur mit erheblichen Schwierigkeiten kontrolliert werden können«, begnete man im Reichspostministerium jedoch mit Mißtrauen[212].
Bestrebungen der Post, eine Rundfunkorganisation zu schaffen, die ihr weitgehende Kontrollmöglichkeiten eröffnete, wurden auch deutlich, als sich herausstellte, daß man von der Idee des sogenannten zentralisierten Saalrundfunks wegen der ungenügenden Qualität der erforderlichen Saallautsprecher Abstand nehmen mußte. Im Reichspostministerium entschloß man sich, die Rundfunksender selbst zu bauen und zu betreiben, um »das wichtigste Instrument des Rundfunks selbst in die Hand zu bekommen.«[213] Daß nun mehrere kleine

208 Die Gesellschaft war ein Tochterunternehmen der »Eildienst für amtliche und private Handelsnachrichten GmbH«, bei der das Reich über die Majorität der Stimmen verfügte (vgl. *Lerg*, Rundfunkpolitik in der Weimarer Republik, 55) und die ihrerseits aus einer Unterabteilung der Außenhandelsstelle im Auswärtigen Amt hervorgegangen war. Hier wurden die im Ausland gesammelten oder von den auswärtigen Vertretungen eingegangenen Meldungen an ausgewählte (»vertrauenswürdige«) Unternehmen weitergeschickt. Um die Vorwürfe der nicht mit Nachrichten versorgten Unternehmen von der Außenhandelsstelle als Teil einer Reichsbehörde abzuwenden, wurde das Eildienstreferat am 13. Juli 1920 in eine Gesellschaft mit beschränkter Haftung umgewandelt (siehe *Schütte*, Regionalität und Föderalismus im Rundfunk, 13).

209 Vgl. *Lerg*, Rundfunkpolitik in der Weimarer Republik, 67.

210 Siehe die Niederschrift über die 21. Sitzung der Rundfunkkommission vom 9.6.1922 – abgedruckt als Dokument I bei: *Lerg*, Die Entstehung des Rundfunks in Deutschland, 367.

211 Vgl. *Schütte*, Regionalität und Föderalismus im Rundfunk, 14 f.

212 Siehe die Niederschrift über die 21. Sitzung der Rundfunkkommission am 9.6.1922 (oben N. 210).

213 Siehe *Bredow*, Vier Jahre deutscher Rundfunk, 12. Die Undurchführbarkeit des Saalrundfunks und der Entschluß der Post, die Sender selbst zu betreiben, ließ auch den geänderten Konzessionsantrag der Funkindustrie hinfällig werden, wonach acht oder neun Sender in ebensovielen Sendebezirken errichtet und die Darbietungen entsprechend dem Konzept der Deutschen Stunde über Lautsprecher in großen Sälen vorgeführt werden sollten (siehe *Schütte*, Regionalität und

Bezirkssender statt eines großen Senders errichtet werden sollten, hatte nicht nur finanzielle Gründe[214]. Hinzu kam nämlich, daß bereits der Plan der »Deutschen Welle«, ein einheitliches Programm für ganz Deutschland zu verbreiten, in Bayern auf Widerstand gestoßen war und dort im Spätsommer 1922 zur Gründung einer ersten Regionalrundfunkgesellschaft geführt hatte[215].
Mit der so erlangten Aufsicht über den technischen Bereich des Rundfunks gab sich das Reichspostministerium allerdings nicht zufrieden. Der Versuch, auch auf das Programm Einfluß zu nehmen, stieß jedoch zunächst auf Widerstand des Reichsinnenministeriums und später auch auf den der Länder. Gegenstand der Auseinandersetzung zwischen der Post und dem Reichsinnenministerium waren die unterschiedlichen Vorstellungen über die Programmkonzeption. Grundsätzlich anerkannt wurde im Reichspostministerium zwar die Zuständigkeit des Reichsinnenministeriums für Programmangelegenheiten, *Bredows* Ziel war jedoch ein »unpolitischer« Rundfunk, während das Innenministerium gerade die publizistischen Möglichkeiten des Rundfunks in den Dienst der Politik stellen wollte[216].
Das Ergebnis der Verhandlungen war ein am 12. Oktober 1923 abgeschlossener Vertrag zwischen der »Deutschen Stunde« und der »Drahtlosen Dienst AG für Buch und Presse«[217]. Danach sollte die »Deutsche Stunde« mit den regionalen Tochtergesellschaften für den unterhaltenden Programmteil, die »Buch und Presse« hingegen für Darbietungen politischer Natur zuständig sein[218].

Föderalismus im Rundfunk, 17 sowie *Bausch*, Der Rundfunk im politischen Kräftespiel der Weimarer Republik 1923-1933, 16). Die Verhandlungen mit der Funkindustrie über eine Konzession wurden eingestellt (vgl. *Pohle*, Der Rundfunk als Instrument der Politik, 34 f.).

214 Vgl. *Schütte*, Regionalität und Föderalismus im Rundfunk, 17 – Das Konzept des RPM sah nunmehr eine Einteilung des Reiches in neun Rundfunkbezirke mit je einem Sender vor (vgl. nähere Angaben bei Schütte, Regionalität und Föderalismus im Rundfunk, 20); die Aufgabe, in diesen Bezirken Programmgesellschaften zu schaffen, sollte der Deutschen Stunde übertragen werden (siehe *Pohle*, Der Rundfunk als Instrument der Politik, 34 f.).

215 Vgl. *Bredow*, Im Banne der Ätherwellen, 203.

216 *Bausch*, Der Rundfunk im politischen Kräftespiel der Weimarer Republik 1923-1933, 20 f.

217 Im Zusammenhang mit dem Erlaß des Reichsgesetzes zum Schutz der Republik vom 18. Juli 1922 wurden der Regierung erstmals 75 Millionen Mark zur Ausführung des Gesetzes zur Verfügung gestellt. Mit Hilfe dieser Gelder sollte der republikanische Staatsgedanke durch propagandistische Einwirkungen auf die Öffentlichkeit verstärkt und vertieft werden. Im Reichsinnenministerium war man jedoch der Überzeugung, daß Werbung für den Staat nicht allein durch den Staat erfolgen sollte; es entstand der Plan, eine Gesellschaft privaten Rechts zu gründen, die sich dieser Aufgabe widmen sollte. Seine Realisierung erfolgte mit der Gründung der Gesellschaft »Buch und Presse« am 16. Mai 1923; Aufsichtsratsvorsitzender wurde der Ministerialrat im Reichsinnenministerium *Haentzschel* (siehe ausführlich *Bausch*, Der Rundfunk im politischen Kräftespiel der Weimarer Republik 1923-1933, 24 f. sowie 25 N. 29).

218 Siehe *Schütte*, Regionalität und Föderalismus im Rundfunk, 25 sowie *Pohle*, Der Rundfunk als Instrument der Politik, 37.

Realisiert wurde der Vertrag indes nur im Bereich Berlin[219], denn trotz der vorerwähnten Vereinbarungen wurde den zwischen März und Oktober 1924 von Privaten gegründeten acht Regionalgesellschaften[220] durch ein Schreiben der Deutschen Reichspost vom 17. März 1924 die Genehmigung der Programmausstrahlung zugesagt[221]. Zu vermuten steht, daß das Motiv für dieses widersprüchliche Verhalten auch hier wieder die Absicht war, maßgeblichen Einfluß auf die Regionalgesellschaften zu erlangen[222]. Eine gewisse Bestätigung findet diese Vermutung jedenfalls in einem weiteren Vorgehen des Reichspostministeriums, das seinerseits zum Konflikt mit den Ländern führte. Auf Betreiben des Reichspostministeriums wurde nämlich der Reichsrundfunkverband, in dem sich die Privataktionäre der meisten Rundfunkunternehmen zum Zwecke einer gemeinsamen Vertretung ihrer wirtschaftlichen Interessen zusammengeschlossen hatten, aufgelöst und am 15. Mai 1925 die Reichsrundfunkgesellschaft gegründet[223]. Die zunächst erstaunliche Bereitwilligkeit der Regionalgesellschaften, der Reichsrundfunkgesellschaft die Stimmenmehrheit in jeder Gesellschaft zu verschaffen[224] und 51 Prozent des Gesellschaftskapitals der von ihnen gegründeten Reichsrundfunkgesellschaft unentgeltlich auf die Reichspost zu übertragen[225], wird verständlich, wenn man bedenkt, daß die endgültigen Konzessionen und Betriebsgenehmigungen noch immer nicht ausgesprochen waren. Hinzu kamen die durch die verhältnismäßig geringe Zahl der Hörer verursachten wirtschaftlichen Probleme der einzelnen Gesellschaften[226]. Mit der Gründung der Reichsrundfunkgesellschaft hatte sich der Verwaltungsrat der Deutschen Reichspost allerdings nur unter der Vorbedingung einverstanden erklärt, daß eine Verständigung zwischen Reichsregierung und Ländern über deren Mitwirkung bei der Verbreitung von politischen, kulturellen und wirtschaftlichen Darbietungen erzielt würde. Denn bereits vor der Sitzung des

219 Der Berliner Rundfunk nahm seinen Sendebetrieb am 29.10.1923 auf, siehe *Fischer*, Dokumente zur Geschichte des deutschen Rundfunks und Fernsehens, 13.

220 Zur Gründung der Regionalgesellschaften vgl. die ausführliche Darstellung bei *Schütte*, Regionalität und Föderalismus im Rundfunk, 26 ff. sowie den Überblick bei *Pohle*, Der Rundfunk als Instrument der Politik, 44.

221 Siehe *Stohl*, Der drahtlose Nachrichtendienst für Wirtschaft und Politik, seine Entwicklung und Organisation in Deutschland, 107.

222 Vgl. *Bausch*, Der Rundfunk im politischen Kräftespiel der Weimarer Republik 1923-1933, 39 f.

223 Siehe *Bausch*, Der Rundfunk im politischen Kräftespiel der Weimarer Republik 1923-1933, 39 f.sowie *Pohle*, Der Rundfunk als Instrument der Politik, 48.

224 Dies wurde in der Weise durchgeführt, daß 17 Prozent des Aktienkapitals auf die RRG übertragen wurden und die Gesellschaften diese Aktien größtenteils als Vorzugsaktien mit mehrfachem Stimmrecht ausstatteten. Als Ergebnis dieser Transaktionen verfügte die Reichsrundfunkgesellschaft in den ihr angeschlossenen Bezirksgesellschaften über insgesamt 53,3 Prozent aller Stimmen (siehe *Bausch*, Der Rundfunk im Kräftespiel der Weimarer Republik 1923-1933, 39).

225 Vgl. *Pohle*, Der Rundfunk als Instrument der Politik, 48 f.

226 Siehe auch *Wilkens*, Die Aufsicht über den Rundfunk, 46 f.

Postverwaltungsrates am 24./25. März 1925 waren Proteste der württembergischen Staatsregierung laut geworden[227]. Auch das bayerische Kultusministerium machte verfassungsrechtliche Bedenken geltend: »...die programmgestaltende Tätigkeit unterliegt, soweit ein staatlicher, hoheitlicher Einfluß dabei in Betracht kommt, der Zuständigkeit jener Behörden, die in Angelegenheiten der geistigen Beeinflussung des Volkes verfassungsmäßig allein berufen sind, also den Landesbehörden. Denn dem Reich ist solche Zuständigkeit nirgends, weder in der Reichsverfassung, noch im Telegraphengesetz, übertragen worden... Insoweit nur die Konzessionserteilung die Möglichkeit gibt, eine an sich freie private Betätigung der Betriebsgesellschaft nach den Wünschen des Staates zu regeln, muß sich die Reichspostverwaltung bei der Ausübung des ihr für die Nachrichtenbeförderung vorbehaltenen Konzessionsrechtes als Sachverwalterin und Vertreterin jener (Landes-)Behörden fühlen und betätigen, denen die Pflege der geistigen Belange an sich obliegt... Die Reichspostverwaltung muß also zum mindesten mit den Landesregierungen ins Benehmen treten und deren Bedürfnisse feststellen, ehe sie die Konzession dazu erteilt, daß eine Privatgesellschaft das Gebiet dieses Landes in geistigen Dingen drahtlos in ihre Herrschaft nimmt...«[228]. Die in diesem Schreiben zum Ausdruck kommende Anerkennung des von der Reichspost gewählten Verfahrens, nämlich mit dem rechtstechnischen Mittel der »Konzessionsbedingungen« Einfluß auf Organisation und Struktur der Rundfunkgesellschaften zu nehmen, muß auf den ersten Blick überraschen. Denn da die Rundfunkgesellschaften nunmehr als reine Programmhersteller fungieren sollten, fehlte es im Grunde an einer genehmigungspflichtigen Tätigkeit nach § 3 Abs. 2 Telegraphengesetz i.V.m. § 1 Funkverordnung[229]. Die im damaligen rechtswissenschaftlichen Schrifttum herrschende Meinung ging jedoch gleichwohl von einer fernmelderechtlichen Genehmigungspflicht aus. Begründet wurde diese mit der Mitwirkung der Rundfunkgesellschaften beim Sendebetrieb, die unter anderem darin gesehen wurde, daß bei der Aufnahme einer Sendung bestimmte technische Maßnahmen wie die Aufstellung, Regulierung und Bedienung der Mikrofone und Verstärker getroffen wurden[230]. Preußen beschränkte sich trotz dieser herrschenden Rechtsauffassung indes nicht auf Proteste, sondern beantragte am 15. April

227 Siehe näheres bei *Lerg*, Rundfunkpolitik in der Weimarer Republik, 223 f.

228 Note des Bayerischen Ministeriums für Unterricht und Kultur (Nr. I 11 905) vom 25. März 1925 an das Staatsministerium des Äußeren in München (Auszug – abgedruckt bei: *Bausch*, Der Rundfunk im politischen Kräftespiel der Weimarer Republik 1923-1933, Anhang, Dokument 1.

229 Nach diesen Vorschriften durften Sende- und Empfangseinrichtungen nur mit Genehmigung der Reichstelegraphenverwaltung betrieben werden.

230 Siehe *Neugebauer*, Fernmelderecht mit Rundfunkrecht, 699 f. sowie *Hoechstetter*, Beiträge zur Entwicklung des Rundfunkrechts, 27; *Freund*, Der deutsche Rundfunk, 54; und *Huber*, Wirtschaftsverwaltungsrecht, 58.

1925 beim Reichsinnenministerium die Anberaumung einer Reichsratssitzung zur Erörterung der Rundfunkangelegenheiten. Diese fand am 25. Mai 1925 unter Beteiligung der Reichsratsausschüsse für innere Verwaltung, Verkehr und Rechtspflege statt[231]. Der Reichsinnenminister stellte während dieser Sitzung eine »Denkschrift« der Reichsregierung in Aussicht, die jedoch erst im Oktober 1925 den deutschen Landesregierungen zugesandt wurde[232].

Zu einem großen Fortschritt in den Verhandlungen zwischen Reich und Ländern führte der in dieser Denkschrift enthaltene Vorschlag, bei jeder Bezirksgesellschaft zwei Organe zu bilden, denen die Programmkontrolle in kultureller und politischer Hinsicht obliegen sollte. Zur Überwachung des »politischen« Programmteils sollten in den jeweiligen Aufsichtsrat drei Personen gewählt werden – eine von den zuständigen Landesregierungen, zwei vom Reich -; die Einsetzung eines Beirats zur Überwachung des sonstigen Programms sollte im Belieben des Reiches stehen, wobei allerdings ein Mitspracherecht der Länderregierungen vorgesehen war[233]. Die Vertreter Preußens stimmten diesem Vorschlag für die kulturelle Überwachung durch einen Beirat zu, falls dessen Mitglieder von den Landesregierungen zu bestellen seien. Zu dem geplanten politischen Überwachungsausschuß äußerte man sich indes ablehnend, da auch auf diesem Gebiet eine ausschließliche Zuständigkeit der Länder bestehe[234]. Während sich die Vertreter der Länder Bayerns, Badens und Württembergs diesem Standpunkt anschlossen, erklärten sich die übrigen Länder mit dem Vorschlag der Reichsregierung einverstanden[235]. Das Reich gab gleichwohl im wesentlichen den Forderungen Preußens nach. Die Beiräte waren nunmehr von den Landesregierungen im Benehmen mit dem Reichsinnenministerium zu ernennen (nicht umgekehrt, wie ursprünglich geplant). Für die dreiköpfigen politischen Überwachungsausschüsse entsandte das Reich nur noch jeweils einen Delegierten[236]. Die Kompromißbereitschaft dürfte darauf zurückzuführen sein, daß man in Zeitdruck war. Zum einen war nicht auszuschließen, daß ein zu dieser Zeit neu zu bildendes Reichskabinett eine andere Auffassung über

231 Siehe die ausführliche Darstellung der Erörterungen bei *Lerg*, Rundfunkpolitik in der Weimarer Republik, 226 ff.

232 Vgl. *Bausch*, Der Rundfunk im politischen Kräftespiel der Weimarer Republik 1923-1933, 43, 47; zu den gesonderten Verhandlungen von Preußen und Bayern in dieser Zeitspanne siehe *Lerg*, Rundfunkpolitik in der Weimarer Republik, 227 ff. sowie *Bausch*, Föderalismus in Rundfunkgeschichte und Rundfunkpolitik, 43 ff.

233 Siehe *Bausch*, Der Rundfunk im politischen Kräftespiel der Weimarer Republik 1923-1933, 48.

234 Vgl. *Bausch*, Der Rundfunk im politischen Kräftespiel der Weimarer Republik 1923-1933, 50.

235 Hessen unter dem Vorbehalt der Beteiligung an der politischen Überwachung – vgl. *Bausch*, Der Rundfunk im politischen Kräftespiel der Weimarer Republik 1923-1933, 50.

236 Eine ausführliche Darstellung der Aufgaben und Rechte der Ausschüsse findet sich bei *Schuster*, Funkhoheit und Unterhaltungsrundfunk nebst den in den drei westlichen Besatzungszonen geltenden Rundfunkgesetzen: APF 1949, 309-360 (314, 331).

die zu entscheidenden Fragen der Rundfunkorganisation und – überwachung haben könnte. Zum anderen war bereits das Interesse des Reichstages sichtbar geworden; dessen Mitwirkung wollte man aber vermeiden[237]. In der Sitzung der »Vereinigten Ausschüsse des Reichsrats« vom 7. Dezember 1925 konnte zwar noch keine endgültige Einigung erzielt werden, mit der Ausfertigung der Konzessionen waren jedoch alle Länder mit Ausnahme Württembergs einverstanden[238]. Zu einer abschließenden Klärung, insbesondere mit dem Land Württemberg, kam es dann in der Sitzung vom 22. Januar 1926[239]. Die Übergabe der Genehmigungsurkunden zur »Benutzung von Funksendeanlagen der DRP für die Zwecke des Unterhaltungsrundfunks«[240] erfolgte schließlich am 4. März 1926. Die zwischen Reich und Ländern getroffenen Vereinbarungen über die Besetzung der Kulturbeiräte und der Überwachungsausschüsse wurden in die Konzessionen aufgenommen[241].
Der Streit zwischen Reich und Ländern über die Zuständigkeiten im Rundfunkbereich war mit der Konzessionierung der regionalen Rundfunkgesellschaften nur vorläufig beigelegt. Die gefundene Lösung trug den eindeutigen Stempel des politisch geprägten Kompromisses.

b) *Der Kompetenzkonflikt zwischen Bund und Ländern nach 1945 – Die Beendigung des Fernsehstreits durch das erste Rundfunkurteil des Bundesverfassungsgerichts*

Die schon in der ersten Nachkriegszeit erneut beginnende Auseinandersetzung um Organisation und Struktur des Rundfunkwesens weist gegenüber dem Zuständigkeitsstreit in der Weimarer Republik die Besonderheit auf, daß nicht maßgeblich die Deutsche Bundespost und das hinter ihr stehende Ministerium für das Post- und Fernmeldewesen die Rundfunkhoheit der Länder bestritten, sondern der Versuch der Einflußnahme vielmehr von der Bundesregierung und der sie tragenden Parteien ausging[242]. Das unter den Besatzungsmächten entstandene, weitgehend dezentralisierte und öffentlich-rechtlich organisierte

237 Vgl. zu den Motiven ausführlich *Bausch*, Der Rundfunk im politischen Kräftespiel der Weimarer Republik 1923-1933, 50 f.
238 *Lerg*, Rundfunkpolitik in der Weimarer Republik, 240.
239 Zu den Differenzen zwischen Reich und Württemberg siehe *Bausch*, Der Rundfunk im politischen Kräftespiel der Weimarer Republik 1923-1933, 52-55.
240 Abgedruckt bei: *Schuster* (oben N. 236) 315.
241 Vgl. Art. 3 Abs. 1 und 2 bei *Schuster* (oben N. 236).
242 Vgl. BVerfG 28.2.1961, BVerfGE 12, 205-264 (230): »Es ist auch nicht richtig, daß der Rundfunk als Angelegenheit der Bundespost angesehen wird. Die Bundesregierung läßt die Angelegenheiten des Rundfunks, von technischen Fragen abgesehen, federführend nicht beim Bundesministerium für das Post- und Fernmeldewesen, sondern beim Bundesministerium des Innern bearbeiten.«

Rundfunksystem[243] mißfiel insbesondere Bundeskanzler *Adenauer*, nach dessen Auffassung der Rundfunk »politisches Führungsmittel der jeweiligen Bundesregierung« sein sollte[244]. Welche Vorstellungen die damaligen Regierungsparteien über die Gestaltung der Rundfunkordnung hatten, veranschaulichte schon deutlich ein Memorandum der CDU aus dem Jahre 1950[245].
Ein zukünftiges Bundesrundfunkgesetz sollte danach folgende Punkte gesetzlich festlegen:

»1. Formelle Lizensierung der Sender durch die Bundesregierung
2. Finanzhoheit des Bundes über den gesamten Rundfunk

243 Mit Wirkung vom 1. Januar 1948 wurde zunächst in der britischen Besatzungszone durch Verordnung der Militärregierung für die Länder Nordrhein-Westfalen, Niedersachsen, Schleswig-Holstein und Hamburg eine gemeinsame öffentlich-rechtliche Rundfunkanstalt, der »Nordwestdeutsche Rundfunk« (NWDR) geschaffen, dem bis 1954 auch die Rundfunkversorgung für West-Berlin (Vgl. das Gesetz über die Errichtung einer Rundfunkanstalt »Sender Freies Berlin« vom 12.November 1953 (Berlin GVBl. 1953, 1400)) übertragen wurde (Verordnung Nr. 118 Nordwestdeutscher Rundfunk, Amtsblatt der Kontrollkommission Deutschland (Britische Zone) Nr. 4-25, 1945-1948, 656; näheres hierzu bei Brack, Der Rundfunk zwischen Bund und Ländern: RuF 1962, 30-45 (30 f.)). Aus dem NWDR sind Mitte der fünfziger Jahre der »Norddeutsche Rundfunk«, der die Länder Niedersachsen, Schleswig-Holstein und die Freie und Hansestadt Hamburg versorgte, und der »Westdeutsche Rundfunk Köln« für das Land Nordrhein-Westfalen hervorgegangen (siehe den Staatsvertrag über den Norddeutschen Rundfunk (NDR) (Niedersachsen GVBl. 1955, 167) sowie Gesetz über den »Westdeutschen Rundfunk Köln« vom 25.5.1954 (Nordrhein-Westfalen GVBl. 1954, 151). In der amerikanischen Besatzungszone entstand aufgrund deutscher Landesgesetze, die der Zustimmung der Militärregierung bedurften, in jedem Bundesland eine eigenständige öffentlich-rechtliche Rundfunkanstalt: der »Bayerische Rundfunk« durch das Gesetz über die Errichtung und die Aufgaben einer Anstalt des öffentlichen Rechts – der »Bayerische Rundfunk« vom 10.8.1948 (Bayern GVBl. 1948, 135), der »Hessische Rundfunk« durch das Gesetz über den Hessischen Rundfunk vom 2.10.1948 (Hessen GVBl. 1948, 123), »Radio Bremen« durch das Gesetz über die Errichtung und die Aufgaben einer Anstalt des öffentlichen Rechts – »Radio Bremen« vom 22.11.1948 (Bremen GBl. 1948, 225), der »Süddeutsche Rundfunk« durch das »Gesetz Nr. 1039 – Radiogesetz« vom 6.4.1949 (RegBl. Württemberg-Baden 1949, 71). In der französischen Zone wurde zur Rundfunkversorgung der Länder Rheinland-Pfalz, Baden und Württemberg-Hohenzollern durch Verordnung der Militärregierung vom 30.10.1948 eine gemeinsame öffentlich-rechtliche Rundfunkanstalt errichtet, der »Südwestfunk« (Verordnung Nr. 187 über die Errichtung des »Südwestfunks«, Journal Officiel 1948, 1756). – Die damit entstandene Anstalt des »Südwestfunks« erhielt mit dem Staatsvertrag der Länder Baden, Rheinland-Pfalz und Württemberg-Hohenzollern vom 27.8.1951 (abgedruckt in: *Ring*, Textsammlung C IV 1.8.1) eine neue Rechtsgrundlage. Waren auch die Amerikaner, Franzosen und Engländer hinsichtlich eines föderalistischen Rundfunksystems nicht einer Meinung, so bestand doch Einigkeit darüber, daß ein Staatsrundfunk wie im Dritten Reich sowie ein Rundfunk auf privatwirtschaftlicher Grundlage abzulehnen waren; (vgl. *Herrmann*, Zur Entwicklung der Rundfunkorganisation in der Bundesrepublik Deutschland: RuF 1962, 368-390 (369) sowie *Mettler*, Demokratisierung und Kalter Krieg, 104 ff.) Als Organisationsform wurde daher das Institut der selbständigen Anstalt des öffentlichen Rechts gewählt (zu den Rechtsgrundlagen der einzelnen Rundfunkanstalten siehe: *Ring*, Textsammlung C IV 1.1.1).

244 Siehe *Steininger*, Rundfunkpolitik im ersten Kabinett Adenauer, 342.

245 «Massenführung in der Bundesrepublik« – Memorandum »an den Herrn Bundeskanzler« vom 3. Oktober 1950 aus der Bundesgeschäftsführung der CDU.

3. Rückführung der gesamten Ausstrahlungstechnik in die Zuständigkeit der Bundespost
4. Vertretung des Bundes durch einen Bevollmächtigten im Verwaltungrat bzw. Programmbeirat jeden Senders
5. Berechtigung des Bundes zur Auflage einzelner Nachrichten und Kommentare sowie einzelner Bestandteile der Sendungen zum Zeitgeschehen des Schul- und Jugendfunks.«[246]

Die zur Realisierung dieser Pläne unternommenen Schritte – insbesondere Verhandlungen mit den Bundesländern – blieben jedoch vorerst ohne Erfolg[247]: Nicht entschieden wurde über den im Bundestag gestellten »Antrag der Abgeordneten Dr. Vogel, Dr. Mende, Walter und Genossen« vom 18. März 1953, den Entwurf eines Gesetzes über die Wahrnehmung gemeinsamer Aufgaben auf dem Gebiet des Rundfunks zu beschließen[248]. Vorgesehen war danach die Errichtung einer Anstalt des öffentlichen Rechts »DER DEUTSCHE RUNDFUNK«. Diese Anstalt sollte den Betrieb der »Deutschen Welle«, des »Deutschen Kurzwellen- Dienstes« sowie des »Deutschen Fernsehrundfunks« übernehmen[249]. Dem wichtigsten Organ der Anstalt, dem Gesamtrat, sollten u.a. sechs Vertreter des Bundestages und sechs Vertreter des Bundesrates mit je einer Stimme sowie drei Vertreter der Bundesregierung mit je zwei Stimmen angehören[250]. Die Beratung dieses Gesetzes im Bundestag zeigte aber, daß nicht nur die Opposition die Auffassung vertrat, ein Bundesrundfunkgesetz könne wegen der fehlenden Zuständigkeit des Bundes für den nicht-technischen Bereich des Rundfunks nicht verabschiedet werden[251].
Auch der Abgeordnete *Jaeger* als Vertreter einer der Regierungsparteien, nämlich der Christlich-Sozialen Union (CSU), verneinte die Gesetzgebungskompetenz des Bundes. Kulturfragen seien prinzipiell Angelegenheit der Länder und könnten daher grundsätzlich nicht dem Bund überantwortet werden. Aus Art. 73 Nr. 7 GG, der mangels einer ausdrücklichen Kompetenzzuweisung allenfalls als zuständigkeitsbegründende Vorschrift in Betracht komme, könne die Zuständigkeit nicht hergeleitet werden, da »sicher« sei, daß mit dem Begriff

246 Vgl. *Steininger*, Rundfunkpolitik im ersten Kabinett Adenauer, 348.
247 Ausführlich dazu *Behrens*, Die Entstehung der Massenmedien in Deutschland, 301 ff.; vgl. ferner den Auszug der Bundestagsdebatte vom 9.5.1951 zur Rundfunkordnung – abgedruckt bei *Fischer*, Dokumente zur Geschichte des deutschen Rundfunks und Fernsehens, 104 ff.
248 BT-Drucksache I, Nr. 4198.
249 Siehe §§ 1 und 2 Entwurf eines Gesetzes über die Wahrnehmung gemeinsamer Aufgaben auf dem Gebiet des Rundfunks (oben N. 248).
250 Siehe § 4 d Entwurf eines Gesetzes über die Wahrnehmung gemeinsamer Aufgaben auf dem Gebiet des Rundfunks (oben N. 248).
251 Vgl. BT-Sitzungsberichte I, S. 12592 (12600).

des Fernmeldewesens vom Rundfunk nur die rein technische Seite gemeint sei[252].

Nachdem die Bemühungen der Regierung(sparteien), ein Bundesrundfunkgesetz durchzusetzen, gescheitert waren – mit Ablauf der Legislaturperiode wurde der Entwurf hinfällig –, verlor die Diskussion über eine Neuordnung des Rundfunkwesens für kurze Zeit an Intensität. Ursächlich für die Wiederbelebung der Rundfunkdebatte Mitte der fünfziger Jahre dürften zwei Umstände gewesen sein. Zum einen fiel mit dem Inkrafttreten der Pariser Verträge im Jahre 1955[253] die volle Zuständigkeit für das Post- und Fernmeldewesen an den Bund zurück. Zum anderen war absehbar, daß die technische Entwicklung bald die Ausstrahlung eines zweiten Fernsehprogramms gestatten würde[254]. Als die

252 BT-Sitzungsberichte I, S. 12592 (12609). Zur ablehnenden Haltung des juristischen Schrifttums siehe *Maunz*, Rechtsgutachten über die Frage der Vereinbarkeit des Gesetzentwurfs über die »Wahrnehmung gemeinsamer Aufgaben auf dem Gebiet des Rundfunks« mit dem Grundgesetz, 17 sowie *Eschenburg/Freund/Ipsen/Landshut/Leibholz/Nawiasky/Rüstow /Smend/Wenke*, Stellungnahme zum »Entwurf eines Gesetzes über die Wahrnehmung gemeinsamer Aufgaben auf dem Gebiet des Rundfunks«, 2.

253 Vgl. Gesetz betreffend das Protokoll vom 23. Oktober 1954 über die Beendigung des Besatzungsregimes in der Bundesrepublik Deutschland vom 24. März 1955 (BGBl. 1955 II, 215 und 305).

254 Parallel zur Gründung der Rundfunkanstalten erfolgte die Wiederaufnahme der Fernsehentwicklung. Ein regelmäßig ausgestrahltes Fernsehprogramm hatte es in Deutschland schon seit dem 22. März 1935 gegeben. (Ein ausführlicher Rückblick findet sich bei *Kniestedt*, Die historische Entwicklung des Fernsehens: APF 1985, 185-239). Der Programm- und Sendebetrieb mußte jedoch 1943/44 kriegsbedingt eingestellt werden. Ebenso wie im Bereich des Hörfunks untersagten die Alliierten den Deutschen auch für das Medium Fernsehen zunächst jegliche Betätigung, (vgl. *Behrens*, Die Entstehung der Massenmedien in Deutschland, 294). Doch schon die Satzung des 1948 gegründeten NWDR machte den einstweiligen Charakter des Verbotes deutlich. So hieß es dort über die Aufgaben des NWDR: »Die Rundfunksendungen sollen in Sprache und Musik (*später, sobald technisch möglich, auch im Bilde*) (Hervorhebung durch den Verf.) Unterhaltung, Bildung, Belehrung und Nachrichten vermitteln.« (§ 1 Satzung des NWDR vom 1.1.1948 abgedruckt in: *Fischer*, Dokumente zur Geschichte des deutschen Rundfunks und Fernsehens, 98-101 (98)). Nach einer mehrjährigen Vorbereitungs- und Versuchsphase wurde dann am 25. Dezember 1952 das erste öffentliche Fernsehprogramm in der britischen Zone ausgestrahlt (vgl. Einzelheiten bei *Behrens*, Die Entstehung der Massenmedien in Deutschland, 294 ff. sowie *Kniestedt* (a.a.O.) 207 ff). Da nicht jede Rundfunkanstalt in der Lage sein würde, ein komplettes Programm herzustellen, kam man überein, daß jede Anstalt ihrer Größe entsprechend Beiträge zu einem Gemeinschaftsprogramm liefern sollte. (siehe Ziffer 1 und 5 der Verwaltungsvereinbarung der Landesrundfunkanstalten über die Zusammenarbeit auf dem Gebiet des Fernsehens («Fernsehvertrag«) vom 27.3.1953 i.d.F. vom 2.7.1964 abgedruckt in: *Ring*, Textsammlung C V 2). Die Rundfunkanstalten gründeten bereits im Jahre 1950 die »Arbeitsgemeinschaft der öffentlich-rechtlichen Rundfunkanstalten der Bundesrepublik Deutschland« (ARD) (zu den Gründen vgl. *Brack/Herrmann /Hillig*, Organisation des Rundfunks 1948-1962, 39 – Abdruck der ARD-Satzung ebenda (127-132)). Das von ihr veranstaltete Gemeinschaftsprogramm konnte bundesweit erstmalig am 1. November 1954 empfangen werden (Einzelheiten bei *Behrens*, Die Entstehung der Massenmedien in Deutschland, 300 sowie bei *Kniestedt* (a.a.O.) 211). Gleichzeitig begann man regionale Fernsehprogramme in dieses Gemeinschaftsprogramm zu integrieren. Bis 1959 hatten alle Rundfunkanstalten ihr eigenes oder in Zusammenarbeit mit der Nachbarrundfunkanstalt gemeinsam getragenes Regionalfernsehprogramm aufgebaut (vgl. *Behrens*, Die Entstehung der Massenmedien in Deutschland, 300).

ARD jedoch am 12. Juni 1957 dem Bundespostminister ihren Entschluß mitteilte, ein zweites Fernsehprogramm einzuführen, und die Freihaltung der Frequenzbereiche IV und V beantragte, wurde ihr geantwortet, der Minister habe »bestimmte Vorstellungen« über die Verwendung dieser Frequenzbereiche, im gegenwärtigen Zeitpunkt komme eine Zuteilung der Bereiche IV und V an die Landesrundfunkanstalten nicht in Betracht[255]. Welche rundfunkpolitischen Pläne die Bundesregierung hatte, offenbarte sich anläßlich einer Anfang 1959 von der in der Opposition befindlichen SPD im Bundestag gestellten Großen Anfrage[256]. Ziel war ein zweites, auf Bundesebene organisiertes Fernsehprogramm. Nach den Ausführungen des Abgeordneten *Schmidt* bedeutete die Errichtung eines zweiten Progamms, das nicht von den bestehenden Rundfunkanstalten angeboten werden sollte, aber nicht zwangsläufig die Einführung eines privaten, durch Werbung finanzierten Fernsehsenders; im Hinblick auf die Finanzierung sei in allererster Linie an die Rundfunkgebühren gedacht[257]. Diesen Absichten stehe auch nicht die Kulturhoheit der Länder entgegen, da das Grundgesetz keine ausschließlich den Ländern zustehende allgemeine Kompetenz für Kulturfragen kenne. Sofern der Bund auf einem Gebiet zuständig sei, werde diese Zuständigkeit nicht dadurch beeinträchtigt, daß materiell Kulturfragen berührt würden. Aus der Bundeskompetenz für das Fernmeldewesen folge daher die Zuständigkeit für das Gebiet des Rundfunks[258]. Gleichwohl wolle man vor der Ausarbeitung eines Gesetzentwurfes zunächst noch einmal mit den Ländern über die Frage einer vertraglichen Regelung verhandeln[259]. Diese Ende 1958 eingeleiteten Verhandlungen verliefen ergebnislos. Die Länder erklärten sich zwar grundsätzlich bereit, einem Staatsvertrag zuzustimmen. In einem von ihnen im Sommer 1959 vorgelegten Entwurf wurde dem Bund jedoch nur ein geringes Mitspracherecht zugestanden. Das zweite Fernsehprogramm sollte öffentlich-rechtlich in Zusammenarbeit mit den bestehenden Rundfunkanstalten organisiert werden[260].

Insbesondere Bundeskanzler *Adenauer* lehnte diesen Vertragsentwurf jedoch strikt ab; von der Bundesregierung wurde daraufhin der bereits angekündigte Gesetzentwurf eines Bundesrundfunkgesetzes verabschiedet[261]. Vorgesehen

255 Siehe dazu *Montag*, Privater oder öffentlich-rechtlicher Rundfunk?, 93; *Behrens*, Die Entstehung der Massenmedien in Deutschland,316; *Hillig*, Der Werdegang und die Organisation des zweiten Fernsehprogramms: RuF 1962, 391-401 (391).

256 Vgl. BT-Drucksache III, Nr. 153.

257 Vgl. BT-Sitzungsberichte III, S. 687 (695 ff.).

258 Vgl. BT-Sitzungsberichte III, S. 687 (694, 711) – zur konträren Auffassung der SPD vgl. BT-Sitzungsberichte III, S. 687 (689 f. 707).

259 Vgl. BT-Sitzungsberichte III, S. 687 (695 f., 713).

260 Zu den Verhandlungen zwischen Bund und Ländern siehe *Behrens*, Die Entstehung der Massenmedien in Deutschland, 316 f.; zum Vertragsentwurf siehe *Hillig* (oben N. 255) 393 f.

261 Vgl. BT-Drucksache III, Nr. 1434.

war danach die Errichtung von drei Anstalten des öffentlichen Rechts: Die »Deutsche Welle«, der »Deutschlandfunk« und das »Deutschland-Fernsehen«. Die Sendungen der »Deutschen Welle« sollten den Rundfunkteilnehmern im Ausland ein »umfassendes politisches, kulturelles und wirtschaftliches Bild Deutschlands vermitteln und ihnen die Auffassung zu wichtigen Fragen des öffentlichen Lebens darstellen und erläutern.«[262] Ähnlich lautete die Aufgabe des »Deutschlandfunks«. Zielgruppen waren hier allerdings die Rundfunkteilnehmer »in ganz Deutschland und im europäischen Ausland«[263]. Die zur Veranstaltung von Fernsehsendungen geplante Anstalt sollte wie der Deutschlandfunk »die Fernsehteilnehmer in ganz Deutschland und im europäischen Ausland« erreichen. Die Durchführung der Fernsehsendungen sollte Gesellschaften des privaten Rechts mit eigener Rechtspersönlichkeit übertragen werden. Nur sofern und soweit Vereinbarungen mit solchen Gesellschaften nicht zustande kämen, hätte die Anstalt selbst tätig werden müssen[264]. Diese rundfunkpolitischen Pläne der konservativen Bundesregierung stießen nicht nur aus kompetenzrechtlichen Erwägungen auf den insbesondere von der SPD ausgehenden Widerstand. Vor allem die Idee der Rundfunkveranstaltung durch Private erfuhr eine strikte Ablehnung, da es nach Ansicht der SPD kein »besseres Prinzip« als das System der öffentlich-rechtlichen Anstalten gab[265]. Alle Gründe, die für eine Durchbrechung dieses Ordnungsprinzips genannt würden, seien im Grunde nichts anderes als Vorwände. Dazu zähle vor allem das Argument, man müsse das Niveau der Sendungen durch Konkurrenz heben. Denn genau das Gegenteil wäre der Fall: Da private Programmträger wirtschaftliche und nicht kulturelle Absichten hätten, würde man versuchen, ein massenattraktives Programm auszustrahlen. Wenn die öffentlich-rechtlichen Anstalten dann nicht Hörer und Zuschauer verlieren wollten, wären sie gezwungen, ebenfalls »mit dem Niveau herunterzugehen.« Der Grundsatz, Konkurrenz führe zur Qualitätsanhebung, könne daher im Kulturbereich keine Geltung beanspruchen.

Von den konservativen Parlamentariern wurde diese These unter Hinweis auf die privatrechtlich und -wirtschaftlich organisierte Presse und die Rundfunkentwicklung in England bestritten[266]. Nach ihrem Grundgesetzverständnis war überhaupt jedes Monopol auf kulturellem Gebiet nicht nur undemokratisch und unmoralisch, sondern auch verfassungswidrig.

262 § 13 Abs. 1 Entwurf eines Gesetzes über den Rundfunk – BT-Drucksache III, Nr. 1434.

263 § 17 Abs. 1 Entwurf eines Gesetzes über den Rundfunk – BT-Drucksache III, Nr. 1434.

264 §§ 21 Abs. 1, 22 Abs. 1 Entwurf eines Gesetzes über den Rundfunk – BT-Drucksache III, Nr. 1434.

265 Siehe hierzu und zum nachfolgenden den Abgeordneten *Kühn* (SPD), BT-Sitzungsberichte III, S. 687 (690 ff.).

266 Siehe hierzu und zum nachfolgenden den Abgeordneten *Euler* (DP), BT-Sitzungsberichte III, S. 687 (699).

Zur Zuständigkeit des Bundesgesetzgebers wurde ausgeführt[267], daß diese sich maßgeblich aus Art. 73 Nr. 7 GG ergebe. Es könne als anerkannt gelten, daß nach der geschichtlichen Entwicklung des Rundfunks der Begriff des Post- und Fernmeldewesens auch den Rundfunk erfasse. Irrelevant sei es dabei, ob dieser Begriff sich auf den Rundfunk als Ganzes oder nur auf Teilgebiete wie etwa die Rundfunktechnik erstrecke. Denn schon im Rahmen seiner unstreitigen Zuständigkeit zur gesetzlichen Regelung der Rundfunktechnik sei der Bundesgesetzgeber berechtigt zu regeln, unter welchen Voraussetzungen die Befugnis zur Errichtung und zum Betrieb einer Rundfunksendeanlage verliehen oder entzogen werden könne. Diese Befugnis dürfe aber nicht nur davon abhängig gemacht werden, daß die technischen Voraussetzungen erfüllt seien, sondern auch davon, daß der Bewerber oder Berechtigte bestimmte Bedingungen in organisatorischer Hinsicht sowie bezüglich der Programmgestaltung einhalte[268]. Der von der Bundesregierung vorgelegte Gesetzentwurf fand jedoch weder die Zustimmung des Bundesrates noch die des Bundestages. Der dem Bundesrat am 23. Oktober 1959 zur Stellungnahme gemäß Art. 76 Abs. 2 GG zugeleitete Gesetzentwurf wurde von diesem »aus verfassungsrechtlichen und staatspolitischen Gründen« einstimmig abgelehnt. Man ersuchte die Bundesregierung, den Entwurf zurückzuziehen und empfahl, »die einer Regelung bedürftigen Fragen des Rundfunks und des Fernsehens durch Vertrag zu ordnen.«[269] In der Begründung der Stellungnahme wurde zu den verfassungsrechtlichen Gründen vorgetragen, daß man den Gesetzentwurf für verfassungswidrig halte, da die Verfassung keine Gesetzgebungskompetenz des Bundes für das Rundfunkwesen vorsehe. Weder gebe es eine ausdrückliche Kompetenzzuweisung, noch könne eine solche aus Art. 73 Nr. 7 GG hergeleitet werden. Denn nach dem Wortsinn sei der Rundfunk von dem Begriff des Fernmeldewesens keineswegs erfaßt. Ebensowenig gebe es einen historisch geprägten Begriff des Fernmeldewesens, der den Rundfunk miteinbeziehe. Der Rundfunk stelle vielmehr ein selbständiges Sachgebiet der Kultur dar. Die Kulturhoheit stehe aber nach dem Grundgesetz den Ländern zu[270]. Die Bundesregierung leitete den Gesetzentwurf gleichwohl dem Bundestag zu[271], der nach eingehender Diskussion beschloß, den Entwurf dem Ausschuß für Kulturpolitik und Publizistik federführend, dem Ausschuß für Verkehr, Post- und Fernmeldewesen sowie dem Rechtsausschuß mitberatend zu überweisen[272].

267 Siehe BT-Drucksache III, Nr. 1434 (S. 12 ff.).
268 Vgl. die herrschende Meinung in der Weimarer Republik oben B I 3a).
269 BR-Sitzungsberichte III, S. 201 (208).
270 Vgl. BR-Sitzungsberichte III, S. 201 (203).
271 Vgl. BT-Drucksache III, Nr. 1434.
272 BT-Sitzungsberichte III, S. 5330 (5357).

Der Ausschuß für Kulturpolitik und Publizistik beschloß im Frühjahr 1960, die Beratungen des das »Deutschland-Fernsehen« betreffenden Teils des Entwurfs zunächst zurückzustellen, um abzuwarten, zu welchen Resultaten die mittlerweile angeregten Verhandlungen zwischen Bund und Ländern führen würden[273]. Nachdem das Fernsehen völlig aus dem Entwurf herausgenommen war, wurde der Rest der Gesetzesvorlage nach weiterer Beratung im Bundestag und Bundesrat am 29.11.1960 als »Gesetz über die Errichtung von Bundesanstalten des Bundesrechts« verabschiedet[274].Die Gründung der Bundesrundfunkanstalten »Deutschlandfunk« und »Deutsche Welle« war damit beschlossen.

Ein Kompromiß in der Fernsehfrage schien schließlich gefunden zu sein, als die Bundesregierung den Entwurf eines Verwaltungsabkommens vorlegte, der die Errichtung der Fernsehanstalt als GmbH auf privatrechtlicher Basis vorsah. Der Bund sollte an dieser Gesellschaft mit 51 Prozent, die Länder mit 49 Prozent beteiligt sein. Als jedoch die Bundesländer auch hierzu Gegenvorschläge vorbrachten, war die Verhandlungsbereitschaft Bundeskanzler *Adenauers* erschöpft: Am 25. Juli 1960 gründeten er und Bundesjustizminister *Schäffer* als Vertreter der Bundesrepublik Deutschland die »Deutschland- Fernseh-GmbH«. Von dem insgesamt 23.000 DM betragenden Stammkapital übernahm die Bundesrepublik 12.000 DM, die verbleibenden Geschäftsanteile von 11.000 DM übernahm Bundesminister *Schäffer* als Treuhänder der Länder, denen satzungsgemäß die Möglichkeit geboten wurde, der neu gegründeten Gesellschaft beizutreten. Als absehbar wurde, daß an einen Beitritt der Länder nicht zu denken war, trat *Schäffer* auch die treuhänderisch verwalteten Geschäftsanteile an die Bundesrepublik ab[275].

Gegen dieses Vorgehen der Bundesregierung setzten sich die Länder Hamburg, Niedersachsen, Bremen und Hessen mit einer Verfassungsbeschwerde erfolgreich zur Wehr[276]. Die Errichtung der Deutschland-Fernseh-GmbH wurde für verfassungswidrig erklärt; es wurde festgestellt, daß nicht der Bund, sondern die Länder für die Regelung von Organisations- und Programmfragen zuständig seien. Die dem Bund zugewiesene Gesetzgebungskompetenz für das Fernmeldewesen erfasse das Rundfunkwesen allein in sendetechnischer Hinsicht[277].

Nachdem durch das Urteil des Bundesverfassungsgerichts vom 28. Februar 1961 festgestellt war, daß dem Bund die Kompetenz für die Veranstaltung

273 Vgl. BT-Drucksache III, Nr. 1956 (S. 1).

274 Vgl. BGBl. 1960 I, 862.

275 Vgl. *Wehmeier*, Die Geschichte des ZDF, 20 f.; *Hillig* (oben N. 255) 396 sowie *Behrens*, Die Entstehung der Massenmedien in Deutschland, 317 f.

276 Eine Dokumentation des Prozeßmaterials findet sich bei *Zehner*, Der Fernsehstreit vor dem Bundesverfassungsgericht.

277 BVerfG 28.2.1961, BVerfGE 12, 205-264 (225-237).

des zweiten Fernsehprogramms fehlte, erklärten die Rundfunkanstalten erneut die Bereitschaft, ihrerseits ein zweites Fernsehprogramm zu gestalten. Von politischer Seite, nämlich den Ministerpräsidenten der Länder, wurde daraufhin empfohlen, eine von den bestehenden Landesrundfunkanstalten unabhängige Anstalt des öffentlichen Rechts zur Verbreitung eines gemeinsamen zweiten Fernsehprogrammes zu errichten[278]. Dieser Vorschlag wurde fast umgehend in die Tat umgesetzt[279]. Am 6. Juni 1961 unterzeichneten die Ministerpräsidenten der Länder den Staatsvertrag über die Errichtung der Anstalt des öffentlichen Rechts »Zweites Deutsches Fernsehen« (ZDF), der am 1. Dezember 1961 in Kraft trat[280]. Aufgabe des ZDF ist die »Verbreitung des Zweiten Deutschen Fernsehens«, durch das »den Fernsehteilnehmern in ganz Deutschland ein objektiver Überblick über das Weltgeschehen, insbesondere ein umfassendes Bild der deutschen Wirklichkeit übermittelt werden« soll[281]. Sendebeginn des Zweiten Deutschen Fernsehens, der ersten zentralen Sendeanstalt aller Bundesländer, war der 1. April 1963[282].

c) *Zusammenfassende Würdigung*

Die Rückblende auf die in der Vergangenheit aufgetretenen Konflikte zwischen der Deutschen Reichspost und später der Bundesregierung einerseits und den Ländern andererseits läßt klar erkennen, daß es bei beiden Auseinandersetzungen im Grunde um dasselbe Problem ging, nämlich um die Frage, ob sich aus der Fernmeldehoheit die Befugnis ableiten läßt, auch Organisation und Struktur des Rundfunkwesens zu regeln. Daß der Streit darüber in der Nachkriegszeit erneut ausgebrochen ist, erklärt sich dabei aus dem Umstand, daß die 1925 gefundene Lösung wegen ihres Kompromißcharakters weder politisch noch rechtlich befriedigen konnte und auch das Grundgesetz jedenfalls dem Wortlaut nach offen ließ, in wessen Kompetenzbereich die Rundfunkhoheit fallen sollte. Mit der Entscheidung des Bundesverfassungsgerichts wurde das Problem zugunsten der Länder schließlich gelöst. Das Ergebnis der historischen Konfliktanalyse scheint sich damit auf die Erkenntnis zu beschränken, daß das hier untersuchte Problem der Verfassungsgemäßheit einer die Rundfunkorganisation präjudizierenden Fernmeldepolitik bei gleichzeitiger Anerkennung der

278 Siehe *Hillig* (oben N. 255) 399.

279 Zu Einzelheiten über die Ausfertigung des Staatsvertragsentwurfes vgl. *Hillig* (oben N. 255) 399.

280 Abgedruckt in: *Ring*, Textsammlung C IV 3.1.

281 § 2 ZDF-Staatsvertrag – nähere Erläuterungen finden sich bei *Fuhr (-Fuhr)* § 2 ZDF-Staatsvertrag.

282 Siehe Internationales Handbuch für Rundfunk und Fernsehen 1986/87, B 26.

Rundfunkhoheit der Länder ohne Parallele in der Vergangenheit ist. Zu sehen ist jedoch, daß die aus der Spaltung des Rundfunkbegriffs in einen fernmeldetechnischen und einen programmlichen Bestandteil erwachsenden kompetentiellen Konfliktmöglichkeiten vom Bundesverfassungsgericht durchaus erkannt worden sind. Der Weg zur Vermeidung und Lösung solcher Konflikte besteht nach Auffassung des Gerichts darin, daß Bund und Länder »zusammenarbeiten« und diese Zusammenarbeit vom Grundsatz bundesfreundlichen Verhaltens maßgebend geprägt sein muß[283]. Aus diesem Grundsatz, so das Gericht weiter, könnten sich unter Umständen konkrete Beschränkungen in der Ausführung der Bund und Ländern im Grundgesetz eingeräumten Kompetenzen ergeben[284]. Dieser Auffassung ist mit einer Einschränkung beizupflichten[285].

Mit *Stettner* ist darauf hinzuweisen, daß man sich der Grenzen der Verwendbarkeit des Grundsatzes der Bundestreue im föderalen Raum bewußt bleiben muß; »sie darf sich nicht zum Zauberkästchen entwickeln, zum Einfallstor für Beliebigkeit der verfassungsrechtlichen Kompetenzauslegung.«[286]Zunächst muß daher immer der Versuch unternommen werden, die Reichweite der jeweiligen Bundes- oder Landeskompetenz nach den regulären Grundsätzen der Verfassungsinterpretation zu bestimmen. Allein wenn dann Überschneidungen festzustellen sind, kann auf das Prinzip der Bundestreue zurückgegriffen und ihm eine konkrete Einengung nominell gewährter Befugnisse entnommen werden.

Nachfolgend sollen deshalb die Fernmeldehoheit des Bundes und die Rundfunkhoheit der Länder unter dem speziellen Gesichtspunkt der Rundfunkorganisation näher beleuchtet werden. Denn es ist nicht auszuschließen, daß es sich im vorliegenden Fall um einen Normenkonkretisierungskonflikt handelt, d.h. um eine Streitigkeit, die bei der Interpretation von Aufgabenzuweisungsnormen auftritt, aber durch Auslegung gelöst werden kann[287].

283 BVerfG 28.2.1961, BVerfGE 12, 205-264 (249).

284 BVerfG 28.2.1961, BVerfGE 12, 205-264 (255).

285 Nach Auffassung von *Hesse*, Grundzüge des Verfassungsrechts, 103 f. ist die Eignung des Bundestreueprinzips zweifelhaft, wenn es sich im Grunde nicht um föderative, sondern um politische Auseinandersetzungen handelt, da die demokratische Ordnung des Grundgesetzes den Kampf unterschiedlicher politischer Richtungen gerade ermöglicht und voraussetzt.

286 Siehe *Stettner*, Grundfragen einer Kompetenzlehre, 406.

287 Vgl. *Stettner*, Grundfragen einer Kompetenzlehre, 375.

4. *Die Kompetenz des Bundes für das Fernmeldewesen gemäß Art. 73 Nr. 7 GG*

a) *Die Entscheidungsbefugnisse der Deutschen Bundespost im Hinblick auf den sendetechnischen Bereich des Rundfunks*

Die Frage, ob Entscheidungen über den Ausbau von Breitbandverteilnetzen, Anmietung von Kanälen auf Satelliten sowie Errichtung nationaler Satellitensysteme nach Art. 73 Nr. 7 GG in den Kompetenzbereich des Bundes gehören, ist nach der Rechtsprechung des Bundesverfassungsgerichts grundsätzlich positiv zu beantworten. In dem schon mehrfach erwähnten ersten Rundfunkurteil wurde zwar die Zuständigkeit des Bundes auf den »sendetechnischen Bereich des Rundfunks unter Ausschluß der sogenannten Studiotechnik« begrenzt, zugleich aber festgestellt: »Nach Art. 73 Nr. 7 GG kann der Bund Errichtung und technischen Betrieb von Rundfunksendeanlagen regeln... Dementsprechend kann die Bundespost nach Art. 87 Abs. 1 GG solche Anlagen auch selbst errichten und betreiben. Der Bund hat also durch den Bau posteigener Sender, die zur Ausstrahlung eines zweiten Fernsehprogrammes dienen sollen..., nicht gegen Art. 30 i.V.m. Art. 83 ff. GG verstoßen.«[288]Etwaige Zweifel darüber, ob diese Aussagen auch für andere, nämlich die hier in Rede stehenden Übertragungstechniken Gültigkeit beanspruchen können, beseitigte das Bundesverfassungsgericht in seiner Entscheidung zur Direktrufverordnung[289] im Jahre 1977. Zum Fernmeldewesen – so das Gericht – gehörten jedenfalls die Fernmeldeanlagen im Sinne des § 1 FAG und der Begriff der Fernmeldeanlage umfasse nicht nur die bei der Entstehung des Fernmeldeanlagengesetzes bekannten Arten der Nachrichtenübertragung, sondern ebenso neuartige Übertragungstechniken, sofern es sich um körperlose Übertragung von Nachrichten in der Weise handele, daß diese am Empfangsort »wiedergegeben« würden[290]. Die Schaffung neuer Übertragungskapazitäten für Rundfunksendungen durch den Einsatz von Breitbandverteilnetzen, Fernmelde- und Rundfunksatelliten durch die Deutsche Bundespost ist damit unter Zugrundelegung der Rechtsprechung des Bundesverfassungsgerichtes durch Art. 73 Nr. 7 GG gedeckt.

288 BVerfG 28.2.1961, BVerfGE 12, 205-264 (248).
289 Genauer: Verordnung über das öffentliche Direktrufnetz für die Übertragung digitaler Nachrichten.
290 BVerfG 12.10.1977, BVerfGE 46, 120-160 (139-144).

Im Schrifttum wird diese Einschätzung zwar geteilt, unter medienpolitischen Gesichtspunkten aber für äußerst unbefriedigend gehalten[291]. Vereinzelte Versuche, den hier behandelten Kompetenzkonflikt auf andere Art und Weise als durch den Einsatz des Prinzips der Bundestreue zu lösen – nach *Lerche* sind derartige Instrumente gegenseitiger Rücksichtnahme ohnehin »nur Krücken, nur Behelfslösungen«[292] – sind wenig überzeugend. Dies gilt vor allem für solche Untersuchungen und Erörterungen, die an den Begriff des Fernmeldewesens anknüpfen.

So stellt etwa *Kreile* die Argumentation des Bundesverfassungsgerichts in Frage, daß eine Technik, die dem Begriff der Fernmeldeanlage unterfalle, auch zwingend zum Bereich des Fernmeldewesens gehöre[293]. Dies ist seiner Auffassung nach nicht unproblematisch, da bei dieser Zuordnung mit dem einfachen Gesetz, dem FAG, argumentiert werde. Selbst wenn eine neue Technik daher dem Begriff der Fernmeldeanlage nach § 1 FAG unterfalle, müsse er doch, um verfassungskonform zu sein, auch dem verfassungsrechtlichen Begriff Fernmeldewesen in Art. 73 Nr. 7 GG entsprechen. Dieser sei allerdings umstritten, wie die Ausführungen von *Hesse* und *Eidenmüller*[294] zeigten. Die Gegenüberstellung beider Ansichten führt nach *Kreile* zu dem Ergebnis, daß dem Begriff Fernmeldewesen jedenfalls die Techniken unterfielen, die dem Fernmeldemonopol der Deutschen Bundespost gerecht würden.

Der Schwachpunkt dieser Argumentation liegt in der Verbindung mit einem Problemkreis, der in keiner unmittelbaren Beziehung zu der hier erörterten Frage steht, nämlich dem Streit über die Verfassungsgemäßheit des Fernmeldemonopols der Deutschen Bundespost[295]. *Hesse* gelangt zwar zu dem Resultat, daß sich das Monopol von Verfassungs wegen unter anderem nicht auf Breitbandverteilnetze erstrecken dürfe und die §§ 1,2 FAG infolgedessen verfassungswidrig seien – eine verfassungskonforme Auslegung scheidet seiner Meinung aus; er vertritt jedoch keineswegs den Standpunkt, daß Breitbandverteilnetze aus den genannten Gründen nicht mehr zum Bereich Fernmeldewesen zählten[296]. Seine Aufgaben- und Fragestellung betraf die Begrenzung des Fernmeldemonopols und nicht die der Gesetzgebungskompetenz des Bundes für

291 *Lerche*, Das Fernmeldemonopol – öffentlich-rechtlich gesehen, 142: »Man kann heute nicht mehr so tun, als wäre zwischen Fernmeldetechnik und sonstigen Inhalten noch so unschuldig klar zu scheiden, wie es die frühere Judikatur zu tun versucht hatte.«

292 *Lerche*, Das Fernmeldemonopol – öffentlich-rechtlich gesehen, 142.

293 *Kreile*, Kompetenz und kooperativer Föderalismus im Bereich des Kabel- und Satellitenrundfunks, 135 ff.

294 *Eidenmüller*, Fernmeldehoheitsrecht und Grundgesetz: DÖV 1985, 522-530.

295 Vgl. dazu insbesondere *Mestmäcker*, Kommunikation ohne Monopole – Über Legitimation und Grenzen des Fernmeldemonopols.

296 *Hesse*, Die Verfassungsmäßigkeit des Fernmeldemonopols der Deutschen Bundespost, 112.

das Fernmeldewesen, die er im übrigen nicht einmal für positiv hält, da er die Notwendigkeit einheitlicher Regelung des Fernmeldewesens bejaht[297]. Unterscheidet man also richtigerweise zwischen der Gesetzgebungszuständigkeit für das Fernmeldewesen und dem Fernmeldeanlagenmonopol der Bundespost[298], dann sind Erkenntnisse wie die von *Hesse* gewonnenen für die Streitfrage nach dem Umfang der Kompetenz für das Fernmeldewesen irrelevant.
Von letzterem selbst wird allerdings eine Möglichkeit aufgezeigt und zugleich verneint, die Bundeskompetenz zu beschränken. Sie besteht darin, dem Fernmeldewesen im Sinne von Art. 73 Nr. 7 GG allein die bei Inkrafttreten des Grundgesetzes vorhandenen Dienste zuzuordnen[299]. Dagegen spricht, daß man dem Verfassungsgeber nicht wird unterstellen können, daß er sinnvolle Erweiterungen, wie sie etwa als Ergebnis neuer technischer Entwicklungen vorstellbar sind, der Bundesgesetzgebung habe entziehen wollen[300].

b) *Die Besonderheiten der Nutzung eines Rundfunksatelliten und die kompetentiellen Folgen*

Der Einsatz von direktstrahlenden Satelliten für die Übertragung von Rundfunkprogrammen wirft die Frage auf, ob sich die Fernmeldehoheit des Bundes jedenfalls für diese Übertragungstechnik auf die materiellrechtliche Ausgestaltung der Rundfunkfreiheit erstreckt. Anknüpfungspunkte für dahingehende Überlegungen sind die (noch) geringe Zahl der zur Verfügung stehenden Kanäle als Ergebnis der WARC-Konferenzen 1977/79 sowie die technisch bedingte Unmöglichkeit, die Ausstrahlung von Rundfunksendungen auf das Gebiet eines oder mehrerer Bundesländer zu begrenzen. Für die Widerlegung der nach Artt. 30, 70 GG grundsätzlich zugunsten der Länder sprechenden Zuständigkeitsvermutung gelten jedoch strenge Maßstäbe. So wird eine Kompetenz kraft Sachzusammenhangs nur dann bejaht, wenn eine dem Bund ausdrücklich zugewiesene Materie verständlicherweise nicht geregelt werden kann, ohne zugleich eine nicht ausdrücklich zugewiesene Materie mitzuregeln, wenn also ein Übergreifen in nicht ausdrücklich zugewiesene Bereiche unerläßliche Voraussetzung ist für die Regelung einer der Bundesgesetzgebung zugewiesenen Materie[301]. Als Sachbereich, für den dem Bund ausdrücklich die Gesetzgebungskompetenz

297 *Hesse*, Die Verfassungsmäßigkeit des Fernmeldemonopols der Deutschen Bundespost, 30.
298 Zu dieser Trennung vgl. auch *von Münch* (*-von Münch*) Art. 73 GG RdNr. 47 sowie *Herrmann*, Fernsehen und Hörfunk in der Verfassung der Bundesrepublik Deutschland, 104.
299 *Hesse*, Die Verfassungsmäßigkeit des Fernmeldemonopols der Deutschen Bundespost, 30.
300 Vgl. *Badura*, Kommentar zum Bonner Grundgesetz, Art. 73 Nr. 7 GG RdNr. 6 zum Begriff des »Postwesens«.
301 Siehe BVerfG 16.6.1954, BVerfGE 3, 407-438 (421 f.); vgl. auch BVerfG 28.2.1961, BVerfGE 12, 205-264 (237).

zugewiesen ist, kommt im vorliegenden Fall nur das Fernmeldewesen in Betracht. Sendetechnik und Rundfunkinhalt sind jedoch Materien – so die unmißverständliche Rechtsprechung des Bundesverfassungsgerichts –, die sich trennen und gesondert regeln lassen[302]; eine Auffassung, die im Schrifttum soweit erkennbar nicht mehr auf Widerstand stößt[303].
Zu erörtern bleibt die Möglichkeit einer Widerlegung der vermuteten Länderkompetenzen unter dem Gesichtspunkt der Natur der Sache. Nach *Anschütz* begründet sich eine Kompetenz aus der Natur der Sache nach dem »ungeschriebenen, im Wesen der Dinge begründeten, mithin einer ausdrücklichen Anerkennung durch die Reichsverfassung nicht bedürftigen Rechtssatz, wonach gewisse Sachgebiete, weil sie ihrer Natur nach eigenste, der partikularen Gesetzgebungszuständigkeit a priori entrückte Angelegenheiten des Reiches darstellen, vom Reiche und nur von ihm geregelt werden können.«[304] Diese Voraussetzungen gelten nach Auffassung des Bundesverfassungsgerichtes auch heute noch: »Schlußfolgerungen aus der Natur der Sache müssen begriffsnotwendig sein und eine bestimmte Lösung unter Ausschluß anderer Möglichkeiten sachgerechter Lösung zwingend fordern.«[305] Dementsprechend hat das Gericht im Falle des bundesweit verbreiteten Zweiten Fernsehprogramms (ZDF) trotz der »Überregionalität« der Funkwellen und trotz der die Leistungsfähigkeit der Rundfunkeinrichtungen des Landes überfordernden Kosten eine »natürliche« Bundeskompetenz ausdrücklich verneint. Die Tatsache der gemeinsamen oder koordinierten Erfüllung einer Aufgabe durch die Länder bzw. Rundfunkanstalten sei, »gleichgültig welcher Art die Motive für die Zusammenarbeit seien mögen«, für sich genommen kein Grund, der eine natürliche Betriebszuständigkeit rechtfertigen könnte[306].

aa) *Pro und Contra einer Bundeskompetenz kraft Natur der Sache*

Nach *Bueckling* spricht jedoch die bei direktstrahlenden Satelliten anzutreffende physikalische Überregionalität im Gegensatz zu der konventionell-terrestrischer Rundfunkveranstaltungen, die man nach seiner Meinung offensichtlich noch als eine kompetenzrechtliche quantité négligeable werten kann, entscheidend für die Zuständigkeit des Bundes. Die bundesweite Verbreitung extraterrestrischer

302 BVerfG 28.2.1961, BVerfGE 12, 205-264 (237).
303 Zustimmend beispielsweise *Bueckling*, Bundeskompetenz für direktstrahlende TV-Satelliten?: ZUM 1985, 144-151 (147 f.) und *Jutzi*, Nochmal: Bundeskompetenz für direktstrahlende TV-Satelliten?: ZUM 1986, 21-26 (22).
304 *Anschütz/Thoma*, Handbuch des Deutschen Staatsrechts, Band 1, 367.
305 BVerfG 28.2.1961, BVerfGE 12, 205-264 (251) unter Hinweis auf BVerfG 10.5.1960, BVerfGE 11, 89-101 (99).
306 BVerfG 28.2.1961, BVerfGE 12, 205-264 (251 f.).

Funksignale stelle sich aufgrund der technisch-physikalischen Überregionalität des Mediums von selbst ein und lasse daher grundsätzlich keinerlei länderbezogene Funktionsstrukturen erkennen. »Das DBS ist damit von Natur her gesehen eine geborene Bundessache.«[307] Gegen eine Kompetenz der Länder spreche daher, daß die jeweiligen Landesgesetzgeber das in Rede stehende Sachgebiet nicht effektiv beherrschten; Programme, die durch direktstrahlende Satelliten zur Erde gesendet würden, könnten zwar in Landesstudios produziert werden, aber ihre Ausstrahlung sei dann nicht auf bestimmte Länderregionen begrenzbar[308]. Außerdem sei eine Landeskompetenz nur wirkliche Rechtskompetenz, wenn sie sich von inhaltsgleichen Zuständigkeiten anderer Bundesländer regional abgrenzen lasse, denn Kompetenz bedeute mit ihrem sachgebietsbezogenen Ausschließlichkeitsanspruch begrifflich auch immer Abgrenzung gegenüber Nachbarkompetenzen und nachbarschaftlichen Kompetenzträgern. Einer solchen Abgrenzung ständen aber die sendetechnischen Merkmale des direktstrahlenden Satellitenfunks im Wege[309].

Zu berücksichtigen sei schließlich, daß die Ausstrahlung grenzüberschreitender Programme die internationalen Beziehungen nachhaltig beeinflussen könnte. Der Bund, der für solche zwischenstaatlichen Probleme zuständig sei, könne seine völkerrechtlichen Verpflichtungen aber nicht gewissenhaft erfüllen, wenn jedes Bundesland eigene Kompetenzen in Anspruch nähme und entsprechend eigene Regelungsvorstellungen verwirklichen dürfte[310].

Nach Auffassung von *Jutzi* spricht gegen die Argumentation von *Bueckling* und damit gegen die Annahme einer Bundeskompetenz vor allem, daß nicht die Beherrschbarkeit der Rundfunkwellen, sondern die Regelbarkeit der Zulassung zum Rundfunk das entscheidende Kriterium ist[311]. An einer solchen Regelbarkeit und damit der Gesetzgebungszuständigkeit fehle es den Ländern erst, wenn nicht jedes Land seine Vorstellungen im Rahmen der Verfassungsordnung eigenständig verwirklichen könne. Unter welchen Voraussetzungen Rundfunkveranstalter zugelassen würden, sei jedoch eine von jedem Bundesland selbständig regelbare Materie. Einzuräumen sei zwar, daß sich bei der Annahme einer den Ländern zustehenden Kompetenz Probleme aus der Ausgewogenheitsforderung des Bundesverfassungsgerichts ergeben könnten, so wenn ein in sich ausgewogenes Programm die Rundfunkordnung anderer Länder stören würde, dabei handele es sich aber um ein Problem der materiellen Rundfunkordnung und nicht um ein solches der Kompetenzen.

307 *Bueckling* (oben N. 303) 148, 150.
308 *Bueckling* (oben N. 303) 149.
309 *Bueckling* (oben N. 303) 149.
310 *Bueckling* (oben N. 303) 150 f.
311 *Jutzi* (oben N. 303) 24 f.

Mit einer sehr ähnlichen Argumentation wird auch von *Schardt* eine Gemeinschaftsaufgabe der Länder und damit Verpflichtung zu föderalistischer Kooperation mit dem Ziel der Harmonisierung der zu treffenden Regelungen verneint. Eine solche Verpflichtung bestehe nur, wenn es sich um einen Sachverhalt handele, bei dem seiner Natur nach die Rechtsausübung nur oder typischerweise über Ländergrenzen hinweg stattfinde[312]. Diese könne nach den Darlegungen im ersten Rundfunkurteil nicht schon der Tatbestand der Verbreitung von Rundfunk sein, anders liege der Fall aber, wenn die Veranstaltung von Programmen allein länderübergreifend geregelt werden solle oder könne[313]. Hier sei Kooperation möglich und wünschenswert, maßgeblich komme es allderdings darauf an, ob Einstimmigkeit aller Länder nötig sei. Zu verneinen sei ein dahingehendes Erfordernis, wenn ein Land Programmveranstaltungen für sein territoriales Gebiet unter Ausnutzung einer Verbreitungsart überregionaler Art regele. Die Empfangsmöglichkeit dieses Programms in anderen Ländern ändere nichts daran, daß es sich um eine von diesem Land geregelte Veranstaltung handele[314]. Diesen Einwand, nämlich daß es nicht auf die Beherrschbarkeit der Rundfunkwellen, sondern auf die Regelbarkeit der Zulassung zum Rundfunk (oder der Programmveranstaltung) ankomme, läßt *Bueckling* in seiner Erwiderung auf die Ausführungen *Jutzis* nicht gelten[315]. Es sei daran zu erinnern, daß nicht allein die Veranstaltung, sondern vielmehr Veranstaltung und Verbreitung den Rundfunkbegriff ausmachten. Rundfunk pflege nicht zufällig mit eben dieser Begriffspaarung umschrieben und definiert zu werden. Veranstaltung und Verbreitung gehörten deshalb gemeinsam auf den kompetentiellen (Sachnatur-) Prüfstand.
Auf diese auf *Jutzi* und *Bueckling* vorgetragenen Argumente zum Pro und Contra einer Bundeskompetenz im Bereich direktstrahlender Satelliten ist das Bundesverfassungsgericht in seinem vierten Rundfunkurteil nicht eingegangen; es hat sich mit der Feststellung begnügt, daß bei der Nutzung von Satellitenkapazitäten die Verfügung über die Ausstrahlung von in allen Ländern direkt empfangbaren Rundfunkprogrammen nur allen Ländern gemeinsam zukommen könne[316]. Im Hinblick auf die Verbreitung von Rundfunkprogrammen über Fernmeldesatelliten folgt die Notwendigkeit einer Kooperation der Länder nach der Auffassung des Gerichts zwar nicht aus der Eigenart der Aufgabe, aber –

312 *Schardt*, Privatrechtliche Rundfunkordnung und Harmonisierung: ZUM 1986, 429-441 (433).
313 *Schardt* (vorige Note) 433.
314 *Schardt* (oben N. 312) 434.
315 *Bueckling*, Schlußwort: Bundeskompetenz für direktstrahlende TV-Satelliten: ZUM 1986, 328-330 (329).
316 BVerfG 4.11.1986, BVerfGE 73, 118-205 (197).

jedenfalls soweit sie für ein funktionierendes System erforderlich sei – aus dem Grundsatz bundesfreundlichen Verhaltens.

bb) *Die Gemeinschaftskompetenz der Länder*

Der Auffassung des Bundesverfassungsgerichts, bei direktstrahlenden Satelliten sei eine Gemeinschaftskompetenz der Länder anzunehmen, ist beizupflichten. Denn insbesondere die Gründe, die für eine den einzelnen Bundesländern zustehende Kompetenz angeführt werden, vermögen nicht zu überzeugen. So ist die von *Jutzi* vorgenommene Gleichsetzung von Regelbarkeit und Beherrschbarkeit eines Sachgebiets nicht haltbar. Regelbar im Sinne von Normsetzung sind letztlich alle Materien, doch geht damit nicht zwangsläufig die Realisierung des mit den aufgestellten Regeln angestrebten Ziels einher. Nur dort, wo Regelungen des Gesetzgebers jedenfalls grundsätzlich zur Durchführung eines wie auch immer gearteten Zieles führen, kann die Beherrschbarkeit einer Regelungsmaterie angenommen werden. Verdeutlichen läßt sich dies insbesondere an dem Beispiel, daß ein direkt abgestrahltes Programm, für das der Veranstalter im Bundesland X eine Zulassung besitzt, die Rundfunkordnung des Bundeslandes Y stört, indem es dort zu einem unausgewogenen Gesamtprogramm kommt. *Jutzi* hält eine solche Situation zwar für problematisch, aber nicht für praxisrelevant. Denn er führt weiter aus: »Diese Probleme treten jedoch nur auf, wenn Private als Rundfunkveranstalter zugelassen werden, da die Programme öffentlich-rechtlicher, binnenpluralistisch strukturierter Veranstalter in sich ausgewogen sein müssen.«[317] Abgesehen davon, daß die praktische Relevanz des angesprochenen Problems in Anbetracht der in fast allen Bundesländern gegebenen Möglichkeit privater Rundfunkveranstaltung nicht mehr zu leugnen ist, kann auch ein Exempel, das die vertretene Auffassung widerlegt, nicht mit der Begründung tatsächlicher Unbedeutendheit abgetan werden. Eine unzulässige Spaltung des Rundfunkbegriffs ist auch *Schardt* vorzuwerfen. Bei seiner Untersuchung, ob ein Sachverhalt vorliegt, bei dem seiner Natur nach die Rechtsausübung nur oder typischerweise länderübergreifend stattfindet, unterscheidet er nämlich zwischen Veranstaltung und Verbreitung. Beide Komponenten zusammen ergeben jedoch erst den Sachverhalt, der auf dem Prüfstand steht; Rundfunk ist die für die Allgemeinheit bestimmte Veranstaltung und Verbreitung von Darbietungen aller Art in Ton und Bild unter Benutzung elektischer Schwingungen ohne Verbindungsleitung oder längs oder

317 *Jutzi* (oben N. 303) 25.

mittels eines Leiters[318]. Abgesehen davon ist aber auch der zur Begründung erfolgende Hinweis auf das erste Rundfunkurteil, wonach die Überregionalität von Funkwellen nicht die Annahme einer Bundeszuständigkeit zu rechtfertigen vermag, bei der kompetenzrechtlichen Beurteilung im Bereich des Satellitendirektrundfunks nicht oder jedenfalls nur bedingt verwertbar. Denn es macht einen erheblichen Unterschied, ob ein im Bundesland X veranstaltetes und verbreitetes Programm nur in Grenzbezirken eines oder mehrerer Nachbarländer oder bundesweit zu empfangen ist. Im letzten Falle wird man schwerlich behaupten können, es handele sich um regionale Rundfunkversorgung. Gerade dies setzt aber eine eigenständige Wahrnehmung der Gesetzgebungskompetenz auf Länderebene voraus.Nicht überzeugend ist ebenso das weitere Argument *Jutzis*, es handele sich bei der geschilderten Konstellation um ein Problem der materiellen Rundfunkordnung, nicht um ein solches der Kompetenzen[319]. Nur vordergründig ist nämlich die Pluralitäts- und Ausgewogenheitsforderung lediglich ein Problem der landesinternen Rundfunkordnung. Zeigt sich wie vorliegend am Beispiel direktstrahlender Satelliten, daß die zur Erreichung der Meinungsvielfalt erlassenen Rundfunkvorschriften ins Leere laufen (können), wird dadurch zugleich deutlich, daß es an der für die Gesetzgebungsbefugnis erforderlichen Beherrschbarkeit der Materie fehlt. Es ist doch gerade die Frage, ob Vorgaben wie etwa die zur Herstellung der Meinungspluralität im Rundfunk Gegenstand einer (ausschließlich) landesinternen Rundfunkordnung sein können, was allein für den Fall bejaht werden kann, daß die Anwendung der verabschiedeten Regelungen zur Verwirklichung der medienrechtlichen Ziele führt. Materielle Rundfunkordnungen und Regelungsbefugnisse können demgemäß nicht völlig isoliert betrachtet werden.

Auf den ersten Blick zustimmungswürdig mag demgegenüber ein anderes Argument *Jutzis* sein: Werde im Bundesland X eine Zeitung oder Zeitschrift entsprechend den landespresserechtlichen Vorschriften publiziert, so sei diese eine allgemein zugängliche Informationsquelle im Sinne von Art. 5 Abs. 1 S. 1 GG. Der Verbreitung in allen anderen Bundesländern stehe daher nichts im Wege. Bejahte man gleichwohl die Kompetenz der Länder zur Regelung des Presserechts, müßten auch die »weiteren Auswirkungen, die sich aus der materiell-verfassungsrechtlich zulässigen Veranstaltung von Rundfunksendungen ergeben«, kompetenzrechtlich irrelevant sein[320]. Die mangelnde Stichhaltigkeit des Arguments liegt hier in der Prämisse. Wie *Jutzi* an anderer Stelle deutlich

318 Siehe Art. 1 Staatsvertrag über die Regelung des Rundfunkgebührenwesens vom 5. Dezember 1974 – abgedruckt in: *Bauer/Detjen/Müller-Römer/Posewang*, Die Neuen Medien 15.4.1.

319 *Jutzi* (oben N. 303) 25.

320 *Jutzi* (oben N. 303) 24.

formuliert, geht er davon aus, daß bei zulässiger Verbreitung des Rundfunkprogramms oder Presseerzeugnisses in einem »bestimmten Land« beide zu allgemein zugänglichen Informationsquellen würden und ihre Verbreitung über die Landesgrenzen hinaus damit nicht verhindert werden dürfe[321] Indes kann diese Aussage für den Rundfunkbereich nicht so allgemein gehalten werden. Charakteristikum der direktstrahlenden Rundfunksatelliten ist nämlich, daß ihr Versorgungsgebiet sich von Anfang an eben nicht auf einzelne Bundesländer begrenzen läßt, sondern sich sofort auf die gesamte Bundesrepublik Deutschland erstreckt. Eine Regionalisierbarkeit ist anders als beim Kabelrundfunk nicht möglich. Die Zulassung eines Rundfunkprogramms im Bundesland X und seine Ausstrahlung würde daher zur sofortigen Verbreitung im gesamten Bundesgebiet führen und nicht wie bei Presseprodukten in einem einzelnen Bundesland den Anfang nehmen. *Bullinger* weist zudem treffend darauf hin, daß man rundfunkrechtlich schwerlich von einer lediglich landesweiten Zulassung ausgehen könne, wenn fernmelderechtlich das ganze Bundesgebiet als Versorgungsbereich bestimmt sei[322]. Zu berücksichtigen ist ferner der bereits genannte Umstand, daß jedenfalls zur Zeit weniger Kanäle zur Verfügung stehen, als es Bundesländer gibt. Eine selbständige Gesetzgebungskompetenz der Länder ist mithin abzulehnen[323].

Der in diesem Fall naheliegende Gedanke einer Gemeinschaftskompetenz der Bundesländer wird von *Bueckling* zwar – wenn auch in verschlüsselter Form – angesprochen, aber sofort und ohne weitere Begründung wieder verworfen[324]. Nach *Jutzi* spricht gegen die Annahme einer notwendigen Gemeinschaftsaufgabe und daraus folgenden Gemeinschaftskompetenz die prinzipielle Eigenständigkeit der Länder beim Gebrauchmachen der ihnen zustehenden Kompetenzen, überzeugende Gründe für ein Unitarisierungsgebot im Rundfunkwesen seien nicht ersichtlich[325].

Die fehlende Stichhaltigkeit dieser Begründung ergibt sich bereits aus dem schon mehrfach erwähnten Umstand, daß der Bundesrepublik und damit allen Bundesländern lediglich fünf Kanäle auf direktstrahlenden Satelliten zugestanden wurden. Schon die Verteilung der Kapazitäten erzwingt also bereits eine Verständigung der Länder, da offenkundig nicht jedes Bundesland einen eigenen Kanal beanspruchen kann und erst recht ist eine Einigung im Hinblick

321 *Jutzi* (oben N. 303) 24.
322 *Bullinger*, Satellitenrundfunk im Bundesstaat: AfP 1985, 1-14 (4).
323 Vgl. auch *Schneider*, Die Zuständigkeit des Bundes im Rundfunk- und Fernmeldebereich, 830: »Die Nutzung der künftig zur Verfügung stehenden Satellitenkanäle... wird sich kaum von einem einzelnen Bundesland regeln lassen.«
324 *Bueckling* (oben N. 303) 150.
325 *Jutzi* (oben N. 303) 26.

auf die rundfunkrechtlichen Inhaltsnormen geboten, denn die Ausstrahlung von Rundfunkprogrammen ist hier nicht regional begrenzbar. Es kann nämlich eben nicht »jedes Land... seine medienpolitischen Zielsetzungen verfolgen[326], wenn ohne sein Einverständnis seinen rundfunkpolitischen Vorstellungen widersprechende Programme ausgestrahlt werden und in seinem Gebiet empfangen werden können. Die sich in Anbetracht dieser technischen Besonderheiten in kompetenzrechtlicher Sicht stellende Alternative kann daher nur lauten: Bundes-oder Gemeinschaftskompetenz der Länder. Als vorzugswürdig muß dabei eine den Ländern insgesamt zustehende und von ihnen gemeinsam auszuübende Gesetzgebungszuständigkeit angesehen werden, da diese am ehesten der verfassungsmäßigen Grundentscheidung entspricht, nach der kulturelle Angelegenheiten und damit auch der Rundfunkbereich in die Kompetenz der Länder fallen. Außerdem ist für eine Bundeskompetenz erst dann Raum, wenn sie schlechthin unerläßlich ist, was bei der grundsätzlichen Möglichkeit der Länder zur Zusammenarbeit nur dann der Fall sein könnte, wenn eine kooperative Länderlösung als ausgeschlossen erscheint[327] und selbst für eine Teileinigung einzelner Bundesländer keine Aussicht besteht.

Die sich bei den direktstrahlenden Satelliten ergebende Problematik im Hinblick auf Effektivität und regionale Abgrenzung der Gesetzgebungszuständigkeiten stellt sich nicht bei Programmen, die über Fernmeldesatelliten herangeführt und sodann in die Kabelanlagen eingegeben werden. Denn die Entscheidung, welche Programme mittels Kabel in einem Bundesland empfangbar sein können, trifft der zuständige Landesgesetzgeber durch seine medienrechtlichen Regelungen. Die geforderte effektive Beherrschbarkeit des Sachgebietes liegt vor, solange jedenfalls ein unmittelbarer Empfang der vom Fernmeldesatelliten abgestrahlten Programme durch den einzelnen eben (noch) nicht möglich ist.

Gleichwohl hält *von Sell* auch hier nur ein gemeinsames Vorgehen der Länder für zulässig, da die Empfangbarkeit der über Fernmeldesatelliten abgestrahlten Programme grundsätzlich in der gesamten Bundesrepublik gegeben sei und die zugelassenen Veranstalter auch nie einen Zweifel daran gelassen hätten, daß sie eine bundesweite Programmversorgung anstrebten[328]. Bei dieser Konstellation könne über einzelne landesgesetzliche Regelungen, die unter anderem Grundsätze für die Einspeisung der herangeführten Programme festlegten, eine organisatorisch-strukturelle Absicherung eines vielfältigen Rundfunkangebotes

326 So aber *Jutzi* (oben N. 303) 26.

327 So auch *Bullinger* (oben N. 322) 7; siehe ferner *Kreile*, Kompetenz und kooperativer Föderalismus im Bereich des Kabel- und Satellitenrundfunks, 202 f.

328 *von Sell*, Privater Satellitenrundfunk vorbei am geltenden Verfassungsrecht?: RuF 1984, 185-192 (187 f.).

nicht mehr hergestellt werden, »weil ein mitgestaltender Einfluß auf die Gewährleistung der Programmleitgrundsätze wie auf die Zulassung und Organisation der Veranstalter auf diesem Wege nicht ersetzt oder nachgeholt werden kann. Mit der landesgesetzlichen Festlegung von Einspeisungsgrundsätzen kann nur noch eine Ja- oder Nein-Entscheidung für oder gegen die Einspeisung bereits vorhandener Programme von bereits zugelassenen Veranstaltern getroffen werden.«[329]So wünschenswert ein gemeinsames Vorgehen der Länder – entweder durch Staatsvertrag oder Mustergesetzgebung – für den Bereich des Kabelrundfunks auch sein mag, eine rechtlich zwingende Notwendigkeit ist sie nicht[330]. Dagegen spricht zunächst der vorerwähnte Umstand, daß der jeweilige Landesgesetzgeber die in Rede stehende Gesetzgebungsmaterie effektiv beherrscht und zugleich eine regionale Abgrenzung der Gesetzgebungszuständigkeiten möglich ist. Dem Einwand *von Sells*, der Entscheidungsspielraum der Länder sei bei der Einspeisung von Programmen äußerst begrenzt, ist zweierlei entgegenzuhalten. Zum einen ist es, sofern die Frage der Beherrschbarkeit der zu regelnden Materie und die regionale Abgrenzungsmöglichkeit gestellt wird, gänzlich ausreichend, wenn der Landesgesetzgeber in der Lage ist, seine auf Befürwortung oder Ablehnung der Einspeisung gerichtete Entscheidung durchzusetzen. Der fehlende Einfluß auf Programme, die in einem anderen Bundesland erstellt werden, und auf die bei der Programmgestaltung zu beachtenden Normen, beweist im Gegenteil gerade, daß es sich um eine Gesetzgebungsmaterie handelt, die getrennt regelbar ist. Zum anderen ist es unter tatsächlichen Gesichtspunkten nicht ausgeschlossen, daß Programme, deren Einspeisung in einem anderen Bundesland angestrebt wird, so begrenzt, umgestaltet und gegebenenfalls ergänzt werden, daß sie den medienrechtlichen Normen gerecht werden[331]. Hinzu kommt die Wahrscheinlichkeit, daß die Rundfunkveranstalter versuchen werden, auch den strengsten mediengesetzlichen Regelungen gerecht zu werden, da es nicht in ihrem Interesse liegen kann, von der Einspeisung in einem oder gar mehreren Bundesländern ausgeschlossen zu werden.

329 *von Sell* (vorige Note) 190 f.

330 Ebenso *Ricker*, Die Einspeisung von Rundfunkprogrammen in Kabelanlagen aus verfassungsrechtlicher Sicht, 115.

331 Vgl. beispielsweise § 57 Abs. 2 Kabelpilotprojektgesetz Berlin: »Enthält ein Programm Werbung, die den Werbebeschränkungen nach § 51 nicht entspricht, muß die Werbung vor der Einspeisung auf das nach diesem Gesetz zulässige Maß begrenzt werden. Damit zusammenhängende Ergänzungen des Programms stehen der Einspeisung nicht entgegen.«

5. *Die Rundfunkhoheit der Länder*

a) *Umfang des gesetzgeberischen Spielraums bei der Ausgestaltung der Rundfunkfreiheit*

Unbegründet wäre der Vorwurf der verfassungswidrigen Präjudizierung medienpolitischer Entscheidungen durch die Fernmeldepolitik der Deutschen Bundespost bereits dann, wenn die Landesgesetzgeber trotz Überwindung des sogenannten Frequenzmangels durch den Einsatz neuer Techniken wie Breitbandkabel in Verbindung mit Fernmeldesatelliten und direktstrahlenden Rundfunksatelliten einen weiten Handlungsspielraum im Hinblick auf mögliche Ordnungsmodelle behalten hätten. Nach der Rechtsprechung des Bundesverfassungsgerichts ist dies der Fall.

aa) *Die Sicherung der Meinungsvielfalt als maßgebliche Vorgabe an den Landesgesetzgeber – die Rechtsprechung des Bundesverfassungsgerichts zur Rundfunkorganisation*

Die vom Verfassungswortlaut nicht vorgeschriebene, zunächst ausschließlich öffentlich-rechtliche Organisation des deutschen Rundfunks wurde vom Bundesverfassungsgericht im ersten Rundfunkurteil vom 28. Februar 1961 gebilligt, in dem es § 3 Abs. 1 des Staatsvertrages über den Norddeutschen Rundfunk vom 16. Februar 1955 insoweit mit dem Grundgesetz für vereinbar ansah, als dem NDR, einer Anstalt des öffentlichen Rechts, in der vorgenannten Regelung für das Sendegebiet der Länder Schleswig-Holstein, Niedersachsen und der Freien Hansestadt Hamburg ein Monopol zur Veranstaltung von Rundfunksendungen eingeräumt wurde[332]. Gleichzeitig betonte das Gericht in seiner Entscheidung aber, daß eine solche Organisationsform von Art. 5 GG nicht zwingend gefordert werde. Die Veranstalter von Rundfunkdarbietungen müßten nur so organisiert sein, »daß alle in Betracht kommenden Kräfte in ihren Organen Einfluß haben und im Gesamtprogramm zu Worte kommen können und daß für den Inhalt des Gesamtprogramms Leitgrundsätze verbindlich sind, die ein Mindestmaß von inhaltlicher Ausgewogenheit, Sachlichkeit und gegenseitiger Achtung gewährleisten.« Mithin könne auch eine rechtsfähige Gesellschaft des privaten Rechts Rundfunkveranstalter sein, solange den obigen Anforderungen Genüge getan werde. Das Erfordernis einer im Vergleich zum Pressewesen völlig anders gearteten Ausgestaltung der Rundfunkorganisation

332 Siehe hierzu und zu den nachfolgenden Ausführungen BVerfG 28.2.1961, BVerfGE 12, 205-264 (262).

begründete das Bundesverfassungsgericht mit dem Hinweis darauf, daß die Anzahl der Rundfunkveranstalter sowohl aus technischen Gründen – womit die beschränkte Zahl der für diesen Zweck zur Verfügung stehenden Frequenzen gemeint waren[333] – als auch mit Rücksicht auf den »außergewöhnlich großen finanziellen Aufwand« für Rundfunkveranstaltungen verhältnismäßig klein bleiben müsse[334]. Die damit umrissene »Sondersituation« lag nach Auffassung des Gerichts auch gut zehn Jahre später, nämlich im Jahre 1971, noch immer vor[335]. In einem Minderheitsvotum – Kernstreitpunkt dieses Rechtsstreits war, ob die öffentlich-rechtlichen Rundfunkanstalten der Umsatzbesteuerung unterlagen – bekräftigten drei der sieben Verfassungsrichter jedoch, daß auch eine privatrechtliche Organisation als Träger von Rundfunk- und Fernsehdarbietungen mit Art. 5 GG vereinbar sei und gingen sogar noch einen Schritt weiter: Art. 5 GG fordere, daß »jede nach dem Stand der Technik und der wirtschaftlichen Vernunft mögliche Verwirklichung von Freiheit auf diesem Gebiet« auch zu gewähren sei. Der staatliche Gesetzgeber habe dementsprechend »alle dazu nötigen Organisationsformen« zur Verfügung zu stellen[336].
In seinem dritten Rundfunkurteil vom 16. Juni 1981 konkretisierte das Bundesverfassungsgericht dann die Organisationsmöglichkeiten privater Rundfunkveranstalter, nachdem es eingangs festgestellt hatte, daß Art. 5 Abs. 1 S. 2 GG für die Veranstaltung privater Rundfunksendungen eine gesetzliche Regelung durch den Landesgesetzgeber fordere[337]. Nicht für klärungsbedürftig erachtete das Gericht die Frage, ob der Ausschluß privaten Rundfunks zugunsten der öffentlich-rechtlichen Anstalten »auch unter den heutigen und künftigen« technischen Bedingungen noch mit dem Grundgesetz vereinbar sei und ob im Zusammenhang damit eine verfassungsrechtliche Pflicht zur Einführung privaten Rundfunks bestehe, denn mit den zu überprüfenden Vorschriften habe der Gesetzgeber des Saarlands privaten Rundfunk grundsätzlich zugelassen[338].
Hinsichtlich der Organisationsformen privater Rundfunkveranstalter räumte das Bundesverfassungsgericht den Landesgesetzgebern ein Wahlrecht ein. Verfassungsgemäß sei nicht nur eine binnenpluralistische Struktur der Veranstalter, also eine Organisation, bei welcher der Einfluß der in Betracht kommenden Kräfte intern, durch Organe der jeweiligen Veranstalter vermittelt werde, sondern ebenso ein außenpluralistisches Modell, bei dem die Rundfunkfreiheit durch externe Vielfalt hergestellt werde, dem einzelnen Rundfunkveranstalter also

333 Vgl. insoweit BVerfG 27.7.1971, BVerfGE 31, 314-357 (338).
334 BVerfG 28.2.1961, BVerfGE 12, 205-264 (261-263).
335 BVerfG 27.7.1971, BVerfGE 31, 314-357 (326 f.).
336 BVerfG 27.7.1971, BVerfGE 31, 314-357 (339).
337 BVerfG 16.6.1981, BVerfGE 57, 295-335 (319-325).
338 BVerfG 16.6.1981, BVerfGE 57, 295-335 (318).

keine Ausgewogenheitsverpflichtung treffe[339]. Für welches dieser Modelle sich der Gesetzgeber entscheide, bleibe ihm überlassen, das Grundgesetz schreibe keine bestimmte Form der Rundfunkorganisation vor. In jedem Fall müsse allerdings gewährleistet sein, daß das Gesamtporgrammangebot der bestehenden Meinungsvielfalt auch tatsächlich gerecht und der Rundfunk nicht einer oder einzelnen gesellschaftlichen Gruppen ausgeliefert werde[340].

Zu dem Verhältnis öffentlich-rechtlicher Anstalten und privater Anbieter im Gesamtgefüge des nationalen Rundfunkwesens äußerte sich das Bundesverfassungsgericht allein im Hinblick auf die dem öffentlich-rechtlichen Rundfunk nach Auffassung mancher zuzuweisenden Kompensationsfunktion: Daß im Rahmen der öffentlich-rechtlichen Programme »- jedenfalls dem Anspruch nach -» alle maßgeblichen gesellschaftlichen Gruppen und Richtungen zu Worte kommen könnten, entbinde den Gesetzgeber nicht von seiner Verpflichtung, für die Herstellung einer programmbezogenen gleichgewichtigen Vielfalt in anderen (privaten) Rundfunkdarbietungen Sorge zu tragen. Denn eine zusätzliche einseitige Berücksichtigung nur einzelner Meinungsrichtungen im privaten Rundfunk würde das für die Gesamtheit der dem einzelnen Teilnehmer zugänglichen inländischen Programme wesentliche Gleichgewicht des »Zu-Wort-Kommens« der gesellschaftlichen Gruppen stören, wenn nicht aufheben[341].

Eine wenn auch leicht modifizierte Bekräftigung dieser Aussage findet sich im 1986 ergangenen vierten Rundfunkurteil sowie in dem Beschluß des Bundesverfassungsgerichts vom Frühjahr 1987[342]. Aufrechterhalten wurde zwar die Forderung nach gesetzlichen Vorkehrungen, um »ein möglichst hohes Maß gleichgewichtiger Vielfalt im privaten Rundfunk zu erreichen und zu sichern«, zugleich hielt es das Gericht aber für gerechtfertigt, an die Breite des Programmangebots und die Sicherung gleichgewichtiger Vielfalt im privaten Rundfunk »nicht gleich hohe Anforderungen« zu stellen wie im öffentlich-rechtlichen Rundfunk[343]. Zu der entscheidenden Vorfrage nach der verfassungsrechtlichen Zulässigkeit privaten Rundfunks bemerkte das Bundesverfassungsgericht, daß diese zu bejahen sei, wiederholte jedoch in diesem Zusammenhang, daß es dem Gesetzgeber überlassen bliebe, wie er seine Aufgabe erfüllen wolle[344]. In der Wahl der organisatorischen Gestaltungsform sei er frei,

339 BVerfG 16.6.1981, BVerfGE 57, 295-335 (325 f.).
340 BVerfG 16.6.1981, BVerfGE 57, 295-335 (321, 325).
341 BVerfG 16.6.1981, BVerfGE 57, 295-335 (324).
342 BVerfG 4.11.1986, BVerfGE 73, 118-205 und BVerfG 24.3.1987, BVerfGE 74, 297-357.
343 BVerfG 4.11.1986, BVerfGE 73, 118-205 (159) und BVerfG 24.3.1987, BVerfGE 74, 297-357 (325).
344 BVerfG 4.11.1986, BVerfGE 73, 118-205 (153) und BVerfG 24.3.1987, BVerfGE 74, 297-357 (324).

sofern dafür Sorge getragen werde, daß das Gesamtangebot der inländischen Programme der bestehenden Meinungsvielfalt im wesentlichen entspreche, der Rundfunk nicht einer oder einzelnen Gruppen ausgeliefert werde und die gesellschaftlich relevanten Gruppen und Kräfte im Gesamtprogrammangebot zu Worte kommen könnten[345]. Unerörtert und unentschieden blieb allerdings, ob der Gesetzgeber nicht verpflichtet sein könnte, private Rundfunkveranstalter zuzulassen, während im Hinblick auf den öffentlich-rechtlichen Rundfunk sogar eine Bestandsgarantie für erforderlich gehalten wurde[346].
Resümierend kann daher festgestellt werden, daß nach der Rechtsprechung des Bundesverfassungsgerichts der Gesetzgeber – trotz der eine Vielzahl von neuen Übertragungskapazitäten eröffnenden Techniken wie beispielsweise Fernmelde- und Rundfunksatelliten – einen breiten Handlungsspielraum bei der Ausgestaltung der Rundfunkfreiheit hat, der von der gänzlichen Untersagung privaten Rundfunks bis hin zur Gewährung und Schaffung eines außenpluralen Ordnungsmodelles reicht.

bb) *Rundfunkorganisation und Rundfunkfreiheit*

Die Ausführungen des Bundesverfassungsgerichts lassen die Erörterung zweier Problemkreise vermissen, deren Beantwortung erhebliche Bedeutung für die Ausgestaltung der Rundfunkorganisation zukommt. Der Entscheidung hätte zum einen die Frage bedurft, ob die Rundfunkfreiheit nicht nur institutionell, sondern auch subjektiv-rechtlich im Sinne einer Rundfunkunternehmerfreiheit zu verstehen ist. Ein positives Ergebnis bedeutete nämlich ein gewichtiges Argument dafür, daß ein Ausschluß privater Veranstalter unter dem speziellen Blickwinkel des Verhältnismäßigkeitsgrundsatzes nur bei Fortbestand der Frequenzknappheit rechtmäßig ist. Die Forderung nach Zulassung von Rundfunkveranstaltern des Privatrechts ist mit anderen Worten unter Berufung auf den Grundsatz der Verhältnismäßigkeit allein dann schlüssig, wenn der Gewährleistung der Rundfunkfreiheit auch Individualschutzcharakter zukommt. Klärungsbedürftig ist im übrigen, in welcher Beziehung die subjektiv- und die objektivrechtliche Komponente der Rundfunkfreiheit zueinander stehen. Denn im rechtswissenschaftlichen Schrifttum findet sich vereinzelt die Ansicht, daß selbst die Anerkennung einer Rundfunkunternehmerfreiheit nicht zwingend die Verpflichtung des Gesetzgebers beinhalte, das den einzelnen Veranstalter am wenigsten belastende und reglementierende Organisationsmodell zu wählen,

345 BVerfG 4.11.1986, BVerfGE 73, 118-205 (153).
346 Siehe BVerfG 4.11.1986, BVerfGE 73, 118-205 (158).

da auch die »privatrechtliche Rechtsform« der Wahrung der institutionellen Rundfunkfreiheit zu dienen habe[347].

Diese Zusammenhänge sind vom Bundesverfassungsgericht nicht berücksichtigt worden. Dem denkbaren praxisorientierten Einwand, daß es auf die zu erörternde subjektiv-rechtliche Komponente in Anbetracht der mittlerweile fast in allen Bundesländern gegebenen und vom Bundesverfassungsgericht für verfassungsrechtlich zulässig erklärten Möglichkeit der Rundfunkveranstaltung durch Private nicht mehr ankomme, muß entgegengehalten werden, daß eine verfassungsrechtliche Verbürgung, Rundfunkunternehmen zu gründen und zu betreiben, auch Auswirkungen auf die dann zur Verfügung stehenden Organisationsformen – Stichwort Außen- oder Binnenpluralismus – zur Folge hat[348]. So könnte etwa ein binnenpluralistisch organisierter Rundfunk nicht zu beanstanden sein, solange es an hinreichender Konkurrenz fehlt[349].

aaa) *Die Rundfunkfreiheit als Individualrecht*

Bei den Gegnern einer subjektiv-rechtlich verstandenen Rundfunkfreiheit, die das Recht des einzelnen umfaßt, ein Rundfunkunternehmen zu gründen und zu betreiben, ist zu unterscheiden zwischen denen, die ein solches Individualrecht uneingeschränkt ablehnen und solchen, die dem einzelnen immerhin ein Zugangsrecht zum Rundfunk zubilligen, das Recht zur Gründung und zum Betrieb eines Rundfunkunternehmens jedoch nur den sogenannten gesellschaftlich relevanten Gruppen einräumen. Beide Standpunkte vermögen jedoch aus den nachfolgenden Gründen nicht zu überzeugen.

(1) *Das Verhältnis der Rundfunkfreiheit zu anderen Kommunikationsfreiheiten*

Nach *Schmidt* soll eine »gewerbliche Nutzung« des Rundfunks ausgeschlossen sein, da auf den Rundfunk bezogen keine subjektiv-rechtlich wirkenden Rechte

347 Vgl. *Bethge*, Die verfassungsrechtliche Problematik der Zulassung von Rundfunkveranstaltern des Privatrechts, 67 und 73, ähnlich *Badura*, Verfassungsrechtliche Bindungen der Rundfunkgesetzgebung, 47: »Ein aus Art. 5 Abs. 1 Satz 2 GG ableitbarer Anspruch im Sinne freier unternehmerischer Betätigung kann nur nach Maßgabe der objektiven Gewährleistung der ›institutionellen Freiheit‹ des Rundfunks gegeben sein.«

348 Auch nach von *Mangoldt/Klein/Starck* (*-Starck*) Art. 5 Abs. 1, 2 GG RdNr. 68 müssen sich Anforderungen an private Veranstalter am Grundsatz der Verhältnismäßigkeit orientieren, d.h. sie dürfen nicht höher geschraubt sein als nötig, um einen hinreichend pluralistischen Rundfunk als Ganzes zu gewährleisten; vgl. ferner *Maunz/Dürig/Herzog* (*-Herzog*) Art. 5 Abs. I, II GG RdNr. 235 f. und *Selmer*, Presse und privater Rundfunk: AfP 1985, 14-18 (15).

349 Vgl. *von Mangoldt/Klein/Starck* (*-Starck*) Art. 5 Abs. 1, 2 GG, RdNr. 89 f. und *Maunz/Dürig/Herzog* (*-Herzog*) Art. 5 Abs. I, II GG RdNr. 235 f.

denkbar seien, die sich nicht schon aus Art. 5 Abs. 1 S. 1 GG (Meinungsäußerungs-und Informationsfreiheit) ableiten ließen[350]. Die in Art. 5 Abs. 1 S. 2 GG gewährleistete Rundfunkfreiheit sei folglich in erster Linie objektiv-rechtlich zu interpretieren, und zwar im Sinne eines Gesetzesvorbehaltes für das Organisations- und Verfahrensrecht des Rundfunks. Die gesetzliche Ausgestaltungsfreiheit sei dabei durch das Verfassungsverbot kommerziellen Rundfunks begrenzt, da dieser die Informationsfreiheit nicht sicherstellen könne.
Dieser verfassungssystematischen Argumentation sind mehrere Einwände entgegenzusetzen. Zu kritisieren ist zunächst die Ausklammerung der ebenfalls in Art. 5 Abs. 1 GG geschützten Presse- und Filmfreiheit. Eine sinnvolle verfassungssystematische Analyse ist nur bei vergleichender Einbeziehung aller grundrechtlich gewährleisteten Kommunikationsfreiheiten möglich. Insbesondere kann eine Bestimmung des durch die Rundfunkfreiheit geschützten Bereichs nicht ohne Blick auf die Pressefreiheit erfolgen, denn der Presse kommt im demokratischen Staatswesen die gleiche eminente Bedeutung zu wie dem Rundfunk. Handelt es sich aber um eine einheitliche Grundrechtsbestimmung und wird für zwei der genannten Medien die freie Gründung entsprechender Unternehmen als geschützt angesehen, so ist mit *Schmitt Glaeser* zu fragen, »welchen Sinn es hätte haben sollen, den Rundfunk... in den Katalog bürgerlicher Freiheitsrechte aufzunehmen, flankiert von Presse und Film, wenn dessen öffentlich-rechtlche Verfassung die einzig zulässige oder auch nur die normale Organisationsform wäre?«[351]. Verfassungssystematisch unschlüssig ist die Argumentation von *Schmidt* zudem noch unter einem weiteren Aspekt. Wenn eine privatrechtliche und privatwirtschaftliche Ordnung des Rundfunks nicht einmal dem Grundsatz nach durch Art. 5 Abs. 1 S. 2 GG gewährleistet sein soll, weil derartige Rechtspositionen durch die Meinungsfreiheit nicht abgedeckt seien, so müßte es konsequenterweise auch an einer verfassungsrechtlichen Gewährleistung der privatrechtlichen und privatwirtschaftlichen Struktur der Presse fehlen; diese wird jedoch nicht bestritten. Hinzu kommt, daß die in Art. 5 Abs. 1 S. 2 GG geregelten Grundrechtsbetätigungen mehr als nur ein Unterfall der Meinungsfreiheit sind[352], wenngleich dieser in dogmatischer Hinsicht auch eine Leitbildfunktion zuzuerkennen ist[353]. Nicht einsichtig ist ferner, wie aus der

350 *Schmidt*, Rundfunkfreiheit und Rundfunkgewährleistung: ZRP 1980, 132-137 (135 f.).
351 *Schmitt Glaeser*, Kabelkommunikation und Verfassung, 145, so auch *Selmer*, Bestands- und Entwicklungsgarantien für den öffentlich-rechtlichen Rundfunk in einer dualen Rundfunkordnung, 45.
352 Siehe BVerfG 6.10.1959, BVerfGE 10, 118-124 (121) und *Hoffmann-Riem*, Die Zukunft des Rundfunks – ein Verfassungsproblem: RuF 1979, 143-170 (147) mit weiteren Nachweisen in N. 25.
353 Siehe oben A II 3.

grundrechtlich geschützten Informationsfreiheit ein Verfassungsverbot im Hinblick auf die Zulassung privater Rundfunkveranstalter abgeleitet und begründet werden könnte. Das Recht der Informationsfreiheit beinhaltet den Anspruch des einzelnen, sich aus vorhandenen, allgemein zugänglichen Informationsquellen zu unterrichten. Ob Art. 5 Abs. 1 S. 1 GG darüber hinaus ein Grundrecht auf Einrichtung neuer Informationsquellen gibt, wird zwar diskutiert, aber mit überzeugungskräftigen Gründen verneint[354]. Selbst die Annahme eines derartigen Leistungsanspruches würde jedoch – wenn überhaupt – die Zulassung privater Rundfunkveranstalter, nicht hingegen ein dahingehendes Verfassungsverbot zur Folge haben[355].
Eine verfassungssystematisch orientierte Betrachtung muß nach allem zu dem Ergebnis führen, daß die Rundfunkfreiheit grundsätzlich auch die Gewährleistung umfaßt, ein Rundfunkunternehmen zu gründen und zu betreiben.

(2) *Rundfunkfreiheit als »Jedermanns-Grundrecht« – das Kostenargument*

Das Bundesverfassungsgericht hat bei der Erörterung der Rundfunkorganisation bemerkt, daß »mit Rücksicht auf den außergewöhnlich großen finanziellen Aufwand für die Veranstaltung von Rundfunkdarbietungen die Zahl der Träger solcher Veranstaltungen verhältnismäßig klein bleiben muß.«[356]. Diese Prognose und ihre Begründung teilend wird von manchen Autoren eine subjektiv verstandene Rundfunkfreiheit entweder gänzlich geleugnet oder jedenfalls zur Dispostion des Gesetzgebers gestellt. So liegt nach *Hoffmann-Riem* der spezifische Akzent der grundrechtlichen Verbürgung der Rundfunkfreiheit »nicht in der Orientierung an der freien Selbstentfaltung eines Grundrechtsträgers, d.h. in der grundrechtlichen Absicherung individueller oder gesellschaftlicher Freiräume gegen fremdgesetzte Begrenzungen.«[357] Der Gegenwart wird nach *Hoffmann-Riem* vielmehr nur ein Grundrechtsverständnis gerecht, das allen aktuellen und potentiellen Grundrechtsträgern »reale Kommunikationschanchen« einräumt; diese kommunikative Chancengleichheit sei staatlich zu sichern[358].

354 Siehe etwa *Maunz/Dürig/Herzog* (*-Herzog*) Art. 5 Abs. I, II GG RdNr. 101 sowie *Bethge*, Die verfassungsrechtliche Problematik der Zulassung von Rundfunkveranstaltern des Privatrechts, 92 f.

355 Vgl. auch *Bethge*, Die verfassungsrechtliche Problematik der Zulassung von Rundfunkveranstaltern des Privatrechts, 93 f., der zutreffend darauf hinweist, daß sich potentielle Veranstalter nicht auf das Dritten zustehende Recht der Informationsfreiheit berufen könnten; in dieser Hinsicht vielmehr allein Art. 5 Abs. 1 S. 2 GG sedes materiae sei.

356 BVerfG 28.2.1961, BVerfGE 12, 205-264 (261).

357 *Hoffmann-Riem*, Rundfunkfreiheit durch Rundfunkorganisation, 15.

358 *Hoffmann-Riem*, Chancengleichheit in zukünftigen Kommunikationssystemen: ZRP 1976, 291-299 (293); ähnlich auch *Berendes*, Die Staatsaufsicht über den Rundfunk, 58 ff.

Unter anderem auch nach Auffassung *Bethges* kann demgegenüber aus eingeschränkten Realisierungschancen zwar noch keine Verneinung des Rechts selbst gefolgert werden, wohl aber ein erheblicher Spielraum des Gesetzgebers bei der Ausgestaltung der Rundfunkfreiheit[359]. Beide Argumentationen sind jedoch nicht nur in rechtlicher, sondern auch in tatsächlicher Hinsicht fragwürdig. Schon die Voraussetzung, daß die Veranstaltung von Rundfunk zwangsläufig mit »immensen Kosten« verbunden sei, die Rundfunkfreiheit im Falle einer Privatisierung daher »niemals zur Jedermannsfreiheit«, sondern zu einem »Grundrecht für Reiche« würde[360], ist ob ihrer Pauschalität nicht haltbar. So ist der durchschnittliche finanzielle Aufwand für die Herstellung einer Hörfunkproduktion unbestritten weitaus geringer als der für eine Fernsehsendung. Von maßgeblichem Einfluß auf die Kosten ist weiter die Programmdauer, denn mit der Zeitspanne, die programmlich aufgefüllt werden soll, sinken auch die dafür aufzuwendenden Kosten. Dies gilt jedenfalls bei gleichartigen Programmen.

In grundrechtsdogmatischer Hinsicht ist zu bedenken, daß der Wert eines Grundrechts ad absurdum geführt wird, wenn der einzelne Gesetzgeber den zu gewährleistenden Freiheitsbereich gewissermaßen auf Null reduzieren kann, eben mit der Begründung, daß er nicht von jedermann in Anspruch genommen und damit realisiert werden könne. *Schmitt Glaeser* weist zu Recht darauf hin, daß niemand ernsthaft daran denkt, eine verfassungskräftige Unternehmerfreiheit an dem Umstand scheitern zu lassen, daß für die Gründung eines solchen Unternehmens eventuell beträchtliche finanzielle Mittel erforderlich sind[361]. Die Bedeutung des Rundfunks für die öffentliche Meinungsbildung vermag diese Beurteilung nicht zu erschüttern. Auch die Ausübung und Wahrnehmung der Pressefreiheit, der insoweit dieselbe Funktion zugewiesen wird, ist äußerst kapitalintensiv; selbst die Herausgabe einer Zeitung oder Zeitschrift mittlerer Auflagenstärke steht nicht jedem offen. Diese Vergleichbarkeit von Rundfunk und Presse kann nicht mit der Begründung in Abrede gestellt werden, die im Pressebereich festzustellende und zu tolerierende tatsächliche Nutzung des Grundrechts sei für den Rundfunkbereich nicht akzeptabel, da hier eine »Startsituation der neuen elektronischen Medien« vorliege, die es dem Gesetzgeber verbiete, »Ungleichheiten zu produzieren«[362]. Wenn Freiheitsrechte

359 *Bethge*, Die verfassungsrechtliche Problematik der Zulassung von Rundfunkveranstaltern des Privatrechts, 86 f.

360 So *Bethge*, Die verfassungsrechtliche Problematik der Zulassung von Rundfunkveranstaltern des Privatrechts, 87.

361 *Schmitt Glaeser*, Kabelkommunikation und Verfassung, 148, ähnlich *Selmer* (oben N. 348) 15, der sich dafür ausspricht, daß »auch die Ausstrahlung der Grundrechte auf Wirtschafts-und Gewerbefreiheit ... angemessen in Ansatz zu bringen« ist; und *Eberle*, Rundfunkübertragung, 34.

362 So *Bethge*, Die verfassungsrechtliche Problematik der Zulassung von Rundfunkveranstaltern des Privatrechts, 90.

ohne die tatsächlichen Voraussetzungen, sie in Anspruch nehmen zu können, uneingeschränkt als »wertlos« bezeichnet werden und die Ausübung eines Grundrechtes nur durch eine begrenzte Zahl von Personen auf ein »grundrechtswidriges Privileg« hinauslaufen soll[363], dann wäre die privatwirtschaftliche und privatrechtliche Organisation der Presse verfassungsrechtlich nicht haltbar und nicht, wie *Bethge* meint, in Kauf zu nehmen[364]. Schließlich liegt die Überlegung nahe, daß es dem Sozialstaatsprinzip eher gerecht wird, eine Grundrechtsausübung zu subventionieren als zu untersagen[365] – ein Gedanke, dem man sich im Filmbereich nicht verschlossen hat, wie das Gesetz über Maßnahmen zur Förderung des deutschen Films vom 22. Dezember 1967 zeigt[366]. Die Gefahr staatlicher Abhängigkeit ist in diesem Fall zwar nicht zu leugnen[367], eine deshalb die Subventionierung privater Rundfunkveranstalter ablehnende Argumentation ignoriert aber den Umstand, daß der Staat über die im Bundestag vertretenen Parteien schon heute in den öffentlich-rechtlichen Rundfunkanstalten bedeutsame Einflußmöglichkeiten direkter Art hat, wenn man sich die personelle Zusammensetzung der Rundfunkräte vergegenwärtigt. Die Beibehaltung einer öffentlich-rechtlichen Organisation des Rundfunks bedeutet daher fast zwangsläufig staatlichen Einfluß, während dieser bei der Subventionierung privater Rundfunkveranstalter nicht notwendigerweise als Folgeerscheinung auftritt. Zu bedenken ist auch, daß nicht jeder private Rundfunkveranstalter der finanziellen Unterstützung durch den Staat bedarf, wie ein Blick auf die gegenwärtige Medienlandschaft beweist.

(3) *Rundfunkfreiheit als Gruppengrundrecht*

Von *Lücke* wurde die interessante These in die Diskussion eingeführt, daß nicht dem einzelnen Bürger als Individuum, sondern den gesellschaftlich relevanten Gruppen die Freiheit der Gründung und des Betriebes eines Rundfunkunternehmens zuzuerkennen sei[368]. Die sich auf die Rechtsprechung des Bundesverfassungsgerichts stützende Begründung übersieht allerdings, daß selbst nach

363 Vgl. *Bethge*, Die verfassungsrechtliche Problematik der Zulassung von Rundfunkveranstaltern des Privatrechts, 86 und 90.

364 Siehe *Bethge*, Die verfassungsrechtliche Problematik der Zulassung von Rundfunkveranstaltern des Privatrechts, 90.

365 Siehe auch *von Pestalozza*, Rundfunkfreiheit in Deutschland: ZRP 1979, 25-31 (27).

366 Siehe BGBl. 1967 I, 1352.

367 Vgl. OVG Berlin 25.4.1975: JZ 1976, 402-405 (404) und *Hoffmann-Riem*, Anmerkung zu OVG Berlin 25.4.1975: JZ 1976, 405-407 (406).

368 *Lücke*, Die Rundfunkfreiheit als individuelles Zugangsrecht: JZ 1977, 41-46; *ders.*, Die Rundfunkfreiheit als Gruppengrundrecht: DVBl. 1977, 977-984; ähnlich *Berendes*, Staatsaufsicht über den Rundfunk, 59 ff., der ein »Gemeinschaftsgrundrecht« annimmt.

Auffassung des Gerichtes die Verpflichtung, den Rundfunk so zu organisieren, daß alle gesellschaftlich relevanten Gruppen zu Worte kommen können, nicht allein und ausschließlich durch eine binnenpluralistische Organisation der Rundfunkveranstalter erfüllt werden kann. Die sogenannte pluralistische Gruppenrepräsentanz ist nur eine von mehreren verfassungskonformen Möglichkeiten, Meinungsvielfalt im Rundfunk sicherzustellen[369]. Zu widersprechen ist aber schon der dieser Auffassung zugrundeliegenden These, daß nämlich den gesellschaftlich relevanten Gruppen maßgeblicher Einfluß auf Gründung und Betrieb von Rundfunkunternehmen eingeräumt werden müsse, weil eben diese sozialen Gruppen bestimmenden Einfluß auf die Meinungsbildung hätten und der Rundfunk ein entscheidender Faktor jeder Meinungsbildung sei[370]. Es mag richtig sein, daß der einzelne geneigt ist, um nicht im sozialen Konflikt zu leben, sich einer Gruppenmeinung anzuschließen. Zu fragen ist aber, aus welchem Grunde der Druck, den gesellschaftliche Großorganisationen auf einzelne auszuüben vermögen, noch verstärkt werden soll, indem man diesen maßgeblichen Einfluß im Rundfunk zukommen läßt. Sozialwissenschaftliche Erkenntnisse dieser Art sollten in einem demokratischen Staatswesen eher zu einer Grundrechtsinterpretation führen, die eine eigenständige und eigenverantwortliche Meinungsbildung ermöglicht. Zweifelhaft ist darüber hinaus, ob bei einer Ausgestaltung der Rundfunkfreiheit als Gruppengrundrecht freie öffentliche Meinungsbildung noch als ein Prozeß gesehen werden kann, in dem auch neue Ideen und Gedanken die Chance haben sich durchzusetzen. Zu vermuten steht, daß genau das Gegenteil eintritt. *Mestmäcker* weist zu Recht darauf hin, daß eine Konzeption des »gleichwertigen Zu-Wort-Kommens« aller gesellschaftlichen relevanten Gruppen leugnet, was das Bundesverfassungsgericht selbst als Prinzip der freiheitlichen Demokratie bezeichnet hat, nämlich den geistigen Kampf, die freie Auseinandersetzung von Ideen und Interessen[371]. Diese Gefahren werden auch von *Lücke* gesehen, die drohende Wirkungslosigkeit der Meinungsäußerungsfreiheit läßt sich seiner Ansicht nach jedoch durch ein begrenztes individuelles Zugangsrecht zum Rundfunk abwenden[372]. Der hierfür erfolgende Rückgriff auf Art. 5 Abs. 1 S. 1 GG muß als Versuch eines dogmatischen Kunstgriffes gewertet werden, mit Hilfe dessen die von Art. 5 Abs. 1 GG gewollte geistige Auseinandersetzung gewährleistet werden soll, ohne dem einzelnen gleichzeitig das Recht auf freie Gründung und Betrieb eines Rundfunkunternehmens einräumen zu müssen. Diese Konstruktion ist jedoch mit erheblichen Schwächen behaftet. Nicht einsichtig ist zunächst,

369 So vor allem BVerfG 16.6.1981, BVerfGE 57, 295-335 (325).
370 Vgl. *Lücke* (oben N. 368) 42.
371 Siehe *Mestmäcker* (oben N. 108) 019.
372 Siehe *Lücke* (oben N. 368) 42 ff.

warum sich aus dem unbestrittenen Umstand, daß die Meingungsfreiheit den Staat nicht verpflichtet, dem sich Äußernden ein Auditorium zu schaffen, im Umkehrschluß ergeben soll, daß dem einzelnen ein bestehendes Massenkommunikationsmittel nicht verschlossen bleiben könne[373]. Richtig ist zwar, daß ein den einzelnen Bürger treffendes Verbot, sich eines geeigneten und wirkungsvollen Kommunikationsmittels zu bedienen, eine wesentliche Beschränkung der angestrebten geistigen Auseinandersetzung bedeutet. Ob diesem Umstand aber mit Hilfe eines Zugangsrechts abgeholfen werden kann, erscheint mehr als fraglich. Die hier auftretenden Praktikabilitätsbedenken bestehen nicht nur im Hinblick auf ein uneingeschränktes Zugangsrecht, sondern gelten selbst für ein auf einen bestimmten Programmanteil limitiertes Zugangsrecht. Denn wie ist etwa die Forderung *Lückes* zu realisieren, daß die Sendezeit für die Individuen so bemessen sein soll, daß sie der Bedeutung der Einzelpersonen bei der öffentlichen Meinungsbildung im Verhältnis zu den gesellschaftlich relevanten Gruppen angepaßt sei[374]. Davon abgesehen kann für die Begründung eines individuellen Zugangsrechtes zum Rundfunk auch nicht auf die Rechtsprechung des Bundesverfassungsgerichtes zurückgegriffen werden, wonach Grundrechte in bestimmten Konstellationen nicht nur abwehrende Funktion haben, sondern darüber hinaus ein Teilhaberecht begründen[375].

Anders als bei dem von *Lücke* erwähnten »Numerus-Clausus-Urteil« liegt bei Annahme einer nur den gesellschaftlich relevanten Gruppen zustehenden Rundfunkfreiheit gar keine Situation vor, in der allein ein Anspruch auf Teilhabe die Realisierung eines Grundrechts zu gewährleisten vermag. Denn die sogenannten sozialen Gruppen agieren nach *Lückes* Verständnis ja gerade als Vertreter und Treuhänder der einzelnen Bürger. Im übrigen ist auch der Feststellung zu widersprechen, daß das individuelle Zugangsrecht in Teilbereichen »im Grunde genommen« längst anerkannt sei[376]. Selbst bei der umstrittenen Frage der Einräumung von Sendezeiten für die politischen Parteien haben die Obergerichte trotz des besonderen Gewichts des Art. 21 GG keinen Anspruch auf Sendezeiten schlechthin anerkannt, sondern stets nur die Gleichbehandlung der politischen Parteien, wenn solche Sendezeiten überhaupt eingerichtet worden waren[377].

Die Interpretation der Rundfunkfreiheit als einem nur den gesellschaftlich relevanten Gruppen zustehenden Grundrecht und das aus der Meinungsfreiheit

373 So aber *Lücke* (oben N. 368) 42.

374 Siehe *Lücke* (oben N. 368) 44; zur Funktionsunfähigkeit des Mediums Rundfunk bei Annahme eines Rechts auf Zugang siehe auch *Maunz/Dürig/Herzog* (*-Herzog*) Art. 5 Abs. I, II GG RdNr. 64 f.

375 Vgl. hierzu *Lücke* (oben N. 368) 43.

376 Siehe *Lücke* (oben N. 368) 43.

377 Siehe BVerfG 30.5.1962, BVerfGE 14, 121-140 (131 ff.) und BVerwG 17.10.1986: NJW 1987, 272-274 (273 f.).

abgeleitete individuelle Zugangsrecht zum Rundfunk sind nach allem abzulehnen.

(4) *Die »intensive« Wirkung des Mediums Rundfunk*

Als weiteres Argument für die verfassungsrechtliche Ungleichbehandlung von Presse und Rundfunk wird die »sehr viel intensivere Wirkung« von Rundfunksendungen im Vergleich zu Presseveröffentlichungen genannt[378]. Die damit angesprochene faktische Besonderheit des Rundfunks soll hier nicht in Frage gestellt werden; gleichwohl ist festzustellen, daß sie kein entscheidendes Kriterium für die divergierende Behandlung von Presse und Rundfunk im Hinblick auf die umstrittene individualrechtliche Komponente begründet. Denn eine »intensive Wirkung« ist dem Rundfunk, gleichgültig ob dieser öffentlich-rechtlich oder privatrechtlich organisiert ist, stets zu eigen. Nicht außer acht zu lassen ist in diesem Zusammenhang, daß im übrigen auch das Medium Film über eine »intensive Wirkung« verfügt, diese aber niemals als Argument gegen die privatrechtliche und -wirtschaftliche Organisation des Filmwesens verwendet wurde – wobei nicht verkannt wird, daß dem Film für die öffentliche Meinungsbildung eine weitaus geringere Bedeutung als dem Rundfunk zukommt[379].
Kann also nicht der besonderen Wirkungsweise eine maßgebliche Relevanz zukommen, sondern allein den Programminhalten, so bleibt zu erörtern, ob und welchen Einfluß der damit angesprochene Punkt der Programmausgewogenheit für die Frage nach der individuellen Rundfunkfreiheit hat. Die Antwort muß differenzierend ausfallen: Geht es um das »Ob« der Freiheit, ein Rundfunkunternehmen zu gründen und zu betreiben, dann muß die Frage verneint werden. Steht demgegenüber das »Wie« der Rundfunkunternehmerfreiheit zur Diskussion, wird der Aspekt der Programmausgewogenheit relevant. Die Begründung dafür liegt auf der Hand: Die Herstellung eines ausgewogenen Einzel- oder Gesamtprogrammes betrifft die Ausübung und die nicht die vorab zu entscheidende Frage, ob jemand überhaupt als Rundfunkveranstalter tätig werden kann und darf. Zu einem anderen Ergebnis gelangt man selbst dann nicht, wenn nur sehr wenige Veranstalter zugelassen werden können und diese

378 So etwa *Redeker*, Die grundrechtliche Verankerung der Rundfunkunternehmerfreiheit: ZUM 1985, 544-551 (546).

379 *Maunz/Dürig/Herzog* (*-Herzog*) Art. 5 Abs. I, II GG RdNr. 193 konstatiert in diesem Zusammenhang, daß die zweite Variante von Art. 5 Abs. 1 S. 2 GG »zumindest bei der gegenwärtigen Organisation und Reglementierung dieser Massenkommunikationsmittel... an einer merkwürdigen Gebrochenheit leidet, da der nach dem Wortlaut und der Stellung völlig gleichen rechtlichen Behandlung beider Massenkommunikationsmittel durch das GG grundlegend verschiedene rechtliche und tatsächliche Organisations- und Lebensformen gegenüberstehen.«

im Grunde die gesellschaftlich relevanten Gruppen und Kräfte – wer immer das im einzelnen sein mag – nicht repräsentieren können und/oder wollen. Die Dominanz nur weniger Unternehmen beinhaltet sicherlich eine kaum zu leugnende Gefahr für die freie öffentliche Meinungsbildung. Eine Abwendung dieser Gefahr ist allerdings nicht nur mit einer »Vergesellschaftung« in Form öffentlich-rechtlicher Anstalten möglich. Auch privaten Anbietern kann eine Organisationsform vorgeschrieben werden, die das genannte Risiko wenn nicht ausschließt, so doch erheblich reduziert – eine Einschätzung, die vom Bundesverfassungsgericht schon zu Zeiten des sogenannten Frequenzmangels geteilt wurde[380].

(5) *Historische Aspekte*

In den Katalog der Argumente, die die Verneinung einer subjektiv-rechtlichen Komponente begründen sollen, gehört auch der Hinweis auf die historische Entwicklung des Rundfunks. Während es im Hinblick auf die »rechtlichen Grundzüge des geschichtlich-sozial Gewordenen« als naheliegend angesehen wird, aus Art. 5 Abs. 1 S. 2 GG ein Recht auf freie Gründung und freien Betrieb von Presseunternehmen abzuleiten, soll für eine entsprechende Interpretation der Rundfunkfreiheit jeder »historisch-soziale« Anhaltspunkt fehlen[381]. Die Presse sei »aus ihrem Selbstverständnis heraus immer« privatrechtlich und -wirtschaftlich orientiert gewesen, der Rundfunk hingegen sei stets öffentlich-rechtlich strukturiert und anfangs sogar als echter Staatsrundfunk organisiert worden[382].

Dieser Bewertung ist bei einer genaueren historischen Analyse nur eingeschränkt beizupflichten. Einzuräumen ist zwar, daß die privatrechtliche und -wirtschaftliche Organisation des Rundfunks in seinen Anfängen nur von kurzer Dauer war und schon bald über die zweifelhaften, nach damals herrschender Meinung jedoch rechtmäßigen »Genehmigungsbedingungen« ein erheblicher staatlicher Einfluß erzielt werden konnte[383]. Richtig ist ferner, daß unter der

380 Vgl. BVerfG 28.2.1961, BVerfGE 12, 205-264 (262): »Insbesondere ist es von der Bundesverfassung nicht gefordert, daß Veranstalter von Rundfunksendungen nur Anstalten des öffentlichen Rechts sein können. Auch eine rechtsfähige Gesellschaft des privaten Rechts könnte Träger von Veranstaltungen dieser Art sein, wenn sie nach ihrer Organisationsform hinreichende Gewähr bietet, daß in ihr in ähnlicher Weise wie in der öffentlich-rechtlichen Anstalt alle gesellschaftlich relevanten Kräfte zu Wort kommen, und die Freiheit der Berichterstattung unangetastet bleibt.«

381 Siehe *Lerche*, Rundfunkmonopol, 100; ähnlich *Redeker* (oben N. 378) 547.

382 Vgl. *Redeker* (oben N. 378) 547.

383 Zu der rechtlich fragwürdigen Konzessionierung der Rundfunkgesellschaften siehe *Wilkens*, Die Aufsicht über den Rundfunk, 54 ff.

Geltung der Weimarer Verfassung von der im Schrifttum wohl überwiegenden Meinung eine verfassungsrechtliche Verankerung der Rundfunkunternehmerfreiheit verneint wurde[384]. Nicht übersehen werden darf dabei allerdings, daß schon damals selbst die Befürworter eines staatlich regulierten Rundfunkwesens im Grunde die privatwirtschaftlich organisierte Presse als normatives Leitbild anerkannten. Jedenfalls rechtfertigte *Neugebauer* »die Notwendigkeit, die Benutzung des Rundfunks für politische Mitteilungen zu regeln«, mit dem Umstand, daß »es bei der augenblicklichen Beschränkung der für den Rundfunk zur Verfügung stehenden Sendewellen ... nicht möglich ist, in einer dem Pressewesen ähnlichen Art und Weise Mitteilungsmöglichkeiten im Rahmen des Rundfunks zu schaffen und zu geben[385].

Auch die Schaffung und Errichtung der öffentlich-rechtlichen Rundfunkanstalten nach 1945 und vor allem die anschließende Diskussion über die verfassungsrechtliche Ausgestaltung der Rundfunkfreiheit sind im Hinblick auf die fragliche individualrechtliche Komponente der Rundfunkfreiheit eher positiv als negativ zu bewerten. So ist zunächst zu sehen, daß die Entscheidung für ein öffentlich-rechtliches Rundfunksystem nicht auf deutscher Seite gefällt worden ist. Realisiert wurde damit vielmehr das Konzept der Besatzungsmächte, deren Kernanliegen es war, einen von jedem Regierungseinfluß freien Rundfunk zu schaffen[386].

Gegen die Ablehnung einer individualrechtlichen Komponente der Rundfunkfreiheit läßt sich aber vor allem nicht die Entstehungsgeschichte von Art. 5 Abs. 1 GG anführen. Wohl durch die vom Parlamentarischen Rat vorgefundene öffentlich-rechtliche Organisationsform des Rundfunks inspiriert, hatte der Abgeordnete *von Mangoldt* vorgeschlagen, diese Art der Rundfunkorganisation festzuschreiben. Sein Motiv für diese Empfehlung war jedoch nicht der Ausschluß privater Rundfunkveranstalter, sondern die Freiheitssicherung des

384 Unter Berufung auf eine Entscheidung des Reichsgerichts vom 24.3.1925 (abgedruckt in : JW 1925, 2472-2473) heißt es bei *Neugebauer*, Fernmelderecht mit Rundfunkrecht, 705 f.: »Sodann hat Art. 118 RV nicht den Sinn, daß jeder berechtigt wäre, sich jedes ihm passend erscheinenden Mittels der Äußerung zu bedienen. Art. 118 RV gibt kein Recht darauf, sich zur unbeschränkt freien Meinungsäußerung gerade des Rundfunks zu bedienen.«; anderer Ansicht ist *Häntzschel*, Das Recht der freien Meinungsäußerung, in: *Anschütz/Thoma*, Handbuch des Deutschen Staatsrechts, Band 2, 657.

385 *Neugebauer*, Fernmelderecht mit Rundfunkrecht, 706.

386 Daß von einer wirklichen Entscheidungsfreiheit der amtierenden Gesetzgeber kaum die Rede sein konnte, wird schon daraus deutlich, daß im amerikanisch besetzten Teil des heutigen Bundeslandes Baden-Württemberg von deutscher Seite erarbeitete Entwürfe für ein Rundfunkgesetz in den Jahren 1946, 1947 und 1948, die teilweise schon vom Landtag beschlossen und verkündet waren, nicht realisiert wurden, weil sie nicht die Billigung der Militärregierung fanden – vgl. *Brack/Herrmann /Hillig*, Organisation des Rundfunks 1948-1962, 74 und Wilkens, Die Aufsicht über den Rundfunk, 65 N. 8 zu den Gründen für die Schaffung eines öffentlich-rechtlichen Systems.

Rundfunks von staatlicher Kontrolle. Die Aufnahme einer solchen Bestimmung in das Grundgesetz sollte erfolgen, damit – im Gegensatz zu der Art wie *Goebbels* in der Zeit des Nationalsozialismus den Rundfunk gelenkt habe – »dem Rundfunk eine gewisse Unabhängigkeit vom Staat« gesichert werden könne[387].

Insbesondere von den Abgeordneten *Heuß* und *Süsterhenn* wurde aber die Meinung vertreten, daß es falsch sei, die zukünftige Form des Rundfunks ein für allemal im Grundgesetz festzulegen; beide wollten unter anderem die Möglichkeit eines privaten Rundfunks nicht ausgeschlossen wissen[388]. Ob schon daraus für Art. 5 Abs. 1 S. 2 GG eine Rundfunkunternehmerfreiheit, d.h. ein Zulassungsanspruch Privater folgt, ist, wie *Redeker* zutreffend bemerkt[389], nicht zwingend, dafür sprechen allerdings einige indirekte Überlegungen der Abgeordneten zum Verhältnis von Meinungsäußerungs-, Presse- und Rundfunkfreiheit[390]. Im Hinblick auf das Recht des Rundfunks, in Kommentaren zu den Ereignissen Stellung zu nehmen, verständigten sich die Abgeordneten beispielsweise darauf, dieses nicht ausdrücklich zu erwähnen, da man insoweit der Auffassung von *von Mangoldt* und *Heuß* folgte, nach der das Recht auf Stellungnahme in der Pressefreiheit enthalten sei. Für eine verstärkende Wiederholung und Weiterbildung der Verfassungsaussage des Art. 5 Abs. 1 S. 2 GG im Verhältnis zu der in Art. 5 Abs. 1 S. 1 GG garantierten Meinungsfreiheit läßt sich zudem anführen, daß selbst das Recht, Presseerzeugnisse zu verlegen und zu verbreiten, nicht als Bestandteil der Pressefreiheit angesehen wurde. Abgelehnt wurde nämlich der Vorschlag, in Art. 5 Abs. 1 GG die Formulierung aufzunehmen »niemand darf daran gehindert werden, Presserzeugnisse zu verlegen«; stattdessen wurde vielmehr in Absatz 1 das Wort »Meinungsverbreitung« hinzugefügt.

Der geschichtliche Rückblick zeigt nach alledem, daß die tatsächliche Ausgestaltung der Rundfunkorganisation seit 1926 nicht dergestalt gewesen ist, wie das dem Verständnis eines persönlichen Freiheitsrechtes entsprochen hätte. Dabei darf jedoch nicht übersehen werden, daß es rechtstheoretische Ansätze in diese Richtung durchaus gegeben hat. Insbesondere die Entstehungsgeschichte des Art. 5 Abs. 1 GG stärkt eine die subjektivrechtliche Rundfunkfreiheit bejahende Auffassung. Hinzu kommt, daß die historisch gewachsene öffentlich-rechtliche Organisationsform des Rundfunks Konsequenz einer unterhalb

387 Vgl. *von Doemming/Füsslein/Matz* (oben N. 38) 86 sowie Tettinger, Neue Medien und Verfassungsrecht, der die Erörterung in der 32. Sitzung des Grundsatzausschusses des Parlamentarischen Rates vom 11.1.1949 umfassend wiedergibt (16-18).

388 Siehe *von Doemming/Füsslein/Matz* (oben N. 38) 86.

389 *Redeker* (oben N. 378) 546.

390 Siehe *von Doemming/Füsslein/Matz* (oben N. 38) 82 f.

der Verfassungsebene liegenden Gesetzgebung war (und ist), deren grundgesetzliche Festschreibung ausdrücklich abgelehnt wurde. Für die Interpretation von Art. 5 Abs. 1 S. 2 GG ist diesem historischen Aspekt daher nur begrenzte Bedeutung zuzumessen. Anderenfalls würde man die Verfassung im Lichte der Gesetze und nicht, wie es sein sollte, die Gesetze im Lichte der Verfassung sehen.

(6) *Zusammenfassung*

Als Ergebnis dieser Erörterungen ist festzustellen, daß Art. 5 Abs. 1 S. 2 GG auch die Freiheit umfaßt, Rundfunkunternehmen zu gründen und zu betreiben[391]. Die gegenteilige Auffassung läßt sich weder aus dem Verhältnis der Rundfunkfreiheit zu anderen grundrechtlich gewährleisteten Kommunikationsfreiheiten herleiten noch aus dem Umstand, daß nicht jeder potentielle Interessent finanziell in der Lage ist, das Grundrecht der Rundfunkfreiheit tatsächlich in Anspruch zu nehmen. Gegen eine auch subjektiv verstandene Rundfunkfreiheit spricht weiter auch nicht die dem Medium Rundfunk eigene »intensive Wirkung«. Die Rundfunkunternehmerfreiheit ergibt sich vielmehr fast zwingend aus der systematischen Stellung dieser Grundrechtsgewährleistung – ein Ergebnis, das in der Entstehungsgeschichte des Art. 5 Abs. 1 GG Rückhalt findet. Die vermittelnde Auffassung einer allein den gesellschaftlich relevanten Gruppen zustehenden Rundfunkunternehmerfreiheit in Verbindung mit einem individuellen Zugangsrecht zum Rundfunk ist weder dogmatisch haltbar noch tauglich, den von Art. 5 Abs. 1 GG geschützten »Meinungskampf« faktisch zu gewährleisten.

bbb) *Folgerungen für die Wahl eines Organisationsmodells*

Aus der Anerkennung einer individuellen Rundfunkunternehmerfreiheit kann nun nicht die Schlußfolgerung gezogen werden, der Gesetzgeber sei unter allen Umständen verpflichtet, Private als Rundfunkveranstalter zuzulassen. Denn er

391 Bejahend auch *Scholz*, Private Rundfunkfreiheit und öffentlicher Rundfunkvorbehalt – BVerwGE 39, 159: JuS 1974, 299-307 (303); *Klein*, Die Rundfunkfreiheit, 41 ff.; *ders.*, Rundfunkrecht und Rundfunkfreiheit: Der Staat 20 (1981) 177-200 (190); *Krause-Ablass*, Kommunaler und privater Rundfunk: DÖV 1962, 249-253 (252); *Rudolf*, Über die Zulässigkeit privaten Rundfunks, 21 f. und 26 ff.; *Weber*, Zur Diskussion über die Zulassung eines privaten Fernsehens: Der Staat 11 (1972) 82-92; *Starck*, Zur notwendigen Neuordnung des Rundfunks: NJW 1980, 1359-1363 (1360); *Scheuner*, Das Rundfunkmonopol und die neuere Entwicklung des Rundfunks: AfP 1977, 367-371; *Kröger*, Vor dem Ende des Rundfunkmonopols der öffentlichen-rechtlichen Rundfunkanstalten: NJW 1979, 2537-2543 (2543); *Kull*, Verschüttung und Ausgrabung der Rundfunkfreiheit: AfP 1971, 98-102 (102).

hat stets dafür Sorge zu tragen, daß das Rechtsgut der freien öffentlichen Meinungsbildung – und in diesem Zusammenhang kommt der Institution Rundfunk eine erhebliche Bedeutung zu – im bestmöglichen Maße geschützt und gewährleistet wird. Die von ihm zu treffende Entscheidung über die Rundfunkorganisation muß daher so ausgerichtet sein, daß sowohl die grundrechtliche Freiheit, ein Rundfunkunternehmen zu gründen und zu betreiben als auch die freie öffentliche Meinungsbildung zu optimaler Wirksamkeit gelangen. Begrenzt wird der gesetzgeberische Handlungsspielraum dabei durch den Grundsatz der Verhältnismäßigkeit[392]. Eine Grundrechtsbegrenzung ist danach nur zulässig, wenn sie geeignet ist, den Schutz des Rechtsgutes zu bewirken, um dessentwillen sie vorgenommen wird. Außerdem muß sie erforderlich und im engeren Sinne verhältnismäßig sein, d.h. es darf kein milderes Mittel ausreichen, und die Einschränkung muß in einem angemessenen Verhältnis zu dem Gewicht und der Bedeutung des Grundrechtes stehen[393].

Bei Zugrundelegung dieser drei Aspekte war der jahrzehntelange Ausschluß Privater nach 1945 verfassungsgemäß. Denn Eignung, Erforderlichkeit und Verhältnsismäßigkeit dieser Maßnahme für eine freie öffentliche Meinungsbildung konnten in Ansehung der wenigen zur Verfügung stehenden Frequenzen nicht geleugnet werden. Das Ende dieses Mangels an Übertragungskapazitäten ist nunmehr allerdings absehbar. Parallel mit der Zunahme an Übertragungsmöglichkeiten entfällt daher die Notwendigkeit, erstens private Veranstalter gänzlich auszuschließen und zweitens diese mit Auflagen wie etwa einer binnenpluralen Organisation zu belasten. Denn eine grundrechtliche Gewährleistung darf nicht mehr als erforderlich ihrer Wirksamkeit beraubt werden. Der Entscheidungsspielraum des Gesetzgebers wird also in zunehmendem Maße begrenzt, wenn er sich zu einer gesetzlichen Neuregelung der Rundfunkorganisation entschließt.

Fraglich könnte nur sein, ob diese Bindung des Gesetzgebers nicht durch eine andere Wahlfreiheit wieder aufgehoben wird, nämlich durch die grundsätzlich im Ermessen des Gesetzgebers liegende Befugnis, darüber zu entscheiden, ob überhaupt ein Gesetz erlassen wird. Von maßgeblicher Relevanz ist diese Frage insofern, als nach dem Spruch des Bundesverfassungsgerichts Art. 5 Abs. 1 S. 2 GG für die Veranstaltung privater Rundfunksendungen eine gesetzliche Regelung fordert. Das Gericht betonte ausdrücklich, daß der Landesgesetzgeber »die Entscheidung darüber nicht der Exekutive, etwa in Gestalt einer allgemeinen, die Befugnis zu Auflagen umfassenden Ermächtigung überlassen« dürfe –

392 Zur Herleitung und Entwicklung dieses Prinzips siehe *Maunz/Dürig/Herzog* (*-Herzog*) Art. 20 GG RdNr. 71 ff. (VII) sowie ausführlich Lerche, Übermaß und Verfassungsrecht.

393 Siehe statt vieler *Hesse*, Grundzüge des Verfassungsrechts der Bundesrepublik Deutschland, 127 f.

»auch nicht in der Weise, daß dies zwar nicht ausdrücklich, aber der Sache nach durch nicht hinreichend bestimmte Normierungen geschieht«[394]. Die Zulassung privater Rundfunkveranstalter könnte mithin einfach dadurch blockiert werden, daß ein entsprechendes Gesetz nicht erlassen wird.

ccc) *Gesetzgeberisches Unterlassen als Verfassungsverstoß*

Die Auffassungen darüber, was gilt, wenn der zur Aktualisierung der Rundfunkgesetzgebung verpflichtete Landesgesetzgeber untätig bleibt, sind geteilt. Während der Zulassungsanspruch privater Rechtsträger nach Ansicht mancher Autoren ohnehin gesetzesunabhängig ist[395], wird er von anderen für den Fall der Untätigkeit des Gesetzgebers unmittelbar aus Art. 5 Abs. 1 S. 2 GG hergeleitet[396]. Beide Standpunkte stoßen ihrerseits auf Widerspruch: Wenn ein Grundrecht wie das der Rundfunkfreiheit zu denjenigen Freiheitsverbürgungen rechne, die ohne interpositio legislatoris nicht effektuierbar seien, gebe es – so *Bethge* – selbst bei verfassungswidriger Passivität des Gesetzgebers kein aus der Grundrechtsbestimmung hergeleitetes »Durchgriffsrecht«, dem Bewerber bleibe in diesem Fall allein die Möglichkeit der Verfassungsbeschwerde[397]. Im Hinblick auf die Rechtsprechung des Bundesverfassungsgerichts, nach der privater Rundfunk allein auf gesetzlicher Grundlage zulässig ist[398], verdient insbesondere der von *Bethge* eingenommene Standpunkt besondere Aufmerksamkeit. Denn die von ihm erwogene Möglichkeit einer Verfassungsbeschwerde ist nach der gegenwärtigen Rechtsprechung des Bundesverfassungsgerichtes wenig erfolgversprechend. Das Bundesverfassungsgericht hat zwar seine ursprüngliche Auffassung aufgegeben, nach der gesetzgeberisches Unterlassen in keinem Fall mit einer Verfassungsbeschwerde zum Gegenstand richterlicher Kontrolle gemacht werden konnte[399], forderte aber in späteren Entscheidungen

394 BVerfG 16.6.1981, BVerfGE 57, 295-335 (319-321).
395 So etwa *von Pestalozza* (oben N. 365) 31.
396 Siehe *Rudolf*, Anmerkung zum zu BVerwG Urteil VII C 45/69 (Berlin): NJW 1972, 1292-1293 (1293).
397 Siehe *Bethge*, Die verfassungsrechtliche Problematik der Zulassung von Rundfunkveranstaltern des Privatrechts, 79 und *Selmer* (oben N. 348) 15.
398 Vgl. vor allem BVerfG 16.6.1981, BVerfGE 57, 295-335 (319).
399 Siehe BverfG 19.12.1951, BVerfGE 1, 97-108 (100 f.) bestätigt durch BVerfG 13.5.1953, BVerfGE 2, 287-292 (291): Begründet wurde diese Beurteilung damit, daß § 95 Bundesverfassungsgerichtsgesetz allein die Folgen einer erfolgreichen Verfassungsbeschwerde gegen ein erlassenes Gesetz normiere, nämlich die Nichtigkeitserklärung; die Folgen einer Verfassungsbeschwerde gegen eine Unterlassung des Gesetzgebers seien demgegenüber nicht geregelt. Abgesehen davon spreche aber vor allem das Prinzip der Gewaltenteilung gegen einen gerichtlich verfolgbaren Anspruch des einzelnen Staatsbürgers auf ein Handeln des Gesetzgebers. Das Bundesverfassungsgericht sei keine gesetzgebende Körperschaft, und es sei daher auch nicht seine Sache, sich an die Stelle des Gesetzgebers zu setzen. Die gerichtliche Feststellung, eine Unterlassung

als Zulässigkeitsvoraussetzung einen »ausdrücklichen Auftrag« des Grundgesetzes, der »Inhalt und Umfang der Gesetzgebungspflicht im wesentlichen umgrenzt«[400].

Bejaht wurde ein ausdrücklicher Gesetzgebungsauftrag unter anderem im Fall des Art. 6 Abs. 5 GG und des Art. 131 Abs. 1 GG[401]. Zu erwähnen sind diese Beispiele deshalb, weil sich in beiden Vorschriften Formulierungen wie »durch die Gesetzgebung« und »durch Bundesgesetz« finden und damit deutlich wird, daß sich ein Gesetzgebungsgebot jedenfalls nach Ansicht des Gerichtes schon unmißverständlich aus dem Wortlaut der Verfassungsnorm ergeben muß. Da der Wortlaut des Art. 5 Abs. 1 S. 2 GG nicht einmal ansatzweise etwas für einen Regelungsauftrag des Gesetzgebers hergibt, ist bei Zugrundelegung der Rechtsprechung des Bundesverfassungsgerichtes eine durchsetzbare Verpflichtung des Gesetzgebers, im Rundfunkbereich regelnd tätig zu werden, zu verneinen. Ein derartiges Ergebnis ist jedoch im Hinblick auf die zu Art. 5 Abs. 1 S. 2 GG ergangenen, sogenannten Rundfunkurteile des Gerichts unhaltbar. Wie bereits oben ausgeführt wurde, hält das Bundesverfassungsgericht eine »positive Ordnung« für erforderlich, die sicherstellt, daß die Vielfalt der bestehenden Meinungen im Rundfunk in möglichster Breite und Vollständigkeit zum Ausdruck kommen; die damit notwendige Ausgestaltung unterliegt – so das Bundesverfassungsgericht – dem Vorbehalt des Gesetzes[402].

Wird aber ein an sich bestehender verfassungsrechtlicher Freiheitsanspruch kraft verfassungsgerichtlicher Auslegung(!) in einen Anspruch nach Maßgabe eines Regelungsgesetzes umgewandelt, dann ist ein solcher Fall ebenso zu behandeln, als ob ein ausdrückliches verfassungsrechtliches Regelungsgebot existierte. Denn ohne eine entsprechende Verpflichtung würde die Ausübung des Rundfunkfreiheitsrechtes faktisch verboten. Die der Rundfunkfreiheit innewohnende objektiv-rechtliche oder institutionelle Komponente verpflichtet daher den Gesetzgeber, für dieses Massenkommunikationsmittel bestimmte Regelungen zu treffen. Die Zulassung privater Rundfunkveranstalter kann nach allem nicht dadurch blockiert werden, daß die Gesetzgeber den Erlaß der hierfür

des Gesetzgebers sei verfassungswidrig, würde die Verschiebung staatlicher Zuständigkeiten auslösen.

400 BVerfG. 20.2.1957, BVerfGE 6, 257-273 (264); kritisch dazu *Lerche*, Das Bundesverfassungsgericht und die Verfassungsdirektiven: AÖR 90 (1965-66) 341-372 (350), nach dessen Auffassung es nicht einsichtig ist, warum ein ausdrücklicher Auftrag vorhanden sein muß und nicht ein »irgendwie erkennbarer« Auftrag ausreicht; zweifelnd auch *Seiwerth*, Zur Zulässigkeit der Verfassungsbeschwerde gegenüber Grundrechtsverletzungen des Gesetzgebers durch Unterlassen, 42.

401 Siehe BVerfG 23.10.1958, BVerfGE 8, 210-221 (216) und BVerfG 17.12.1953, BVerfGE 3, 187-208 (197).

402 BVerfGE 16.6.1981, BVerfGE 57, 295-335 (320); BVerfG 4.11.1986, BVerfGE 73, 118-205 (153), BVerfG 24.3.1987, BVerfGE 74, 257-357 (324).

erforderlichen Rechtsgrundlage verweigern. Sie ist jedenfalls mit Hilfe der Verfassungsbeschwerde zu erzwingen.

6. *Die Bedeutung des Art. 5 Abs. 1 S. 2 GG für zukünftige fernmeldetechnische und rundfunkrechtliche Entscheidungen*

Gegenstand der bisherigen Untersuchung war der Handlungsspielraum des Gesetzgebers in einer Situation, in der die Anzahl der Übertragungskapazitäten bereits deutlich erhöht wurde, nämlich durch die Breitbandverkabelung und die Anmietung von Kanälen auf Fernmeldesatelliten, und in der eine weitere Steigerung absehbar ist, beispielsweise durch den Bau nationaler Satellitensysteme. Als Resümee der Prüfung konnte festgehalten werden, daß der Gesetzgeber aufgrund der überragenden Bedeutung der Institution Rundfunk verpflichtet ist, bei einer gesetzlichen Regelung dieses Bereichs dem Grundsatz der Verhältnismäßigkeit insofern Rechnung zu tragen, als parallel mit der Steigerung von Übertragungsmöglichkeiten Ausschluß und Beschränkung privater Rundfunkveranstalter aufzuheben sind.

Da nun der Vorwurf der Präjudizierung gerade besagt, daß der Entscheidungsspielraum durch technische Vorgaben erheblich eingeschränkt wird, bleibt zu fragen, ob ein wie auch immer ausgestaltetes Mitwirkungsrecht der Länder bei der Entscheidung über die Errichtung von Breitbandnetzen oder die Anmietung von Satellitenkanälen dazu berechtigt hätte, aus medienpolitischen Gesichtspunkten gegen derartige Vorhaben zu stimmen.

Für die Beantwortung dieser Frage ist vorab zu klären, ob und welche Aussagekraft Art. 5 Abs. 1 S. 2 GG im Hinblick auf zukünftige Entwicklungen im Kommunikationsbereich zukommt. Zunächst ist in diesem Zusammenhang darauf hinzuweisen, daß der verfassungsrechtliche Grundrechtsschutz sich im Bereich des Rundfunks nicht in der den Freiheitsrechten herkömmlich beigemessenen Schutz- und Abwehrfunktion des einzelnen gegenüber Eingriffen der öffentlichen Gewalt erschöpft. Der Institution Rundfunk kommt vielmehr, wie vom Bundesverfassungsgericht immer wieder bekräftigt wurde, eine überragende Bedeutung für die freie öffentliche Meinungsbildung und damit für die Demokratie schlechthin zu. Diese objektiv-rechtliche Komponente wurde sogar so hoch eingeschätzt, daß die in Art. 5 Abs. 1 S. 2 GG verankerte Rundfunkunternehmerfreiheit zeitweise gänzlich zurückgedrängt wurde; eine Abwägung, die im Ergebnis wegen des jahrzehntelangen Mangels an Kapazitäten nicht zu beanstanden war. Der aufgezeigte enge Zusammenhang von Kapazitäten zur Übertragung von Rundfunksendungen und Organisation des Rundfunks wirft aber die Frage auf, inwieweit der Staat, der mit der Schaffung von

Übertragungsmöglichkeiten (allein) die Verwirklichung des Grundrechts der Rundfunkunternehmerfreiheit ermöglichen kann, hierzu auch verpflichtet ist. Aufschlußreich sind insoweit die Ausführungen des Bundesverfassungsgericht im sogenannten Numerus-Clausus-Urteil[403]. Das Gericht stellte fest, daß der verfassungsrechtlich geschützte Zulassungsanspruch zur Hochschule »weitgehend leerzulaufen drohe«, wenn weit mehr als die Hälfte der Bewerber um einen Studienplatz abgewiesen werde[404]. Da man sich damit – so das Gericht weiter – »am Rande des verfassungsrechtlich Hinnehmbaren« bewege und diesem Zustand nachhaltig nur mit einer Erweiterung der Kapazitäten begegnet werden könne, »ließe sich fragen, ob aus den grundrechtlichen Wertentscheidungen unter Inanspruchnahme des Ausbildungsmonopols ein objektiver sozialstaatlicher Verfassungsauftrag zur Bereitstellung ausreichender Ausbildungskapazitäten für die verschiedenen Studienrichtungen folgt.«[405] Einer Entscheidung bedurfte es nach Ansicht des Bundesverfassungsgerichts in diesem Fall jedoch nicht, da verfassungssrechtliche Konsequenzen erst bei evidenter Verletzung jenes Verfassungsauftrages in Betracht kämen, eine solche sich derzeit aber nicht feststellen lasse[406].

Die Parallele zum Medienbereich ist – worauf *Bullinger* zu Recht aufmerksam macht[407] unverkennbar. Auch hier hat der Staat ein Monopol für sich in Anspruch genommen, und ebenso wie in dem dem Numerus-Clausus-Urteil zugrundeliegenden Sachverhalt ist die Beteiligung an staatlichen Leistungen zugleich notwendige Voraussetzung für die Verwirklichung eines Grundrechtes. Ein Unterschied ist allein insoweit zu verzeichnen, als das Monopol im Hochschulbereich faktischer Natur ist, während es sich im Fernmeldewesen um ein rechtliches Monopol handelt. Der juristische Effekt beider Monopolarten ist allerdings im wesentlichen der gleiche: die Ausübung der in der Verfassung gewährleisteten Freiheitsrechte steht und fällt damit, ob und wieweit der Staat als Inhaber der Monopole entsprechende Kapazitäten schafft und ausbaut. Zu welchem Zeitpunkt nun aus einer grundrechtlichen Freiheitsgewährung staatliche Förderungspflichten abgeleitet werden können, hat das Bundesverfassungsgericht in einer neueren Entscheidung konkretisiert. Zu entscheiden war jüngst die Frage, ob das in Art. 7 Abs. 4 GG verankerte Grundrecht der Privatschulfreiheit den Staat verpflichtet, Voraussetzungen zu schaffen und zu erhalten, damit dieses Recht auch tatsächlich ausgeübt werden kann[408]. Das

403 BVerfG 18.7.1972, BVerfGE 33, 303-358.
404 BVerfG 18.7.1972, BVerfGE 33, 303-358 (333).
405 BVerfG 18.7.1972, BVerfGE 33, 303-358 (333).
406 BVerfG 18.7.1972, BVerfGE 33, 303-358 (333).
407 *Bullinger*, Kommunikationsfreiheit im Strukturwandel der Telekommunikation, 84 f.
408 BVerfG 8.4.1987: NJW 1987, 2359-2364.

Gericht bejahte diese Frage mit der Begründung, daß mit der Anerkennung der Gründungsfreiheit und der institutionellen Garantie der Privatschule der Inhalt des Art. 7 Abs. 4 GG noch nicht vollständig erfaßt sei. Dieses Grundrecht lege den für die Schulgesetzgebung ausschließlich zuständigen Ländern darüber hinaus die Pflicht auf, das private Ersatzschulwesen neben dem öffentlchen Schulwesen zu fördern und seinen Bestand zu schützen[409]. Die den Staat treffende Schutzpflicht werde daher zu einer Förderungspflicht, wenn anderenfalls der Bestand des Ersatzschulwesens als Institution evident gefährdet wäre[410].
Wenn somit bei drohender »Lahmlegung« eines Freiheitsrechtes ein Anspruch auf staatliche Förderung verfassungsrechtlich gegeben ist, dann muß auch eine Handlungs- und Förderungspflicht des Staates für den umgekehrten Fall bejaht werden, wenn nämlich wie im Rundfunkbereich ein Grundrecht – jedenfalls durch private Rechtsträger – über lange Zeit überhaupt nicht realisiert werden konnte. Eine Begrenzung der allgemeinen Verpflichtung des Staates, die Ausübungsmöglichkeiten von Freiheitsrechten zu gewährleisten, ergibt sich allein aus dem Umstand, daß die staatlichen Mittel limitiert sind und Investitionserfordernisse auch in anderen Bereichen bestehen[411]. Staatliche Untätigkeit kann in Anbetracht eines verhältnismäßig breiten politischen Spielraums der Prioritätensetzung demnach nur dann verfassungswidrig sein, wenn die grundsätzliche Verpflichtung völlig mißachtet wird[412].
Für den Rundfunk- und Fernmeldebereich ergibt sich damit aus Art. 5 Abs. 1 S. 2 GG die Verpflichtung des Staates, die Kapazitäten innerhalb des finanziell und technisch Möglichen so auszubauen, daß »die im Prinzip verfassungsrechtlich gebotene inhaltsoffene vollplurale Kommunikationsordnung verwirklicht werden kann.«[413] Fraglich bleibt allein, welche Konsequenzen diese Verpflichtung, die in erster Linie den Bund als Inhaber der Fernmeldehoheit trifft, für die Länder als Träger der Rundfunkhoheit hat.
Eine sachgerechte Antwort hierauf läßt sich nur finden, wenn man berücksichtigt, daß der einheitlich geltende Grundrechtsschutz im Rundfunkbereich, für den Bund und Länder teilweise und komplementär zuständig sind, gegenüber der Gesetzgebung des Bundes wie der Länder gleichermaßen garantiert ist

409 BVerfG 8.4.1987: NJW 1987, 2359-2364 (2360).
410 BVerfG 8.4.1987: NJW 1987, 2359-2364 (2361).
411 Vgl. BVerfG 18.7.1972, BVerfGE 33, 303-358 (333 ff.) und *Bullinger*, Kommunikationsfreiheit im Strukturwandel der Telekommunikation, 85; ebenso *Eberle*, Rundfunkübertragung, 117.
412 Vgl. *Bullinger*, Kommmunikationsfreiheit im Strukturwandel der Telekommunikation, 85.
413 Siehe *Bullinger*, Kommunikationsfreiheit im Strukturwandel der Telekommunikation, 85, der im übrigen annimmt, daß sich das grundsätzliche Ermessen der Post, Fernmeldeanlagen zu genehmigen, zu einer Rechtspflicht verdichtet, wenn die Bundespost aus finanziellen oder politischen Gründen den Ausbau des Kommunikationssystems ablehnt und private Interessenten dazu bereit sind.

und sich der Gesetzgeber in Bund und Ländern daher als Einheit behandeln lassen muß, wenn es um den Grundrechtsschutz des Staatsbürgers geht[414]. Nach Auffassung des Bundesverfassungsgerichts – und dem ist beizupflichten – ergibt sich daraus eine Gesamtverantwortung für Bund und Länder im Rahmen der ihnen zustehenden Kompetenzen[415], der nicht allein auf der Gesetzgebungsebene Rechnung zu tragen ist. Denn es steht außer Frage, daß es unter der Geltung des Grundgesetzes keinen Teil der Staatsgewalt geben kann, der nicht unmittelbar an die Gebote und Verbote und an den sonstigen materiellen Inhalt der Verfassung gebunden ist[416]. Wenn daher der Bund die technischen und finanziellen Voraussetzungen für die Schaffung zusätzlicher Übertragungsmöglichkeiten für gegeben ansieht, dann ist es den Ländern folglich verwehrt, die Realisierung dieses Vorhabens unter Berufung auf ein etwaiges Mitspracherecht abzulehnen. Sie würden anderenfalls ihrer Verpflichtung zur Verwirklichung der Rundfunkfreiheit nicht gerecht werden und damit verfassungswidrig handeln.

7. *Zusammenfassung*

Primärer und prinzipieller Träger der Rundfunkfreiheit ist der Private. Jede landesgesetzliche Ausgestaltung der Rundfunkfreiheit ist daher daran zu messen, ob das Individualgrundrecht auf private Rundfunkfreiheit nicht unverhältnismäßig eingeschränkt wird. Damit diese Freiheitsgewährleistung in Anbetracht der technischen Besonderheiten dieses Mediums aber nicht ins Leere läuft, muß Art. 5 Abs. 1 S. 2 GG nicht nur als klassisch-liberales Abwehrrecht verstanden werden, sondern in Grenzen auch als soziales Teilhaberecht. Die Wahrnehmung und Verwirklichung des Grundrechts hängt nämlich von Voraussetzungen ab, auf die potentielle Betreiber keinen unmittelbaren Einfluß haben, weil über den Ausbau der für die Verbreitung von Rundfunksendungen notwendigen Übertragungsmöglichkeiten die Deutsche Bundespost und damit der Bund zuständig ist. Die Abwehrfunktion des Rundfunkfreiheitsrechtes und die sich ebenfalls aus Art. 5 Abs. 1 S. 2 GG ergebende Verpflichtung des Bundes, im Rahmen des technisch und finanziell Möglichen, die Kapazitäten für die Übertragung von Rundfunksendungen auszubauen, stehen dabei in einem engen Abhängigkeitsverhältnis. Denn je geringer die Zahl der Übertragungsmöglichkeiten ist, desto restriktiver können und müssen die gesetzlichen Vorgaben ausfallen, da eine Gefährdung der freien öffentlichen Meinungsbildung bei

414 Siehe BVerfG 18.7.1972, BVerfGE 33, 303-358 (357 f.) sowie BVerfG 11.6.1958, BVerfGE 7, 377-444 (443).
415 BVerfG 18.7.1972, BVerfGE 33, 303-358 (357 f.).
416 Siehe statt aller *Maunz/Dürig/Herzog* (*-Herzog*) Art. 20 GG RdNr. 24 (VI).

Existenz von nur wenigen Rundfunkunternehmen nicht geleugnet werden kann. Umgekehrt werden bei einer Vermehrung von Sendekapazitäten die gesetzlichen Reglementierungen abnehmen müssen. Dieses Verständnis der Rundfunkfreiheit begrenzt und verpflichtet sowohl den Bund als auch die Länder bei der gesetzlichen oder tatsächlichen Erfüllung der ihnen übertragenen Kompetenzen. Unter Berücksichtigung dieser verfassungsrechtlichen Ausgangslage ist der gegenüber dem Bund und der Deutschen Bundespost erhobene Vorwurf der unzulässigen Präjudizierung durch Schaffung neuer Kapazitäten unhaltbar. Denn als sich abzeichnete, daß mit dem Einsatz von Breitbandnetzen, Fernmelde- und Rundfunksatelliten neue Übertragungsmöglichkeiten für die Verbreitung von Rundfunksendungen geschaffen werden konnten, mußte der Bund (die Deutsche Bundespost) im Rahmen des finanziell Machbaren tätig werden. Der Ausschluß Privater, der unter Hinweis auf den sogenannten Frequenzmangel immer für gerechtfertigt gehalten wurde, hätte sonst zu einer unverhältnismäßigen Beschränkung der Rundfunkfreiheit geführt. Mißverstanden wird in diesem Zusammenhang die viel zitierte Äußerung des Bundesverfassungsgerichts, daß den fernmeldetechnischen Einrichtungen nur untergeordnete, dienende Funktionen zukommen[417]. Sie wird nämlich dahingehend interpretiert, daß fernmeldetechnische Entscheidungen, von denen ein erheblicher Einfluß auf das Rundfunkwesen ausgehen könnte, nur getroffen werden dürfen, wenn dies die Zustimmung der für die Organisation des Rundfunks zuständigen Länder findet. Ein solches Verständnis läßt indes den Kontext, in dem die erwähnte Äußerung erfolgte, völlig außer acht. Gegenstand der Ausführungen des Bundesverfassungsgerichts war die Frage, ob der Rundunk dem Kompetenzbereich Fernmeldewesen im Sinne von Art. 73 Nr. 7 GG unterfällt. Das Gericht verneinte dies mit dem Hinweis darauf, daß nach dem natürlichen Wortverständins und dem allgemeinen Sprachgebrauch nur die technischen Vorgänge des Sendens von Rundfunkdarbietungen zum Fernmeldewesen gehörten und diese fernmeldetechnischen Aspekte – sehe man den Rundfunk als ganzes – eben nicht von überragender Bedeutung seien, sondern nur eine untergeordnete und dienende Rolle spielten[418].
Entschieden wurde somit nicht über Pflichten zweier Kompetenzträger in ihrem Verhältnis zueinander bei Ausübung und Wahrnehmung der jeweiligen Zuständigkeiten, sondern einzig darüber, daß der Rundfunk kompetentiell in zwei Zuständigkeitsbereiche fällt. Wenn daher von einer dienenden und untergeordneten Funktion des Fernmeldewesens gesprochen werden kann, so nur im Verhältnis zur Rundfunkfreiheit verstanden im Sinne von Art. 5 Abs. 1 S. 2 GG.

417 BVerfG 28.2.1961, BVerfGE 12, 205-264 (227).
418 BVerfG 28.2.1961, BVerfGE 12, 205-264 (226 f.).

Diese Verfassungsnorm bindet die Kompetenzinhaber für die Bereiche Fernmelde- und Rundfunkwesen aber insofern in gleicher Weise, als beide größtmögliche Anstrengungen unternehmen müssen, damit faktisch und rechtlich die Voraussetzungen für eine effektive Grundrechtsverwirklichung geschaffen werden. Rundfunk- und Fernmeldehoheit sind also keine Kompetenzbereiche, die sich überschneiden und daher fast notwendigerweise zu Konflikten führen. Allein eine solche Konstellation könnte es jedoch erforderlich machen, auf den Grundsatz der Bundesstreue zurückzugreifen, um so eine konkrete Eingrenzung nominell gewährter Befugnisse vorzunehmen[419].
Eine andere Frage ist es demgegenüber, ob das Prinzip des sogenannten bundesfreundlichen Verhaltens nicht eine Pflicht der Bundespost begründet, sich rechtzeitig und umfassend mit den Vorstellungen der Länder vertraut zu machen und sie bei den zu treffenden sachlichen Entscheidungen mit zu berücksichtigen. Für die Bejahung solcher Informations-, Anhörungs- und Abwägungspflichten spricht jedenfalls – ohne diesen Punkt abschließend klären zu wollen – das Gebot gegenseitiger Respektierung aller Kompetenzträger im Gesamtstaat.

II. *Bundeswirtschaftsrecht und Landesrundfunkrecht*

1. *Positive Rundfunkordnung und Wirtschaftsrecht*

Mit der Zulassung privater Veranstalter ist die Anwendbarkeit wirtschaftsrechtlicher Normen insbesondere der des Gesetz gegen Wettbewerbsbeschränkungen im Rundfunkbereich erneut virulent geworden. Die öffentlich-rechtlichen Anstalten stehen nunmehr im Wettbewerb zu privaten Anbietern. Dieser Wettbewerb findet innerhalb der engen, vom Bundesverfassungsgericht vorgegebenen und den Landesgesetzgebern nachvollzogenen Grenzen statt. Einen freien Marktzutritt gibt es im Rundfunkbereich nicht. Diese besondere Ausgestaltung des Rundfunkmarktes kann zu kompetenzrechtlichen Konflikten führen, etwa wenn (Rundfunk-)Unternehmensgründungen mit Beteiligung der Zeitschriften-

419 Vgl. *Stettner*, Grundfragen einer Kompetenzlehre, 406.

und Zeitungsverlage nach geltendem Kartellrecht zu untersagen sind[420], der Zusammenschluß (landes-)rundfunkrechtlich jedoch erlaubt ist[421].
Unter kartellrechtlichen Gesichtspunkten bedenklich ist – um ein weiteres Beispiel zu nennen – die im ZDF-Staatsvertrag vereinbarte Programmkoordination der in der ARD zusammengeschlossenen Landesrundfunkanstalten und dem ZDF. Abgesehen von der Frage, ob die Vorschriften des Gesetzes gegen Wettbewerbsbeschränkungen und des Gesetzes gegen unlauteren Wettbewerb im Hinblick auf die öffentlich-rechtlichen Rundfunkanstalten überhaupt anwendbar sind, ist mithin klärungsbedürftig, ob die Anwendbarkeit wirtschaftsrechtlicher Normen nicht durch landesrundfunkrechtliche Bestimmungen ausgeschlossen wird, die das »wettbewerbswidrige« Verhalten gestatten oder zumindest billigen. Dabei darf nicht verkannt werden, daß mögliche Normenkonflikte lediglich Symptome eines tiefer wurzelnden Problems sind. Gemeint ist der fragwürdige Ausschluß eines wirtschaftlichen Wettbewerbs als Ordnungsgrundlage des Rundfunkwesens.

a) *Marktordnung und Verfassung*

Ausgangspunkt der Gegner eines wirtschaftlichen Wettbewerbs im Rundfunkbereich ist die vom Bundesverfassungsgericht geforderte Gewährleistung einer freien, umfassenden und wahrheitsgemäßen Meinungsbildung[422]. Die Erfüllung dieser dem Rundfunk zugewiesenen publizistischen Aufgabe sei bei einer »uneingeschränkten privatwirtschaftlichen Nutzung des Rundfunks«[423] nicht sichergestellt, denn die rein ökonomische Zielsetzung unternehmerischen Handelns sei mit einer solchen publizistischen Aufgabe nicht zu vereinbaren[424].
Diese These beruht auf der Überlegung, daß die Abhängigkeit von Werbeeinnahmen und der daraus resultierende Wettbewerb um die höchste Einschaltquote fast zwangsläufig zu einer Nivellierung und Profanierung des Programms

420 Siehe *Gotthold*, Kommerzielles Fernsehen und Gesetz gegen Wettbewerbsbeschränkungen – Zur Vereinbarkeit der aktuellen Aktivitäten von Zeitungs- und Zeitschriftenverlagen mit dem GWB: ZHR 148 (1984) 465-486; a.A. im konkreten Fall *Mook*, Kartellrechtliche Beurteilung von Beteiligungen der Presse im Rundfunkmarkt: WuW 1986, 777-788 (778).

421 Zu den verfahrensrechtlichen Lösungen dieser Konfliktlage siehe *Mestmäcker*, Die Anwendbarkeit des Gesetzes gegen Wettbewerbsbeschränkungn auf Zusammenschlüsse zu Rundfunkunternehmen: GRUR Int. 1983, 553-560 (559 f.).

422 Siehe *Wittig-Terhardt*, Rundfunk und Kartellrecht: AfP 1986, 298-306 (301 f.) unter Berufung auf BVerfG 16.6.1981, BVerfGE 57, 295-335 (320 ff.).

423 So *Schmidt*, Die Rundfunkgewährleistung, 22.

424 Vgl. *Lange*, Kommerzrundfunk versus Integrationsrundfunk: Media Perspektiven 1980, 133-144; *ders.*, Kommerzielle Ziele und binnenpluralistische Organisation bei Rundfunkveranstaltungen, 66 ff. und 69 ff.; *Hoffmann-Riem*, Rundfunkfreiheit durch Rundfunkorganisation, 37.

führen müsse; bei einer Orientierung am Publikumsgeschmack sei mit anderen Worten ein niveauvolles Rundfunkangebot so gut wie ausgeschlossen[425].
In dieselbe Richtung geht auch die behauptete Gefahr der »Einseitigkeit von kommerziellen Programmangeboten«. Der ökonomische Erfolg privater Rundfunkveranstalter – so die Erläuterung[426] – hänge davon ab, daß Rezipienten unterschiedlicher politischer Auffassungen und unterschiedlicher Wertorientierungen angesprochen und gewonnen würden. Es sei daher zu erwarten, daß sich die Informationsauswahl und -kommentierung auf einen Mittelwert breit tolerierter Positionen beschränken werde. Die Folge sei die Gefahr einer »Einseitigkeit der Profillosigkeit, bestenfalls der ›Mitte‹..., deren Kennzeichen darin besteht, daß im Bereich des Etablierten kein Anstoß erregt wird, selbst dort nicht, wo er not täte.« Die nach allem zu ziehende Schlußfolgerung könne dementsprechend nur lauten, daß ein Rundfunk, der Unternehmen überantwortet werde, die in ihrer Finanzierung ausschließlich oder doch ganz überwiegend von Werbeeinnahmen abhängig« und obendrein »gewinnorientiert« seien, primär den Bedingungen des ökonomischen und nicht des publizistischen Wettbewerbs unterworfen sei. Für den publizistischen Wettbewerb bleibe nur soviel Raum, wie es der ökonomische Wettbewerb erfordere oder zulasse[427]. In ihrer Denkungsweise ist diese Argumentation nicht neu. Schon in den 70er Jahren konstatierte *Mestmäcker* im Hinblick auf den Parallelkonflikt im Pressebereich zutreffend, daß die medienpolitischen Konflikte der Gegenwart im wesentlichen anhand der Auseinandersetzung über das Verhältnis von öffentlicher Aufgabe und privatwirtschaftlicher Struktur ausgetragen werden[428]. Gültigkeit für die jetzige Diskussion kann auch seine anschließende Zustandsanalyse beanspruchen: »Die Kritik an der privatwirtschaftlichen Struktur der Presse orientiert sich überwiegend an der politischen Kritik des privatwirtschaftlichen Systems überhaupt. In der Medienpolitik findet diese Betrachtungsweise wegen des Bezuges auf die Meinungsbildung in der Demokratie jedoch zusätzliche politische Ansatzpunkte. Die vermeintliche wirtschaftspolitische Neutralität des Grundgesetzes wird weiterentwickelt zur verfassungspolitischen Disfunktionalität privatwirtschaftlicher Struktur für die Meinungsbildung in der

425 Siehe *Krüger*, Die öffentlichen Massenmedien als notwendige Ergänzung der privaten Massenmedien, 49 ff.; *Bethge*, Die verfassungsrechtliche Problematik der Zulassung von Rundfunkveranstaltern des Privatrechts, 46 ff. und *Hoffmann-Riem* (oben N. 352) 152 f.; a.A. *Kantzenbach*, Zum Verhältnis von publizistischem und ökonomischen Wettbewerb aus ökonomischer Sicht, 82.

426 Siehe *Hoffmann-Riem*, Medienfreiheit und der außenplurale Rundfunk: AÖR 109 (1984) 304-368 (330 f.).

427 Siehe *Schmidt*, Die Rundfunkgewährleistung, 22.

428 *Mestmäcker*, Recht und ökonomisches Gesetz, 237.

Demokratie.«[429]Für die gegenwärtige rundfunkpolitische Auseinandersetzung gilt nichts anderes, wie der von *Schmidt* vertretene Standpunkt deutlich macht. Seiner Ansicht nach gibt es unter dem Grundgesetz ebensowenig eine aus den einzelnen Verfassungsnormen abgeleitete und die Einzelgrundrechte gleichsam überhöhende »privatautonome Medienverfassung«, aus der sich dann eine allgemeine verfassungsrechtlich geschützte subjektivrechtliche Unternehmerfreiheit für den gesamten Medienbereich entnehmen ließe wie eine entsprechende »Wirtschaftsverfassung.«[430] Der Hinweis auf die vermeintliche wirtschaftspolitische Neutralität des Grundgesetzes ist allerdings nur begrenzt tauglich, die Ablehnung eines wirtschaftlichen Wettbewerbs als Ordnungsgrundlage auch im Rundfunkbereich zu begründen. Denn bei aller Offenheit der Verfassung in wirtschaftspolitscher Hinsicht dürfte im Ergebnis kein Zweifel darüber bestehen, daß das Grundgesetz für die im Hinblick auf ein freiheitliches Medienwesen gebotenen Ordnungsgrundlagen des wirtschaftlichen Handelns wesentliche Aussagen enthält[431]. Nach der Rechtsprechung des Bundesverfassungsgerichts wird vor allem gerade die Wettbewerbsfreiheit als verfassungsrechtlich geschützt angesehen: Die »bestehende Wirtschaftsverfassung« enthalte den grundsätzlich freien Wettbewerb der als Anbieter und Nachfrager auf dem Markt auftretenden Unternehmer als eines ihrer Grundprinzipien; das Verhalten der Unternehmer in diesem Wettbewerb sei Bestandteil ihrer Berufsausübung, die, soweit sie sich in erlaubten Formen bewege, durch Art. 12 Abs. 1 GG geschützt sei[432]. Aber auch einzelne, grundlegende Merkmale eines unternehmerischen Verhaltens im Wettbewerb werden in der höchstrichterlichen Rechtsprechung als grundrechtlich gewährleistet angesehen, so etwa die Vertragsfreiheit[433], die unternehmerische Betätigungs- und Organisationsfreiheit[434], die wirtschaftliche Preis- und Gewinnerzielungsfreiheit[435] sowie die wirtschaftliche Verfügungs- und Erwerbsfreiheit[436].

429 *Mestmäcker*, Recht und ökonomisches Gesetz, 237 f.

430 *Schmidt*, Die Rundfunkgewährleistung, 72.

431 Siehe auch *Wolf*, Medienfreiheit und Medienunternehmen, 389 und *Scholz*, Entflechtung und Verfassung, 90 ff.

432 BVerfG 8.2.1972, BVerfGE 32, 311-319 (317); bestätigt durch BVerfG 12.10.1977, BVerfGE 46, 120-160 (137).

433 BVerfG 4.5.1982, BVerfGE 60, 329-348 (339); BVerfG 16.5.1961, BVerfGE 12, 341-354 (347) und BVerfG 12.11.1958, BVerfGE 8, 274-332 (328).

434 BVerfG 1.3.1979, BVerfGE 50, 290-381 (366); BVerfG 14.10.1970, BVerfGE 29, 260-268 (267); BVerfG 27.1.1965, BVerfGE 18, 315-344 (327); BVerfG 7.8.1962, BVerfGE 14, 263-288 (282); BVerfG 12.11.1958, BVerfGE 8, 274-332 (328) und BVerfG 20.7.1954, BVerfGE 4, 7-27 (15 f.).

435 BVerfG 11.4.1967, BVerfGE 21, 292-306 (296) und vgl. auch BVerfG 12.11.1958, BVerfGE 8, 274-332 (327 ff.).

436 BVerfG 17.7.1974, BVerfGE 38, 61-102 (102); BVerfG 1.4.1971, BVerfGE 31, 8-32 (32); BVerfG 16.3.1971, BVerfGE 30, 292-336 (335); BVerfG 29.11.1967, BVerfGE 22, 380-387 (383); BVerfG 4.4.1967, BVerfGE 21, 261-271 (266).

Gegen diese Ausführungen ließe sich nun der Einwand erheben, daß das Bundesverfassungsgericht selbst »die gegenwärtige Wirtschafts- und Sozialordnung« für eine nach dem Grundgesetz »mögliche Ordnung«, keineswegs aber für die allein und ausschließlich mögliche hält; sie beruhe – so das Gericht – nämlich »auf einer vom Willen des Gesetzgebers getragenen wirtschafts- und sozialpolitischen Entscheidung, die durch eine andere Entscheidung ersetzt oder durchbrochen werden kann.«[437]. Die Vermutung liegt nahe, daß damit zum Ausdruck gebracht werden sollte, der Gesetzgeber habe bei der Wahl des Wirtschaftssystems einen nahezu unbegrenzten, jedenfalls durch die Verfassung kaum beschränkten Ermessensspielraum; die These von der wirtschaftspolitischen Neutralität des Grundgesetzes scheint also verfassungsgerichtlich belegt zu sein. Das Bundesverfassungsgericht hat jedoch an anderer Stelle deutlich gemacht, daß eine solche Interpretation seiner Ausführungen unzutreffend sei: Die wirtschaftspolitische Neutralität bestehe nämlich lediglich darin, daß »sich der Verfassungsgeber nicht *ausdrücklich* für ein bestimmtes Wirtschaftssystem entschieden« habe, was dem Gesetzgeber die Möglichkeit eröffne, die ihm »jeweils sachgemäß erscheinende Wirtschaftspolitik zu verfolgen, sofern er dabei das Grundgesetz« beachte[438].

Die Behauptung von der wirtschaftspolitischen Offenheit oder Neutralität der Verfassung erweist sich damit als kaum haltbar, denn welches andere Ordnungsmodell als marktwirtschaftlicher Wettbewerb sollte in Betracht kommen, wenn, wie erwähnt, die Vertragsfreiheit, die unternehmerische Betätigungs- und Organisationsfreiheit, die wirtschaftliche Preis- und Gewinnerzielungsfreiheit sowie die wirtschaftliche Verfügungs- und Erwerbsfreiheit als subjektive Rechte grundrechtlich geschützt sind.

Die Geltung dieses ordnungspolitischen Rahmens auch im Rundfunkbereich läßt sich nun nicht mit dem Einwand entkräften, der Ausschluß wirtschaftlichen Wettbewerbs sei auf diesem Gebiet jahrzehntelang verfassungsgemäß gewesen. Rechtlich haltbar war dieser Ausschluß nur in Ermangelung tatsächlicher Bedingungen für einen wirtschaftlichen Wettbewerb; eine prinzipielle Ablehnung des Marktes als Strukturgrundlage im Rundfunk ist mit diesem geschichtsbezogenen Argument nicht zu begründen. Für eine marktwirtschaftliche Ordnung des Rundfunks spricht im Gegenteil, daß mit Überwindung der technischen Sondersituation die tatsächliche Ausgangslage weitgehend der im Pressebereich

437 BVerfG 20.7.1954, BVerfGE 4, 7-27 (18).
438 BVerfG 20.7.1954, BVerfGE 4, 7-27 (17 f.).

entspricht und somit schon aus verfassungssystematischen Gründen auch der dort gültige Ordnungsrahmen für das Rundfunkwesen verbindlich sein muß[439]. Bedeutsam sind die wirtschaftsrechtlichen Rahmenbedingungen der Presse vor allem deshalb, weil es sich bei der Presse anders als beim Medium Film um ein Massenkommunikationsmittel handelt, dem ebenso wie dem Rundfunk »eine öffentliche Aufgabe« in der Demokratie zukommt[440]. Die angebliche Unvereinbarkeit der ökonomischen Zielrichtung der Marktordnung mit der publizistischen Aufgabe des Rundfunks wird von *Wolf* noch unter einem weiteren Gesichtspunkt mit Recht bestritten[441]. *Wolf* widerspricht der Gegenseitigkeit von ökonomischer und publizistischer Zielverfolgung mit dem Hinweis darauf, daß es zu den Charakteristika eines marktwirtschaftlichen Wettbewerbs gehöre, daß die unmittelbar im wirtschaftlichen Verhalten auf dem jeweiligen Markt liegenden Zweckverfolgungen wie Absatz- und Umsatzinteresse, Gewinnstreben etc. von darüber hinausgehenden Zielen und Zwecken unabhängig seien[442]. Der Markt beruhe zwar auf zweckhaftem und zielstrebigem Handeln aller Teilnehmer am Marktgeschehen, als Ordnung dieses Geschehens sei der Markt jedoch selbst nicht ziel- oder zweckhaft[443]. In Anbetracht dessen könne auch der Einwand eines »im Marktverhalten liegenden Sachzwanges, dem sich die Marktteilnehmer nicht entziehen können«, keine Richtigkeit für sich beanspruchen[444]. Die Vorstellung einer Bestimmung der individuellen Ziele und Zwecke der Marktteilnehmer durch den Markt oder die Marktordnung sei aus zwei Gründen irreal. Erstens bleibe das Individuum auch als Marktteilnehmer in der Wahl weitergehender Ziele frei und zweitens sei die Marktordnung selbst derartigen weitergehenden Zielen und Zwecken gegenüber indifferent; jedenfalls gebe es keine Präklusion solcher Ziele oder Zwecke durch ökonomische Orientierungen[445]. Entsprechendes könne für die Verfassung festgestellt werden: »Auf die Gesellschaft, das ›soziale Ganze‹ oder die persönliche Freiheit bezogene objektive Gesamtzwecke« schließe die verfassungsrechtliche Ordnung des Grundgesetzes aus[446]. Für die Freiheit individuellen Verhaltens

439 Siehe dazu das sogenannte Spiegel-Urteil (BVerfG 5.8.1966, BVerfGE 20, 162-230 (175): »Presseunternehmen müssen sich im gesellschaftlichen Raum frei bilden können. Sie arbeiten nach privatwirtschaftlichen Grundsätzen und in privatrechtlichen Organisationsformen. Sie stehen miteinander in geistiger und wirtschaftlicher Konkurrenz, in die die öffentliche Gewalt grundsätzlich nicht eingreifen darf.«

440 Vgl. die Ausführungen im Spiegel-Urteil, BVerfG 5.8.1966, BVerfGE 20, 162-230 (174 f.).

441 Siehe *Wolf*, Medienfreiheit und Medienunternehmen, 391 ff.

442 *Wolf*, Medienfreiheit und Medienunternehmen, 391.

443 *Wolf*, Medienfreiheit und Medienunternehmen, 392.

444 Ebenda.

445 Ebenda.

446 *Wolf*, Medienfreiheit und Medienunternehmen, 393.

folge hieraus, daß es positive Festlegungen des Inhalts persönlicher Ziele und Zwecke rechtlich nicht geben könne[447].
Als Resumee ergebe sich damit, daß die funktionale Offenheit des Marktes nicht nur einen ökonomischen Erfahrungssatz darstelle, sondern gleichzeitig einer verfassungsrechtlichen Regelung entspreche[448].
Wie *Wolf* an anderer Stelle deutlich macht, ist dieses Argument nicht als Ablehnung der dem Rundfunk zugewiesenen publizistischen Aufgabe zu verstehen; anders als die eingangs genannten Autoren geht er jedoch zutreffend davon aus, daß ein wirtschaftlicher Wettbewerb als Ordnungsgrundlage die Erfüllung dieser »Funktion« zu gewährleisten vermag und darüber hinaus auch rechtlich geboten ist[449]. Die entscheidende Frage lautet somit, ob und welcher verfassungsrechtliche Stellenwert der publizistischen Aufgabe des Rundfunks zukommt und in welchem Verhältnis diese Aufgabe zu einem wirtschaftlichen Wettbewerb im Rundfunk steht.

b) *Publizistische Vielfalt*

Wie der Rundfunk seine Rolle als »Medium« und »Faktor« der öffentlichen Meinungsbildung und damit seiner publizistischen Aufgabe nach Auffassung des Bundesverfassungsgerichtes allein gerecht werden kann, hat das Gericht bereits in seinem ersten Rundfunkurteil klargestellt. Der Blick auf das Pressewesen der Bundesrepublik Deutschland, für die »eine relativ große Zahl von Selbständigen und nach ihrer Tendenz, politischen Färbung oder weltanschaulichen Grundhaltung miteinander konkurrierenden Presseerzeugnissen« konstatiert wurde[450], läßt erkennen, wann nach Auffassung des Bundesverfassungsgerichts die Sicherung der Rundfunkfreiheit als geglückt anzusehen ist, nämlich bei Vorhandensein publizistischer Vielfalt. Diese, so das Gericht in seinem dritten Rundfunkurteil von 1981, sei gegeben, wenn im Gesamtprogramm, verstanden als Inbegriff aller inländischen Programme, »alle oder wenigstens ein nennenswerter Teil der gesellschaftlichen Gruppen und geistigen Richtungen auch tatsächlich zu Wort kommen«, mithin ein »Meinungsmarkt« entstehe, auf dem diese Vielfalt der Meinungsrichtungen unverkürzt zum Ausdruck gelange[451]. Für private Rundfunkveranstalter wurden diese Maßgaben vor kurzem modifiziert: Vorkehrungen des Gesetzgebers müßten nur bestimmt

447 Ebenda.
448 Ebenda.
449 Ebenda.
450 BVerfG 28.2.1961, BVerfGE 12, 205-264 (261).
451 BVerfG 16.6.1981, BVerfGE 57, 295-335 (323).

und geeignet sein, »ein möglichst hohes Maß gleichgewichtiger Vielfalt« zu erreichen und zu sichern[452].
Diese Argumentation ist unter mehreren Aspekten bedenklich und überzeugungsschwach. Als störend ist nicht nur der »Anklang des Weihevollen« bei der Beschreibung des öffentlich-rechtlichen Rundfunks zu empfinden[453], im negativen Sinn als weitaus schwerwiegender muß vielmehr vermerkt werden, daß das Bundesverfassungsgericht der internen Struktur öffentlich-rechtlicher Anstalten materielle Ordnungsprinzipien für die Konkretisierung der Rundfunkfreiheit im allgemeinen entnommen hat [454]. Festzustellen ist bis heute ein tiefes Mißtrauen gegen eine marktwirtschaftliche Struktur des Rundfunks, das sich im Grunde allein auf Vermutungen und Thesen stützt. So wurde noch 1981 mit der »Ungewißheit« zukünftiger Entwicklungen argumentiert[455].
Dem gegenübergestellt wird ein vermeintlich perfekt funktionierendes öffentlich-rechtliches System. Vermeintlich deshalb, weil überhaupt nicht in Frage gestellt wird, ob die öffentlich-rechtlichen Rundfunkanstalten ihre Verpflichtung zu einem »inhaltlich umfassenden Programmangebot« tatsächlich auch erfüllen. Es wird im Gegenteil schlicht unterstellt, daß dem so ist. Nach der Logik des Bundesverfassungsgerichtes wäre es anders nämlich nicht erklärbar, daß an den privaten Rundfunk geringere Anforderungen gestellt werden könnten. Fragwürdig ist die öffentlich-rechtliche Struktur aber nicht nur unter diesen tatsächlichen Gesichtspunkten. Die Sicherung einer »gleichgewichtigen Vielfalt« mag zu Zeiten des Frequenzmangels ein berechtigtes Anliegen gewesen sein. Weshalb das damit umschriebene Ausgewogenheitserfordernis allerdings auch noch dann Gültigkeit beanspruchen soll, wenn dieser Zustand überwunden ist, ist nicht recht einsichtig. Zutreffend weist *Kull* außerdem darauf hin, daß weder Kunst noch Politik das Prinzip gleichgewichtiger Vielfalt kennen, man denke allein an die Fünf-Prozent-Klausel, die sogar starken Minderheiten den Weg in die Parlamente abschneidet[456]. Auch im Pressebereich kann von einem publizistischen Gleichgewicht kaum die Rede sein. Selbst das Bundesverfassungsgericht

452 BVerfG 4.11.1986, BVerfGE 73, 118-205 (159); bestätigt durch BVerfG 24.3.1987, BVerfGE 74, 297-357 (325).
453 Siehe *Kull* (oben N. 9) 356.
454 So zu Recht auch *Mestmäcker* (oben N. 108) 019.
455 Vgl. BVerfG 16.6.1981, BVerfGE 57, 295-335 (323); siehe auch BVerfG 4.11.1987; BVerfGE 73, 118-205 (158): »Die Wahrnehmung dieser Aufgaben durch den öffentlich-rechtlichen Rundfunk kann bei der Beurteilung der rechtlichen Bindungen privater Rundfunkveranstalter nicht außer acht bleiben. Zwar kann sie es nicht rechtfertigen, für den privaten Rundfunk auf rechtliche Sicherungen der Rundfunkfreiheit ganz zu verzichten und die Entwicklung im Wege der Deregulierung den Kräften des Marktes anvertrauen..., dies umso weniger, als mit einem echten ›Markt‹ auf absehbare Zeit nicht gerechnet werden kann; eine solche Lösung wäre mit Art. 5 I 2 GG unvereinbar.«
456 Siehe *Kull* (oben N. 9) 356.

konnte dort 1981 nur eine begrenzte Vielfalt für den Markt überregionaler Tageszeitungen feststellen[457].

Abgesehen von der Frage, was unter Ausgewogenheit überhaupt zu verstehen ist, muß zudem auch in Zweifel gezogen werden, ob das sogenannte binnenpluralistische Modell zur Erreichung dieses Ziels in der Lage ist. Von *Mestmäcker* ist in diesem Zusammenhang zutreffend herausgearbeitet worden, daß das Modell der gesellschaftlich relevanten Gruppen – gerade im Hinblick auf die politischen Parteien – zur Gewährleistung vom Bundesverfassungsgericht geforderten Staatsunabhängigkeit nicht geeignet ist[458].

Im Parteienfinanzierungsurteil des Bundesverfassungsgerichts wurden die Parteien als Staatsorgane qualifiziert, eine Bewertung, die im rechtswissenschaftlichen Schrifttum Zustimmung erfahren hat[459]. Diese Rolle ist indes mit der publizistischen Aufgabe des Rundfunks nicht in Einklang zu bringen. Die öffentliche Meinung als Kontrollinstrument muß dann versagen, wenn gerade jenen Teilen der Gesellschaft die Aufgabe zufällt, eine ausgewogene Meinung hervorzubringen, die ihrerseits der Kritik und Kontrolle durch die öffentliche Meinung dringend bedürfen[460]. Aus dem gleichen Grunde ist es mehr als bedenklich, anderen großen gesellschaftlichen Organisationen Einfluß auf die Meinungsbildung einzuräumen. Bei ihnen kommt hinzu, daß sie sich rechtsstaatlicher und hoheitlicher Kontrolle in hohem Maße entziehen können[461].

Abgesehen von diesen Bedenken, die sich gegen die Art und Weise richten, wie publizistische Vielfalt gegenwärtig erreicht werden soll, muß aber vor allem die grundsätzliche Frage gestellt werden, ob die Erreichung tatsächlicher publizistischer Vielfalt überhaupt ein verfassungsrechtlich gebotenes Ziel darstellt. Sollte dies der Fall sein, wäre die Folge, daß es im Ermessen des Staates liegen müßte, über die rechtlichen und organisatorischen Voraussetzungen zu entscheiden, unter denen sich publizistische Vielfalt herausbilden kann. Wirtschaftlicher Wettbewerb als Ordnungsrahmen scheidet in dieser Konstellation aus, denn wenn auch davon auszugehen ist, daß ein prinzipiell jedem offen stehender Markt seinem Wesen nach vielfältig ist, eine Garantie für Ausgewogenheit gibt es nicht. Ob jedoch tatsächliche publizistische Vielfalt zur Rundfunkfreiheit

457 BVerfG 16.6.1981, BVerfGE 57, 295-335 (322).

458 *Mestmäcker*, Medienkonzentration und Meinungsvielfalt, 20. Zu der Frage, wer eigentlich die gesellschaftlich relevanten Gruppen sind, siehe *Ricker*, Die Partizipationsrechte gesellschaftlicher Gruppen im öffentlich-rechtlichen Rundfunk – Zum Anspruch des Landessportbundes Hessen e.V. auf Partizipation am Rundfunkrat des Hessischen Rundfunks.

459 Nach *Henke*, Das Recht der politischen Parteien, 18 ff., kommt den Parteien eine »vermittelnde Stellung zwischen Staat und Gesellschaft« zu. Zu dieser Frage vgl. ferner *Starck*, Die Grundrechte des Grundgesetzes: JuS 1981, 237-246, 240 und *von Münch* (*-von Münch*) Art. 21 GG RdNr. 20 f.

460 So zu Recht *Mestmäcker*, Medienkonzentration und Meinungsvielfalt, 21.

461 Siehe *Mestmäcker*, Medienkonzentration und Meinungsvielfalt, 21; *ders.* (oben N. 108) 018.

führt und diese damit nur in dem Umfange existiert, in dem publizistische Vielfalt hergestellt und gewahrt wird, hängt davon ab, welcher normative Sinn grundrechtlichen Freiheitsgewährleistungen im allgemeinen zukommen soll. Folgt man den Anhängern eines als liberalistisch bezeichneten Verständnisses der Freiheitsrechte, verbietet sich eine Zielvorgabe wie die der publizistischen Vielfalt, denn nach dieser Auffassung ist jegliche Zweckbestimmung von Grundrechten unzulässig. Schließt man sich demgegenüber der Meinung an, die gesellschaftlichen Konsequenzen eines Freiheitsrechts seien auch bei dessen Ausgestaltung zu berücksichtigen, bestehen gegen die vom Bundesverfassungsgericht und vielen Autoren des Schrifttums geforderte publizistische Vielfalt keine prinzipiellen Bedenken.

Zu entscheiden ist mithin eine grundrechtstheoretische Vorfrage. Eine kurze Analyse der für die vorerwähnten Standpunkte gegebenen Begründungen ist dabei unumgänglich. Nach *Forsthoff*, der zu den Gegnern eines zweckbestimmten Freiheitsverständnisses zu rechnen ist, liegt diese darin, daß »es die Freiheit aufheben würde, wenn mit der Freiheitsgewährleistung in rechtlich relevanter Weise bestimmte Verhaltensweisen verbunden würden.«[462] Ähnlich äußern sich *Klein* und *Krüger*: Der rechtliche Sinn eines Freiheitsrechtes liege »in der Garantie eines Raumes, innerhalb dessen sich der einzelne als Mensch und Bürger so betätigen darf, wie er es wünscht.«[463] Wenn dagegen nur eine bestimmte Handlungsmöglichkeit rechtlich geschützt sei, weil nur sie dem Sinn des Freiheitsrechts entspreche, lasse sich nicht von Freiheit sprechen; Freiheiten wandelten sich bei dieser Sichtweise tendenziell in Pflichten um[464].

Diese Bedenken werden von *Jarass* dem Grundsatz nach geteilt; seiner Auffassung nach bedeutet allerdings nicht jegliche rechtliche Zweckorientierung eines Freiheitsrechtes dessen Auflösung[465]. Dies sei nur der Fall, wenn die Zweckorientierung bis auf die Ebene einzelner konkreter Verhaltensweisen durchschlage. Beziehe sich die Zweckorientierung dagegen auf ein »höheres Abstraktionsniveau«, umfasse sie auch Verhaltensalternativen und gerate somit nicht zwingend in einen Gegensatz zur Freiheit[466].

Insbesondere zwei Überlegungen lassen diese letzte Ansicht als die überzeugungskräftigere erscheinen. Wie bereits im Hinblick auf neue Telekommunikationsformen dargelegt wurde, kann es gerade unter Zweckgesichtspunkten angebracht sein, den Schutzbereich einer Freiheit über den Wortlaut hinaus

462 *Forsthoff*, Der Verfassungsschutz der Zeitungspresse, 15.
463 *Klein*, Die Grundrechte im demokratischen Staat, 38.
464 *Krüger*, Allgemeine Staatslehre, 542 f.
465 *Jarass*, Die Freiheit der Massenmedien, 127.
466 *Jarass*, Die Freiheit der Massenmedien, 127.

zu erweitern[467]; eine teleologische Betrachtungsweise bedeutet mit anderen Worten nicht notwendig Beschränkung oder gar Auflösung einer Freiheitsgewährleistung[468]. Schon indirekt angesprochen ist damit auch das zweite Argument, das für eine prinzipielle Einbeziehung des gesellschaftlichen Zwecks bei der Bedeutung von Grundrechten anzuführen ist: die interpretatorische Leistungsfähigkeit[469].

Bereits ein kurzer Blick auf die gängigen Auslegungsmethoden oder -kriterien zeigt, daß die Berücksichtigung des Gesetzeszweckes unverzichtbar ist. Man denke nur daran, daß der aus dem allgemeinen Sprachgebrauch zu entnehmende Wortsinn so gut wie niemals eindeutig ist und darüber hinaus in vielen Fällen durch den besonderen Sprachgebrauch eines Gesetzes oder einen bestimmten juristischen Sprachgebrauch verdrängt wird, wobei letztere ihrerseits vielfach wieder der Auslegung bedürfen[470]. Bei Ausklammerung teleologischer Kriterien bliebe in diesen Fällen allein die Möglichkeit, für die Auslegung einer Norm auf deren systematische Stellung zurückzugreifen[471], ein ebenfalls häufig nicht erfolgversprechender Weg. Die Würdigung und Miteinbeziehung des Gesetzeszweckes löst zwar nicht sämtliche interpretatorischen Schwierigkeiten, kann aber gleichwohl als die ergiebigste Quelle bei der Auslegung bezeichnet werden. Diese Aussage kann insbesondere im Bereich der Grundrechte Gültigkeit beanspruchen, weil, worauf *Jarass* zutreffend hinweist[472], bei ihnen die Wortinterpretation wie auch die systematische Auslegung wegen der »lapidaren Fassung« weniger hilfreich ist als anderswo.

Die Anerkennung einer rechtlich relevanten Zweckbestimmung beantwortet die hier behandelte Frage, ob die Erreichung tatsächlicher publizistischer Vielfalt ein unmittelbares Verfassungsgebot darstellt, wegen ihrer Abstraktheit naturgemäß nicht. Sie läßt sich nur geben, wenn der mit der Rundfunkfreiheit verfolgte Zweck und die zur Erreichung dieses Zwecks adäquaten Mittel festgestellt sind. Im Hinblick auf den gesellschaftspolitischen Sinn der Rundfunkfreiheit ist dem Bundesverfassungsgericht zuzustimmen, das als Aufgabe des Rundfunks die Gewährleistung freier und umfassender Meinungsbildung betrachtet[473], denn wie das Gericht richtig bemerkt, ist der Rundfunk nicht nur »Medium« sondern auch »Faktor« innerhalb des verfassungsrechtlich geschützten Prozesses freier

467 Siehe oben A I 2.
468 Vgl. auch *Jarass*, Die Freiheit der Massenmedien, 127 f.
469 Vgl. auch *Jarass*, Die Freiheit der Massenmedien, 128 f.
470 *Larenz*, Methodenlehre der Rechtswissenschaft, 305 ff.
471 Siehe *Larenz*, Methodenlehre der Rechtswissenschaft, 310 ff.
472 Vgl. *Jarass*, Die Freiheit der Massenmedien, 128.
473 Siehe BVerfG 16.6.1981, BVerfGE 57, 295-335 (320).

Meinungsbildung[474]. Nicht beigepflichtet werden kann demgegenüber den daraus gezogenen Schlußfolgerungen und Anforderungen an die Rundfunkanbieter wie gleichgewichtige Vielfalt oder die Ausgewogenheit des Gesamtprogramms. Mit *Mestmäcker* ist zunächst der grundsätzliche Einwand zu erheben, daß es sich hier um Metaphern handelt, die nicht geeignet sind, die mannigfachen Wechselbeziehungen zwischen Meinungsbildung in den Medien, der individuellen Meinung und der öffentlichen Meinung zu erhellen[475]. Vor allem, und auch hierauf wird von *Mestmäcker* unter Heranziehung publizistikwissenschaftlicher Erkenntnisse aufmerksam gemacht, läßt sich die öffentliche Meinung nicht einfach als Summe von Meinungen verstehen, die einzelne oder Gruppen vertreten, was schon daraus deutlich wird, daß die öffentliche Meinung Individuen auch gegen ihren Willen zu einem Verhalten bewegen kann[476].

Trotz dieser prinzipiellen Bedenken, die bereits zu Beginn diess Abschnitts ausführlich Gegenstand der Erörterung waren, muß Zielvorgaben wie publizistischer Vielfalt und Ausgewogenheit zu Zeiten des Frequenzmangels eine dogmatische Berechtigung zugestanden werden. Bei nur wenigen zur Verfügung stehenden Sendekapazitäten konnte der Gefahr der Beeinträchtigung einer freien öffentlichen Meingungsbildung durch eine ohne Reglementierung vermutlich eher einseitiges Programmangebot kaum anders Rechnung getragen und begegnet werden. Zu sehen ist aber, daß sich damals ein wirtschaftlicher Wettbewerb mit natürlicher Vielfalt in Ermangelung der tatsächlichen Bedingungen für einen solchen gar nicht hätte herausbilden können. Daß die Ablehnung der Marktordnung als Grundlage der Rundfunkfreiheit auch nicht auf grundsätzlichen Rechtserwägungen beruhte, belegen die Ausführungen des Bundesverfassungsgerichts in seinem dritten Rundfunkurteil. Im Hinblick auf die Presse wurde dort eingeräumt, daß »die Eigengesetzlichkeit des Wettbewerbs« und »das freie Spiel der Kräfte« zur Sicherung umfassender Information und Meinungsbildung genügten, es sei nur »ungewiß«, ob dieses Resultat bei einer Überwindung des Frequenzmangels auch im Rundfunkbereich erwartet werden könne[477]. Abgesehen davon, daß mit dieser Argumentation auch die Pressefreiheit stärker reglementiert werden könnte – denn wer kann schon eine Garantie für das dort vorzufindende »gewisse Gleichgewicht« geben – ist einzuwenden, daß die Forderung einer tatsächlichen publizistischen Vielfalt den Rundfunkteilnehmer zum bloßen »Meinungsträger« werden läßt[478]; grundrechtliche Freiheiten sind

474 BVerfG 16.6.1981, BVerfGE 57, 295-335 (320).

475 Vgl. *Mestmäcker* (oben N. 108) 020.

476 Vgl. *Mestmäcker* (oben N. 108) 020 unter Verweis auf *Noelle-Neumann*, Die Schweigespirale: Öffentliche Meinung – unsere soziale Haut.

477 Siehe BVerfG 16.6.1981, BVerfGE 57, 295-335 (322 f.).

478 Vgl. *Mestmäcker* (oben N. 108) 019.

aber personale Entfaltungsfreiheiten. Bedenken in dieser Richtung finden sich sogar im vierten Rundfunkurteil. Eine binnenpluralistische Organisation, so das Bundesverfassungsgericht, sei zwar in höherem Maße geeignet, gleichgewichtige Meinungsvielfalt zu gewährleisten, und damit verfassungsgemäß; ein Verfassungsgebot in dieser Hinsicht gebe es jedoch nicht, da bei einer solchen Organisationsform der maßgebliche Einfluß nicht bei dem Unternehmen liege, sondern bei den gesellschaftlichen Kräften, die in dem binnenpluralistischen Gremium repräsentiert seien[479]. »Damit wäre diese Form der Veranstaltung von Rundfunksendungen um das Grundelement privatautonomer Gestaltung und Entscheidung und damit um ihre eigentliche Substanz gebracht.«[480] Die Schlußfolgerung des Gerichts ging allerdings nicht dahin, daß in Anbetracht dieser subjektiven Komponente gänzlich darauf verzichtet wurde, daß »die Vielfalt der bestehenden Meinung in möglichster Breite und Vollständigkeit im Rundfunk Ausdruck findet«. Die Konsequenz lautete vielmehr, daß wegen der den öffentlich-rechtlichen Anstalten zufallenden Aufgabe der Grundversorgung an die Sicherung gleichgewichtiger Vielfalt im privaten Rundfunk nicht gleich hohe Anforderungen zu stellen seien wie im öffentlich-rechtlichen Rundfunk [481]. Gegenüber dem dritten Rundfunkurteil ist damit die Reglementierung privater Anbieter unbestrittenermaßen reduziert worden[482], im Hinblick auf die Zielsetzung ist jedoch keine Veränderung eingetreten. Wenngleich man dies zum gegenwärtigen Zeitpunkt – die Anzahl der Übertragungskapazitäten und der Anbieter nimmt erst relativ langsam zu – auch noch für vertretbar halten kann, so muß doch nach den Grundsätzen gefragt werden, die gelten sollen, wenn potentiellen Rundfunkanbietern keine technischen Hürden mehr oder so gut wie nicht mehr im Wege stehen. Bei der Bestimmung der Zielsetzung ist in einer solchen Konstellation insbesondere dem Umstand Rechnung zu tragen, daß es dann nicht mehr notwendig und deshalb nach dem Verhältnismäßigkeitsgrundsatz nicht mehr zulässig, d.h. verfassungsgemäß ist, Rundfunkanbieter schwerpunktmäßig als Meinungsträger zu sehen und entsprechend zu behandeln, da auch Andersdenkende sich des Mediums Rundfunk bedienen können. Das Zielgebot publizistischer Vielfalt würde in einer derartigen Situation bedeuten, daß »nicht die in Betracht kommenden Kräfte im Gesamtangebot zu Worte kommen können«[483], sondern müssen; die Rundfunkfreiheit würde zur Rundfunkpflicht und damit partiell aufgelöst. Positiv formuliert bedeutet dies, daß die Rundfunkfreiheit in Art. 5 Abs. 1 S. 2

479 BVerfG 4.11.1986, BVerfGE 73, 118-205 (171).
480 BVerfG 4.11.1986, BVerfGE 73, 118-205 (171).
481 BVerfG 4.11.1986, BVerfGE 73, 118-205 (159).
482 Vgl. BVerfG 16.6.1981, BVerfGE 57, 295-335 (325).
483 BVerfG 16.6.1981, BVerfGE 57, 295-335 (325).

GG grundsätzlich lediglich im potentiellen Sinne eine Verfassungsgrundlage für publizistische Vielfalt und publizistischen Wettbewerb darstellt, denn – und dies wird von *Wolf* zutreffend für alle Mediengrundrechte geltend gemacht – allein in der Potentialität publizistischer Vielfalt und publizistischen Wettbewerbs bleibt die Eigenart der Rundfunkfreiheit als persönliche Entfaltungsfreiheit gewahrt[484].

Stellt man diese Feststellung der Erkenntnis gegenüber, daß ein prinzipiell jedem offenstehender Markt seinem Wesen nach vielfältig ist, so ist ein wirtschaftlicher Wettbewerb im Rundfunkbereich als Ordnungsrahmen geradezu zwingend. Es fragt sich nunmehr allerdings, wer dazu berufen ist, diesen wirtschaftlichen Wettbewerb im Rundfunk und damit die Rundfunkfreiheit zu bewahren, die Länder im Rahmen der Runfunkhoheit oder der Bund aufgrund seiner wirtschaftsrechtlichen Kompetenz aus Art. 74 Nr. 11 und Nr. 16 GG; Überlegungen zum Verhältnis von publizistischem und ökonomischem Wettbewerb sind für die Beantwortung dieser Frage unerläßlich.

c) *Publizistischer und ökonomischer Wettbewerb*

Insbesondere das Gesetz gegen Wettbewerbsbeschränkungen (GWB) und das Gesetz gegen unlauteren Wettbewerb (UWG) sollen dem Schutz des wirtschaftlichen Wettbewerbs dienen. Diese ökonomische Zielsetzung begründet nach Auffassung mancher Autoren die Ablehnung des von der Monopolkommission unterbreiteten Vorschlags, die Zulassung von Presseunternehmen zum privaten Rundfunk den Vorschriften des GWB über die Fusionskontrolle zu unterstellen[485]. Denn eine kartellrechtliche Regelung der Zulassung zum privaten Rundfunk ziele nicht primär auf den wirtschaftlichen, sondern in Wirklichkeit auf den publizistischen Wettbewerb ab und scheide daher aus dem Anwendungsbereich der Kompetenznorm des Art. 74 Nr. 11 und 16 GG aus[486]. Die damit behauptete Möglichkeit der Trennung von publizistischem und ökonomischem Wettbewerb fand höchstrichterliche Anerkennung. Im sogenannten fünften Rundfunkurteil hatte das Bundesverfassungsgericht unter anderem die Frage zu entscheiden, ob der im Landesmediengesetz Baden-Württembergs normierte Ausschluß der

484 Vgl. *Wolf*, Medienfreiheit und Medienunternehmen, 406 f.; siehe auch *Mestmäcker*, Medienkonzentration und Meinungsvielfalt, 31 (für den Pressebereich: »Die erwartete Meinungsvielfalt wirkt aber nicht in dem Sinne normativ, daß ihr Fehlen zu Abhilfemaßnahmen berechtigt.«) und *Degenhart*, Öffentlich-rechtlicher und privater Rundfunk im dualen Rundfunksystem: ZUM 1988, 47-57 (53), der die eigenständige grundrechtliche Funktion privaten Rundfunks gerade auch in der Freiheit zur Tendenz und zur Unausgewogenheit sieht.

485 Vgl. 5. Hauptgutachten der Monopolkommission 1982/1983, BT-Drucksache X, Nr. 1791 (S. 187).

486 So etwa *Ricker*, Privatrundfunk-Gesetze im Bundesstaat, 14.

Landesrundfunkanstalten von der Veranstaltung regionaler und lokaler Rundfunkprogramme, die nicht schon am 31. Dezember 1984 bestanden hatten, mit Art. 5 Abs. 1 S. 2 GG vereinbar ist[487]. Der Gesetzgeber in Baden-Württemberg hatte sich zu diesem Verbot entschlossen, um private Anbieter vor der Konkurrenz der öffentlich-rechtlichen Landesrundfunkanstalten zu schützen; man befürchtete, daß diese die gerade hier noch bestehenden Marktchancen späterer privater Anbieter erschwerten[488]. Nach Auffassung des Gerichts rechtfertigten diese wirtschaftlichen Gründe das Verbot nicht. Marktchancen könnten eine Frage wirtschaftlicher Freiheit, nicht aber der Meinungsfreiheit sein, das Verbot bedeute daher eine »Unterbindung freien publizistischen Wettbewerbs und geistiger Auseinandersetzung«, die mit Art. 5 Abs. 1 GG nicht vereinbar sei[489]. Zu den kompetentiellen Folgen einer solchermaßen gesehenen Trennung von ökonomischem und publizistischem Wettbewerb hatte sich das Bundesverfassungsgericht in seinem vorausgegangenen vierten Rundfunkurteil geäußert. In Rede stand eine Bestimmung des niedersächsischen Landesrunfunkgesetzes, derzufolge die Erlaubnisbehörde von einem Antragsteller sollte verlangen können, durch das Anmeldeverfahren beim Bundeskartellamt nachzuweisen, daß Vorschriften der Zusammenschlußkontrolle dem Vorhaben nicht entgegenstehen. Diese Regelung war nach Auffassung des Gerichts verfassungsrechtlich »unbedenklich«, entband den Landesgesetzgeber »aufgrund seiner ausschließlichen Kompetenz für den Rundfunk« jedoch nicht von der Verpflichtung, Vorkehrungen dagegen zu treffen, daß »Meinungsmacht im Rundfunk, die sich aus einer Fusion von Rundfunkveranstaltern ergibt, nicht zu einer vorherrschenden wird[490]. Die entsprechende Schlußfolgerung zog das Gericht auch für den Fall, daß »die Entstehung multimedialer Meinungsmacht zu Gefahren für die Meinungsvielfalt im Rundfunk zu führen droht.«[491] Mißtrauen und Abneigung gegen das Wirtschaftsrecht als Instrumentarium zur Sicherstellung publizistischen Wettbewerbs sind indes, wie Rückblicke in die jüngste Vergangenheit zeigen, nicht neu.

aa) *Der Streit um das bundesgesetzliche Verbot des Werbefernsehens im öffentlich-rechtlichen Rundfunk*

Zweifel an der Gesetzgebungszuständigkeit des Bundes wurden insbesondere laut, als die Fraktionen von CDU, CSU und FDP Mitte der 60er Jahre einen

487 Siehe BverfG 24.3.1987, BVerfGE 74, 297-357.

488 Begründung des Regierungsentwurfs zum Landesmediengesetz Baden-Württemberg, LT-Drucksache IX, Nr. 955 (S. 53 f.).

489 Siehe BverfG 24.3.1987, BVerfGE 74, 297-357 335.

490 BVerfG 4.11.1987, BVerfGE 73, 118- 205 (174).

491 BVerfG 4.11.1987, BVerfGE 73, 118- 205 (176).

Gesetzentwurf im Bundestag einbrachten, der ein Verbot der Werbung im öffentlich-rechtlichen Rundfunk vorsah[492]. Dieses Gesetzvorhaben sollte vor allem dem Zweck dienen, Wettbewerbsverzerrungen zwischen dem damals ausschließlich öffentlich-rechtlich organisierten Rundfunk und der Presse zu beseitigen[493] – die Ergebnisse der zur Untersuchung der Wettbewerbssituation von Presse, Funk/Fernsehen und Film eingesetzten sogenannten *Michel- Kommission* glaubte man nicht abwarten zu können[494].
Kompetentielle Bedenken von seiten des Bundes gab es nicht. Die Gesetzgebungszuständigkeit sei – so hieß es in der Begründung – sogar eindeutig nach Art. 74 Nr. 11 GG gegeben. Denn die Veranstalter von Rundfunksendungen, gleichgültig, ob es sich dabei um öffentlich-rechtliche oder private Veranstalter handele, betätigten sich im Bereich der Wirtschaft, wenn und soweit sie Werbesendungen ausstrahlten und ihre Sendezeit wirtschaftlichen Unternehmen gegen Entgelt zur Verfügung stellten. Die Beschaffung von Werbeaufträgen und die Verteilung der Werbespots sei ein einheitlicher Vorgang des Wirtschaftsbereiches und habe mit den kulturellen Aufgaben von Funk und Fernsehen nichts zu tun[495]. Politiker und Juristen widersprachen dieser Auffassung mit Vehemenz. Von dem Abgeordneten *Arndt* wurde geltend gemacht, daß es bei diesem Gesetzentwurf nicht um die Korrektur vermeintlicher Wettbewerbsverzerrungen gehe, sondern »um die Organisation des Rundfunks

492 Siehe BT-Drucksache IV, Nr. 3156 – Vorausgegangen war ein nicht im Bundestag eingebrachter, aber mehrfach veröffentlichter Gesetzentwurf der Abgeordneten *Blumenfeld*, *Martin* und *Rasner*, die ein Verbot von Werbesendungen im Rundfunk über eine Novellierung des UWG zu erreichen versuchten (vgl. Überheblichkeit und Monopolmißbrauch: ZV+ZV 1965, 156-157 (156)).

493 Siehe die Begründung des Gesetzentwurfes durch den Abgeordneten *Blumenfeld* in der Sitzung vom 15.3.1965 (Abgeordneter *Blumenfeld*, BT-Sitzungsberichte IV, S. 8720 ff.) – Im Grunde war es nicht die Existenz des Werbefernsehens gewesen, die von der Presse kritisiert wurde, sondern dessen organisatorische Regelung. Die Zeitungsverleger vertraten den Standpunkt, die Presse werde durch das Werbefernsehen der Rundfunkanstalten im Wettbewerb um den Inserenten und damit auch im publizistischen Wettbewerb benachteiligt, und verlangte daher Beteiligung (siehe *Springer*, Presse, Fernsehen und unser Staat: Die Welt Nr. 49/1963 vom 27.2.1963, S. 5). Das Scheitern der über eine solche Beteiligung geführten Verhandlungen hatte schon in den 50er Jahren einen Rechtsstreit ausgelöst. Der Bundesverband deutscher Zeitungsverleger e.V. und eine bayerische Tageszeitung hatten damals daraufhin ohne Erfolg gegen den Bayerischen Rundfunk und die von diesem eingerichteten Gesellschaften Bayerische Werbefunk GmbH und Bayerische Werbefernsehen GmbH auf Unterlassungen der Werbesendungen geklagt (siehe OLG München 24.10.1957: NJW 1958, 1298-1303).

494 Die konstituierende Sitzung dieser unabhängigen Sachverständigenkommission unter Vorsitz des Generaldirektors der Salamander AG Elmar *Michel* (weitere Mitglieder waren die Professoren Arnold *Gehlen*, Walter *Leisner*, Ernst-Joachim *Mestmäcker* und Karl *Schwantag*, ferner der Fabrikant Karl *Hoffmann* und der Stadtrat Heinz Winfried *Sabais*) fand am 14.12.1964 in Bonn statt.

495 So der Abg. *Blumenfeld*, BT-Sitzungsberichte IV, S. 8720 ff.

in jeder Hinsicht«, der Entwurf stelle daher eine »Unterwanderung« der wirtschaftsrechtlichen Kompetenzen dar[496]. Als Vertreter des Bundesrates äußerte auch der Justizminister des Landes Baden-Württemberg *Haußmann* Zweifel an der Gesetzgebungszuständigkeit des Bundes. Durch ein absolutes Verbot der Werbesendungen würde nicht nur ordnend und lenkend in das Verhältnis zwischen verschiedenen Betätigungsbereichen der Wirtschaft eingegriffen werden, sondern auch in den herkömmlichen, bisher unbestrittenen Bestand der Rundfunk- und Fernsehprogramme[497]. Die Debatte endete mit dem Beschluß des Bundestages, den Entwurf an den Wirtschaftsausschuß (federführend) und an den Rechtsausschuß (mitberatend) zu überweisen[498]. Eine weitere Behandlung des Gesetzentwurfs im Plenum des 4. Bundestages fand nicht mehr statt; von einer erneuten Einbringung in der 5. Legislaturperiode nahm man Abstand, so daß damit die Problematik eines Verbotes des Werbefernsehens durch Bundesgesetz auf parlamentarischer Ebene erledigt war.

Ursächlich mag – wie angedeutet – insoweit auch die im juristischen Schrifttum nahezu einhellig vertretene Auffassung[499] gewesen sein, daß Art. 74 Nr. 11 GG dem Bundesgesetzgeber keine Kompetenz zum Erlaß eines an die öffentlich-rechtlichen Rundfunkanstalten gerichteten Verbots für Werbesendungen einräume[500].

Ein Verbot erwerbswirtschaftlicher Tätigkeiten der Rundfunkanstalten – so *Bachof*[501] – könne zwar wegen der zweifellos gegebenen wirtschaftsrechtlichen Aspekte auf den ersten Blick dem Begriff »Recht der Wirtschaft« unterfallen, zu bedenken sei aber, daß allein den Ländern die Gesetzgebungs- und Verwaltungskompetenz für den (nichttechnischen) Bereich des Rundfunks zustehe. Der Schwerpunkt des Verbotsgesetzentwurfes – und dies sei das Kriterium für die Lösung derartiger Zuständigkeitskonflikte – sei nun eindeutig rundfunkrechtlicher Natur, wie schon daraus deutlich werde, daß Adressaten des Verbots allein die öffentlich-rechtlichen Anstalten werden sollten. Der Zweck des Verbotsgesetzes und das mit diesem verfolgte Ziel sei nämlich die Neuordnung des Rundfunks gewesen[502]. Da Werbung im Rundfunk zudem sowohl

496 Abg. *Arndt*, BT-Sitzungsberichte IV, S. 8720 (8729 und 8731).

497 *Haußmann*, BT-Sitzungsberichte IV, S. 8720 (8735).

498 BT-Sitzungsberichte IV, S. 8720 (8740).

499 Für eine extensive Auslegung des Art. 74 Nr. 11 GG im Hinblick auf Werbung im Rundfunk allein *Beyer*, Anmerkung zu OLG München, Urteil vom 24.10.1957 – 6 U1010/57: NJW 1958, 1298-1299.

500 Unter knappen Hinweis auf das erste Rundfunkurteil in diesem Sinne *Ipsen*, Zur Legalität des Werbefernsehens: NJW 1963, 2049-2056 (2049 N. 5).

501 *Bachof*, Verbot des Werbefernsehens durch Bundesgesetz?, 49 ff.

502 *Bachof*, Verbot des Werbefernsehens durch Bundesgesetz?, 54 ff.; ebenso *Schneider*, Werbesendungen der Rundfunkanstalten als Gegenstand eines Bundesgesetzes?: NJW 1965, 937-942 (940 f.); ähnlich *Fröhler*, Die Gesetzgebungszuständigkeit des Bundes für ein Verbot des Werbefernsehens durch die öffentlich-rechtlichen Rundfunkanstanstalten, 8.

»institutionell-historisch« wie »institutionell-wirtschaftlich« ein Bestandteil des Rundfunks sei, müsse auch der *Inhalt* des Gesetzentwurfes dem Rundfunkrecht zugeordnet werden[503]. Nach *Fröhler* handelt es sich auch nicht um eine von Art. 74 Nr. 11 GG noch gedeckte gesamtwirtschaftspolitische Maßnahme, da das Werbeverbot allein die öffentlich-rechtlichen Anstalten treffe und allenfalls das Wettbewerbsverhältnis zwischen Presse und öffentlich-rechtlichem Rundfunk berühre[504].

Krause-Ablass stützt seine ablehnende Haltung im wesentlichen auf das Argument, daß zur Publizistik auch die Werbepublizistik gehöre. Die Werbepublizistik sei zwar ein Phänomen von auch wirtschaftlicher Bedeutung, in ihrem Kern bleibe sie aber Publizistik. Nach dem vom Bundesverfassungsgericht angewandten Grundsatz der »überwiegenden Zugehörigkeit« unterliege das Werbefernsehen daher der Kompetenz der für die Angelegenheiten der Publizistik zuständigen Staatsgewalt, nämlich den Ländern[505]. Von *Gross* wird hinzugefügt, daß Art. 74 Nr. 11 GG ebenso wie Art. 73 Nr. 9 GG oder Art. 74 Nr. 16 GG eine erwerbswirtschaftliche Betätigung voraussetzten und nicht einschlägig seien, wenn eine Betätigung der Erfüllung einer öffentlichen Aufgabe diene. Eben diese Voraussetzung sei vorliegend nicht gegeben, da die Veranstaltung von Werbesendungen als Bestandteil der öffentlichen Aufgabe des Rundfunks angesehen werden könne[506].

Die bereits erwähnte, zur Untersuchung der Wettbewerbsgleichheit von Presse, Funk/Fernsehen und Film berufene *Michel-Kommission* teilte in ihrem 1967 vorgelegten Bericht die eine Bundeskompetenz zur Regelung von Werbesendungen verneinende Auffassung des Schrifttums[507]. Wenngleich die Rundfunkwerbung zwar eine »wirtschaftliche« Betätigung darstelle, so decke die

503 *Bachof*, Verbot des Werbefernsehens durch Bundesgesetz?, 54 f.; auch nach *Groß*, Zur Zulässigkeit eines bundesgesetzlichen Verbots der Werbesendungen in Funk und Fernsehen: DÖV 1965, 443-446 (444) ist »der Werbefunk schon traditionell Bestandteil des Rundfunks.«; *Schneider* (vorige Note) 940 führt in diesem Zusammenhang aus, daß die angeblich wirtschaftsrechtliche Zielsetzung, nämlich die Presse vor der übermächtigen Konkurrenz im Werbegeschäft zu schützen, mit dem Entwurf nicht ernstlich verfolgt werde, da die Presse nach Ausschaltung der Werbung durch die öffentlich-rechtlichen Rundfunkanstalten dem »Dauer-Wettbewerb« privater Rundfunkunternehmen ausgesetzt werden solle.

504 *Fröhler*, Die Gesetzgebungszuständigkeit des Bundes für ein Verbot des Werbefernsehens durch die öffentlich-rechtlichen Rundfunkanstalten, 10 f.

505 *Krause-Ablass*, Ein untauglicher Versuch zur Beseitigung des Werbefernsehens: RuF 1962, 46-47 (47); *ders.*, Zur Diskussion um das Werbefernsehen: verfassungsrechtliche Grundlagen und Möglichkeiten der Organisation: RuF 1963, 129-135 (129).

506 *Groß* (oben N. 503) 444; ablehnend mit ausführlicher Begründung *Mestmäcker*, Die Abgrenzung von öffentlich-rechtlichem und privatrechtlichem Handeln im Wettbewerbsrecht: NJW 1969, 1-6 (5 f.).

507 Siehe den Bericht der Kommission zur Untersuchung der Wettbewerbsgleichheit von Presse, Funk/Fernsehen und Film – BT-Drucksache V, Nr. 2120 (S.232).

wirtschaftsrechtliche Kompetenz doch keine Sonderregelungen im Bereich der Anstalten, welche für andere Rechtsträger nicht gelten könnten. Denn anderenfalls würde die anstaltsrechtliche Länderkompetenz ausgehöhlt. In Betracht kommen könnte eine Zuständigkeit des Bundes aus Art. 74 Nr. 11 und 16 GG allenfalls dann, wenn von der Rundfunkwerbung wesentliche Auswirkungen auf die Gesamtwirtschaft ausgingen. Dies war nach Ansicht der Kommission nicht der Fall.

bb) *Der Prozeß freier Meinungsbildung als Wettbewerbsprozeß*

Die Diskussion über ein Verbot des Werbefernsehens durch Bundesgesetz ist für die hier untersuchte Fragestellung von nicht unerheblicher Bedeutung. Bemerkenswert ist vor allem der indirekte Widerspruch zu der vom Bundesverfassungsgericht behaupteten Trennungsmöglichkeit von ökonomischem und publizistischem Wettbewerb. Diese wird beispielsweise verneint, wenn – wie *Krause-Ablass* argumentiert – zur Publizistik auch die Werbung zählen soll. Eine generelle Ablehnung des Wirtschaftsrechts als Garant des ökonomischen und zugleich des publizistischen Wettbewerbs im Rundfunk läßt sich unter Berufung auf diese Argumentation indes nicht begründen. Wie im Bericht der *Michel-Kommission* zutreffend dargelegt wird, war der Gesetzentwurf nicht durch die Kompetenz nach Art. 74 Nr. 11 GG gedeckt, weil er Sonderregelungen nicht allein in personeller, sondern auch – so ist zu ergänzen – in inhaltlich-publizistischer Hinsicht enthielt und damit nicht mehr als ein allgemeines Gesetz i.S.v. Art. 5 Abs. 2 GG anzusehen war. Eine mittelbare Bestätigung erfährt diese Beurteilung durch den Beschluß des Bundesverfassungsgerichts zur Verfassungsmäßigkeit der Pressefusionskontrolle. Das Gericht stellte dort fest, daß es sich bei den mit der Dritten GWB-Novelle eingeführten Bestimmungen um allgemeine Gesetze gemäß Art. 5 Abs. 2 GG handelt, »da sie sich nicht gegen die Presse, namentlich nicht gegen einen bestimmten Kommunikationsinhalt richten... und lediglich spezifische Anpassungen an Sonderstrukturen der Presse« enthalten[508].

508 BVerfG 29.8.1983 – WuW/E VG 307. Die Verabschiedung des Dritten Gesetzes zur Änderung des GWB vom 28. Juni 1976 (BGBl. 1976 I, 1697) war der vorläufige Schlußpunkt einer über Jahre hinweg geführten Diskussion um die Konzentration im Pressewesen (Daten zur Entwicklung finden sich bei *Gross*, Pressekonzentration und Medienpolitik: DVBl. 1975, 236-244 (237)). Mit der Gesetzesnovellierung sollte dem Umstand abgeholfen werden, daß die allgemeinen Vorschriften der Zusammenschlußkontrolle, so wie sie in der Novelle von 1973 enthalten waren, auf den Märkten für Presseleistungen nur – und selbst dies lediglich in engen Grenzen – Großverlage erfassen konnten (Einzelheiten bei *Möschel*, Pressekonzentration und Wettbewerbsgesetz, 167 ff.). Die kompetentielle Verfassungsgemäßheit dieser Normen war sehr umstritten. Vielfach wurde der Vorwurf erhoben, der Gesetzgeber habe mit der pressespezifischen Zielsetzung der Novelle

Die damit nach wie vor gebotene Analyse des Zusammenhangs zwischen ökonomischem und publizistischem Wettbewerb darf sich einem Blick auf die für den Pressebereich gleichlautende Problematik und ihrer Behandlung nicht verschließen. Die so ausgerichtete Betrachtung führt zu dem zunächst überraschenden Ergebnis, daß sowohl im Schrifttum wie in der höchstrichterlichen Rechtsprechung dem über das Anzeigengeschäft laufenden ökonomischen Wettbewerb auch eine publizistische Bedeutung beigemessen wird. Unter anderem von *Mestmäcker* wird dies überzeugend mit dem Hinweis darauf begründet, daß das Spektrum des Anzeigenteils die Wahlkampfaussagen politischer Parteien, die Öffentlichkeitsarbeit von Regierung, Kirchenverbänden und ähnlichen Personenvereinigungen umfaßt[509]. Zudem lassen – so das Bundesverfassungsgericht – selbst Anzeigen, in denen der Anzeigende nicht seine Meinung kundtun, sondern lediglich nicht bekannte mögliche Leser dazu bewegen möchte, ihm ein Angebot zum Abschluß eines Vertrages über den in der Anzeige bezeichneten Gegenstand zu machen, einen gewissen Schluß auf die kulturelle, politische und wirtschaftliche Lage im Bereich des Verbreitungsgebietes der Zeitung zu[510]. Diese Aussagen können für den Rundfunkbereich gleichermaßen Gültigkeit beanspruchen. Gegen eine Trennung publizistischen und ökonomischen Wettbewerbs sprechen aber nicht allein die publizistischen Aspekte des Anzeigengeschäftes – oder auf den Rundfunk bezogen – die der Ausstrahlung von Werbesendungen. Festzustellen ist vielmehr, daß eine derartige Trennung nicht durchgeführt werden darf, soll nicht der Prozeß der Meingungsbildung gefährdet werden. Weshalb dies so ist, erhellt sich in besonders deutlicher Weise, wenn man berücksichtigt, daß sich bei Vorliegen eines effektiven und funktionsfähigen Wettbewerbs die Ereignisse des Wettbewerbsprozesses nicht vorhersehen lassen; Wettbewerb ist, wie *von Hayek* formuliert, ein »Entdeckungsverfahren«[511]. Das ein solches Entdeckungsverfahren kennzeichnende innovatorische Moment muß bei einem isoliert gedachten Meinungswettbewerb zwar nicht zwangsläufig fehlen, kann aber andererseits auch nicht ausgeprägt sein. Denn, wie *Hoppmann* zutreffend ausführt, »ein in diesem Sinne reiner Meinungswettbewerb entdeckt vielleicht, wer am eindrucksvollsten argumentiert oder am lautesten schreit, welche Ideen

den Rahmen seiner allgemeinwirtschaftlichen und wettbewerblichen Kompetenzgrundlagen in Art. 74 Nr. 11 und Nr. 16 GG überschritten (so etwa *Kübler*, Medienverflechtung, 55). Die Befürworter der Gesetzesänderung machten geltend, selbst wenn der Eingriff um der publizistischen Wirkungsmöglichkeit und zum Schutz der Pressefreiheit erfolgt sei, so gehöre eine Regelung wie die in Rede stehende nicht schon deshalb zwingend zum Presserecht (vgl. statt vieler *Groß* (oben N. 503) 241).

509 Siehe *Mestmäcker*, Medienkonzentration und Meinungsvielfalt, 107.

510 Siehe BVerfG 4.4.1967, BVerfGE 21, 271-292 (279).

511 *von Hayek*, Der Wettbewerb als Entdeckungsverfahren, 249.

logisch kompatibel oder falsch sind, wer die ästhetisch elegantesten Formulierungen liefert oder die Emotionen am stärksten erregt, alles Entdeckungen, die nichts darüber aussagen, ob die hier zutage getretenen Meinungen sich in der empirischen Anwendung bewähren.«[512] Damit also Meinungswettbewerb seine Funktion für eine freie Meinungsbildung – letztere verstanden als ein fortlaufender gesellschaftlicher Prozeß, bei dem beispielsweise auch Minderheitsmeinungen zu Mehrheitsmeinungen werden können – erfüllen können bedarf es einer »Rückkoppelung«[513], die dem Anbieter einer Meinung die Resonanz auf dieses Angebot deutlich macht. Eine solche Rückkoppelung erfolgt in einem privatwirtschaftlich (werbefinanzierten) Rundfunksystem nicht auf publizistische, sondern auf ökonomische Art und Weise: Solange und soweit sich mit einem Programm nennenswerte Einschaltquoten erzielen lassen, kann der Rundfunkveranstalter Sendezeit für Werbung verkaufen und damit sein Programm finanzieren. Dieser Mechanismus erklärt nicht nur die Schwäche eines gebührenfinanzierten Rundfunks im Hinblick auf die angestrebte freie Meinungsbildung – in Ermangelung einer Rückkoppelung wird ein innovatorischer Meinungswettbewerb eher verhindert als gefördert; er veranschaulicht vielmehr zugleich, daß eine wie auch immer begründete Beschränkung der Finanzierung von Werbung nicht nur den ökonomischen Wettbewerb einengt, sondern notwendigerweise auch den publizistischen.

Dem Bundesverfassungsgericht sind diese Zusammenhänge nicht verborgen geblieben. Zwar heißt es im fünften Rundfunkurteil: »Marktchancen könnten eine Frage wirtschaftlicher, nicht aber der Meinungsfreiheit sein.«[514], im Hinblick auf die öffentlich-rechtlichen Programme wird daraus indes nicht die

512 Siehe *Hoppmann*, Meinungswettbewerb als Entdeckungsverfahren, 176; vgl. *von Hayek*, Die Freiheit der Verfassung, 44: »Der Strom neuer Ideen entspringt in weitem Maß aus dem Bereich, in dem Handeln, oft nicht-rationales Handeln, und materielles Geschehen aufeinanderstoßen. Er würde versiegen, wenn Freiheit auf die intellektuelle Sphäre beschränkt wäre.«

513 Siehe *Hoppmann*, Meinungswettbewerb als Entdeckungsverfahren, 177; ähnlich *Kantzenbach*, Zum Verhältnis von publizistischem und ökonomischen Wettbewerb aus ökonomischer Sicht, 80, für den publizistischer Wettbewerb »kein stabiles, funktionsfähiges System« darstellt, da er die von ihm erhofften kultur- und pressepolitischen Funktionen »nur im Zusammenhang mit dem ökonomischen Wettbewerb« erfüllen kann. Zur fehlenden Rückkoppelung bei einem gebührenfinanzierten Programm siehe *Büch/Büch*, Werbung als Finanzierungsalternative für Ätherrundfunk: ZögU 5 (1982) 1-16 (6).

514 BVerfG 24.3.1987; BVerfGE 74, 297-357 (335); gegen eine »Vermischung und Gleichsetzung« des Prinzips des Wettbewerbs der Meinungen und des Prinzips des wirtschaftlichen Leistungswettbewerbs auch *Dietz*, zit. nach *Pres*, Öffentlich-rechtlicher und privater Rundfunk im dualen Rundfunksystem: ZUM 1988, 57-58 (58); ähnlich *Hendriks*, Zum Wettbewerb im dualen Rundfunk: ZUM 1988, 209-216 (210 f.), der bei einer marktwirschaftlichen Rundfunkordnung die Rundfunkfreiheit nicht mehr »als dienende Freiheit für das Recht auf Information und freie Meinungsäußerung des Bürgers« ansieht, sondern als Freiheit unternehmerischen Handelns; kritisch dazu *Ory*, Marktchancen und Meinungsfreiheit: ZUM 1987, 427-433 (429); ablehnend ferner *Seemann*, Zur Konkurrenzproblematik im dualen Rundfunksystem: ZUM 1988, 67-81 (77).

Schlußfolgerung gezogen, deren Finanzierung sei speziell unter dem Blickwinkel von Art. 5 Abs. 1 GG verfassungsrechtlich irrelevant. Das Gericht führt im Gegenteil aus, daß die finanzielle Sicherung dieser Programme Bestandteil ihres Schutzes durch die Rundfunkfreiheit sei[515]. Denn – so die Begründung – im anderen Falle könne der Gesetzgeber das Verfassungsrecht, das einem unmittelbaren Verbot von Programmen entgegenstehe, dadurch umgehen, daß er dasselbe Ergebnis durch Entzug oder Beschränkung der Finanzierungsmöglichkeiten zu erreichen suche[516].

Eine wenn auch begrenzte Anerkennung wirtschaftlicher Aspekte als Voraussetzung für einen publizistischen Wettbewerb findet sich weiter an anderer Stelle auch für den privaten Rundfunk. Das Verbot regionaler und lokaler Werbung in öffentlich-rechtlichen Programmen »dürfte sogar geeignet sein«, dem publizistischen Wettbewerb zu dienen, »weil es dazu beiträgt, daß an ihm Beteiligte nicht aus wirtschaftlichen Gründen ausscheiden müssen.«[517] Diese wenn auch widersprüchlichen Erkenntnisse über das Zusammenspiel von ökonomischem und publizistischem Wettbewerb veranlaßten das Gericht indes nicht, wenigstens dem Grundsatz nach von seiner Forderung nach einer positiven Rundfunkordnung abzugehen. Die hier jedoch festgestellte prinzipielle Unvereinbarkeit einer solchen Ordnung mit dem zu schützenden Prozeß freier Meinungsbildung führt zu der Ausgangsfrage zurück, ob das in den Bereich der Bundeskompetenzen gehörige Wirtschaftsrecht für die Gewährleistung freier Meinungsbildung tauglich und einsetzbar im Sinne von verfassungskonform ist. Für eine positive Antwort sprechen zwei gewichtige Gründe. Zum einen ist auch in die hier kompetentiell ausgerichteten Überlegungen mit einzubeziehen, daß die für einen freien Rundfunk geforderte Staatsunabhängigkeit[518] primär durch eine privatwirtschaftliche und privatrechtliche Struktur gewährleistet werden kann[519] und auch sollte. Denn weil die Verfassungsgeber gerade nach den im Dritten Reich gesammelten Erfahrungen die Staatsfreiheit des Kommunikationssystems in einer Demokratie für unerläßlich hielten, wurden insoweit

515 BVerfG 24.3.1987; BVerfGE 74, 257-357 (342); von *Degenhart* (oben N. 484) 52 wird zutreffend darauf hingewiesen, daß Marktchancen für die öffentlich-rechtlichen Anstalten in der Tat keine Frage der Meinungsfreiheit seien, weil ihre Freiheit wirtschaftlich ohnehin abgesichert sei, während private Anbieter demgegenüber gerade wirtschaftlicher Marktchancen bedurften, um überhaupt Meinungsbeiträge leisten zu können.

516 BVerfG 24.3.1987, BVerfGE 74, 297-357 (342). Weshalb diese Erkenntnis vom Gericht bei den Privaten ausdrücklich verneint wird, bleibt – wie *Ory* (oben N. 514) 429 richtig bemerkt -»ein Geheimnis der Urteilsbegründung«.

517 BVerfG 24.3.1987, BVerfGE 74, 297-357 (342).

518 Siehe BVerfG 16.6.1981, BVerfGE 57, 295-335 (320); BVerfG 4.11.1986, BVerfGE 73, 118-205 (52); BVerfG 24.3.1987, BVerfGE 74, 297-357 (342).

519 Siehe *Mestmäcker*, Recht und ökonomisches Gesetz, 282.

grundrechtliche Verbürgungen geschaffen, das Kommunikationssystem also prinzipiell der privaten Hand überantwortet[520].

Für den Pressebereich klingt dieser Gedanke auch in der Rechtsprechung des Bundesverfassungsgerichtes durch, wenn es dort heißt: »Das Ergebnis, daß in der Veröffentlichung von Anzeigen die Weiterverbreitung von Nachrichten liegt und daß schon deshalb auch der Anzeigenteil von der Pressefreiheit umfaßt ist, enthebt das Gericht der Prüfung der weiteren Frage, ob die Einnahmen aus dem Anzeigenteil die unentbehrliche wirtschaftliche Voraussetzung für das Bestehen einer vom Staat unabhängigen Presse sind und auch aus diesem Grunde durch staatliche Maßnahmen nicht beeinflußt werden dürfen.«[521] Von *Mestmäcker* ist daraus die richtige Schlußfolgerung gezogen worden, daß staatliche Maßnahmen, welche die Übereinstimmung von privatwirtschaftlicher Struktur und öffentlicher Aufgabe in Konfliktfällen sichern sollen, sich an der durch diese Ordnung gewährleisteten Staatsunabhängigkeit orientieren müssen[522]. Für einen Vorrang wirtschaftsrechtlicher Instrumentarien vor medienpolitischen Mitteln spricht des weiteren – worauf *Mestmäcker* ebenfalls zu Recht hinweist – die Neutralität wirtschaftsrechtlicher Normen im Verhältnis zum Inhalt der Meinung[523]. Bei dieser Neutralität des Wirtschaftsrechts und damit bei seiner rechtlichen Qualifikation als allgemeiner Gesetze im Sinn von Art. 5 Abs. 2 GG verbleibt es selbst dann, wenn in diesen Normenbereich Regelungen aufgenommen werden, die speziell für den Rundfunk oder für die Medien insgesamt gelten, soweit es sich lediglich um marktspezifische Anpassung bei im übrigen unveränderten legislativen Zwecken handelt[524]. Für die Pressefusionskontrolle ist diese Beurteilung durch das Bundesverfassungsgericht bestätigt worden[525]. Zu berücksichtigen ist ferner, daß nicht die medienpolitische Motivation des Gesetzgebers über die Einschlägigkeit der Kompetenzbestimmungen entscheiden kann[526]. Von kompetenzrechtlicher Bedeutung ist allein der unmittelbare Gegenstandsbereich, d.h. der Sachzusammenhang. In diesem Sinne hat auch der Bundesgerichtshof in der Elbe-Wochenblatt-Entscheidung festgestellt, daß bei kompetentiellen Konflikten »nicht an weitgreifende Zwecke oder Hoffnungen angeknüpft werden« könne, sondern »vielmehr die unmittelbar durch

520 *Klein*, Die Rundfunkfreiheit, 52.

521 BVerfG 4.4.1967, BVerfGE 21, 271-292 (279 f.).

522 Siehe *Mestmäcker*, Medienkonzentration und Meinungsvielfalt, 31.

523 Siehe *Mestmäcker*, Medienkonzentration und Meinungsvielfalt, 31 und *Möschel*, Pressekonzentration und Wettbewerbsgesetz, 176.

524 So auch *Möschel*, Pressekonzentration und Wettbewerbsgesetz, 58.

525 Siehe BVerfG 29.8.1983 – WuW/E VG 307.

526 So auch *Wolf*, Medienfreiheit und Medienunternehmen, 418.

das zu beurteilende Gesetz geregelte Materie« maßgebend sei[527]. Der nach *Hoffmann-Riem* verbleibende Einwand, das Wettbewerbsrecht dürfe allenfalls mittelbar auf das publizistische Angebot einwirken und sei dementsprechend »mit dem Risiko der Verfehlung der verfassungsrechtlich gebotenen Ziele bzw. der Erreichung gegenläufiger Effekte belastet«[528], setzt voraus, daß eine verfassungsunmittelbare Garantie publizistischer Vielfalt oder Qualität existiert. Es ist jedoch bereits ausführlich dargelegt worden, daß es eine eigenständige Verfassungsgewährleistung dieser Art nicht gibt.
Der für die Presse als verfassungsverbindlich anerkannte Rahmen des Wirtschaftsrechts steht nach allem auch beim Rundfunk grundsätzlich nicht zur Disposition des Gesetzgebers.

2. *Die Anwendbarkeit des Bundeswirtschaftsrecht auf öffentlich-rechtliche und private Rundfunkveranstalter*

Die dargelegte Konzeption eines privatwirtschaftlichen und privatrechtlichen Rundfunks steht, wie noch einmal zu betonen ist, unter dem Vorbehalt von Übergangsregelungen, die dem schrittweisen Ausbau neuer Sendekapazitäten angepaßt sind und damit Rechnung tragen. Nicht zu beanstanden ist deshalb, wie im vierten Rundfunkurteil des Bundesverfassungsgerichts geschehen, eine Neudefinition der den öffentlichen Anstalten zugewiesenen Aufgabe: nur noch die »Grundversorgung« sei Sache der öffentlich-rechtlichen Anbieter, da deren terrestrische Programme im Gegensatz zu den auf Breitbandkabel angewiesenenen Programmen Privater nahezu die gesamte Bevölkerung erreichten[529]. Gerade am Beispiel dieses Programmauftrages läßt sich aber auch in besonders deutlicher Weise illustrieren, welches normative Konfliktpotential eine positive Ausgestaltung der Rundfunkfreiheit im Hinblick auf das von

527 BGH 18.12.1979, BGHZ 76, 55-75 (65); siehe darüber hinaus BVerfG 28.11.1973, BVerfGE 36, 193-212 (205): »Sinn und Zweck des Zeugnisverweigerungsrechts wie seine Verknüpfung mit der besonderen Stellung der Presse sind jedoch für die kompetenzrechtliche Einordnung nicht entscheidend. Sie bestimmen zwar Umfang und Ausgestaltung der Weigerungsbefugnis. Der Ort, an dem dies geschieht, liegt indessen außerhalb des Presserechts. Das Mittel, den unabweisbaren Bedürfnissen einer freien Presse Rechnung zu tragen, ist seinem Wesen nach verfahrensrechtlicher Art. Der Sachzusammenhang, in dem sich die schutzwürdigen Belange der Presse zur Geltung bringen, Berücksichtigung finden und unmittelbare Wirkung entfalten, ist das gerichtliche Verfahren, in dem das Zeugnisverweigerungsrecht ausgeübt wird.«

528 *Hoffmann-Riem* (oben N. 426) 349.

529 BVerfG 4.11.1986, BVerfGE 73, 118-205 (157); unerfindlich ist dann allerdings die verfassungsrechtliche Legitimation der Programmausweitung der öffentlich-rechtlichen Anstalten (EINS PLUS, 3-SAT etc.), kritisch hierzu vor allem *Selmer*, Bestands- und Entwicklungsgarantien für den öffentlich-rechtlichen Rundfunk in einer dualen Rundfunkordnung, 84.

einer marktwirtschaftlichen Ordnung ausgehende Wirtschaftsrecht des Bundes in sich birgt. So vertreten ARD und ZDF den Standpunkt, die Erfüllung ihres Programmauftrages habe Vorrang vor der durch das GWB geschützten Wettbewerbsfreiheit, diese sei mithin einer Beurteilung nach dem GWB entzogen[530]. Nicht nur unverständlich, sondern rechtlich unhaltbar sei dementsprechend der Beschluß des Bundeskartellamtes vom 27. August 1987, wonach der zwischen ARD und ZDF sowie dem Deutschen Sportbund geschlossene »Globalvertrag für die Übertragung von Sportveranstaltungen gegen das Kartellrecht verstoße und damit unwirksam sei.«[531].

Potentielle Widersprüche im Verhältnis Landesrundfunk- und Wirtschaftsrecht[532] erfahren also durch die noch immer bestrittene Anwendbarkeit des Wirtschaftsrechts auf die öffentlich-rechtlichen Rundfunkanstalten eine zusätzliche Komplikation.

a) *Anwendbarkeit des Gesetzes gegen Wettbewerbsbeschränkungen und des Gesetzes gegen den unlauteren Wettbewerb im Rundfunkbereich*

aa) *Privatrechtlich geordnete Beziehungen*

Das Gesetz gegen den unlauteren Wettbewerb und das Gesetz gegen Wettbewerbsbeschränkungen sind dem Privatrecht zuzuordnen; beide Gesetze sind mithin nur dann anwendbar, wenn es sich um privatrechtlich geordnete Beziehungen handelt[533]. Die Bejahung dieser Voraussetzung bereitet im Hinblick auf privatrechtlich organisierte Rundfunkveranstalter keine Schwierigkeiten. Anders verhält es sich jedoch mit den öffentlich-rechtlichen Landesrundfunkanstalten. Da weder das Wettbewerbsrecht noch das Kartellrecht auf hoheitliche Handlungen angewandt werden können, ergibt sich das Problem, bei der erwerbswirtschaftlichen Betätigung der öffentlichen Hand[534] privatrechtlich und öffentlich-rechtlich geordnete Beziehungen zu unterscheiden. In der

530 Siehe Tätigkeitsbericht des Bundeskartellamtes 1974, BT-Drucksache VII, Nr. 3791 (S. 75).

531 Siehe *Scheithauer*, Klage beim Kammergericht, Frankfurter Rundschau vom 4.9.1987 (S. 22). Siehe ferner *Tettinger*, Kartellrecht und Verfassungsrecht – ein Evergreen mit neuer Strophe – Überlegungen zum sog. Globalvertrag aus öffentlich-rechtlicher Sicht, 147-155, und *Stockmann*, Programmbeschaffung und Kartellrecht, 156-160. In dem sogenannten Globalvertrag wird den öffentlich-rechtlichenen Rundfunkanstalten für die Dauer von fünf Jahren beginnend mit dem 1. Januar 1985 das Recht eingeräumt, *vorrangig* vor anderen Interessenten Sportveranstaltungen der Spitzenverbände des Deutschen Sportbundes oder ihrer angeschlossenen Organisationen terrestrisch, über Kabel, über Satellit oder dergleichen zu übertragen.

532 Die nachfolgenden Erörterungen beschränken sich auf das UWG und GWB.

533 Vgl. statt aller *Immenga/Mestmäcker* (*-Emmerich*) § 98 Abs. 1 GWB RdNr. 5 mit zahlreichen Nachweisen.

534 Der Begriff der öffentlichen Hand meint alle (Gebiets-und Personen-)Körperschaften, Anstalten und Stiftungen des öffentlichen Rechts, soweit ihnen Eigentumsrechte zugeordnet sind.

Rechtsprechung und Literatur sind hierzu verschiedene Abgrenzungskriterien entwickelt worden. So wurde zunächst auf das zwischen der öffentlichen Einrichtung und ihren Benutzern bestehende Rechtsverhältnis abgestellt: War dieses Verhältnis öffentlich-rechtlich gestaltet, so sollte dies auch für die Beziehung zu den privaten Mitbewerbern gelten. Das Kriterium für die Rechtsnatur der Wettbewerbsbeziehungen war demnach die rechtliche Qualifikation der Leistungsbeziehungen[535].

Gegen diese Auffassung wurden indes in zunehmendem Maße Einwände geltend gemacht. So wies *Mestmäcker* darauf hin, daß Wettbewerbsbeziehungen nicht zwischen der öffentlichen Hand und denjenigen Personen beständen, welche deren Leistungen in Anspruch nähmen. Die Leistungsbeziehung vermittle nur ein Wettbewerbsverhältnis. Wettbewerber seien allein diejenigen Unternehmen, welche neben der öffentlichen Hand zur Befriedigung der gleichen Nachfrage in Betracht kämen[536]. Kritisch angemerkt wurde ferner, daß ein ausschließliches Abstellen auf die Rechtsnatur der Leistungsbeziehungen der öffentlichen Hand ermöglicht, sich durch die bloße, ihr weithin freistehende Wahl öffentlich-rechtlicher Formen für ihre Leistungsbeziehungen der Anwendbarkeit des privaten Wettbewerbsrechts zu entziehen[537]. Nach *Emmerich* erfordert es darüber hinaus vor allem der Schutz der privaten Wettbewerber gegenüber der öffentlichen Hand, Leistungs- und Wettbewerbsbeziehungen strikt voneinander zu trennen. Denn wo immer die öffentliche Hand auf einem Markt im Wettbewerb mit Dritten solche Leistungen anbiete, zwischen denen die Abnehmer frei wählen könnten, entstehe ein schutzwürdiger Wettbewerb ganz ohne Rücksicht auf die Rechtsnatur der Leistungsbeziehung[538].

Ob ein auf der Ebene des Privatrechts liegendes Wettbewerbsverhältnis anzunehmen ist, soll sich daher – und diese Ansicht kann mittlerweile als vorherrschend bezeichnet werden – maßgeblich danach bestimmen, ob die öffentliche Hand Leistungen auf einem Markt anbietet, auf dem Nachfrager zwischen dem Angebot der öffentlichen Hand und konkurrierenden Angeboten Dritter frei wählen können; öffentlich-rechtliche Leistungsbeziehungen schließen demnach

535 Zahlreiche Nachweise finden sich bei *Emmerich*, Das Wirtschaftsrecht der öffentlichen Unternehmen, 277 N. 85 und 281 N. 96 und 97.

536 *Mestmäcker*, Die Abgrenzung von öffentlich-rechtlichem und privatrechtlichem Handeln im Wettbewerbsrecht: NJW 1969, 1-6 (2).

537 Siehe *Mestmäcker* (oben N. 536) 2; *Immenga/Mestmäcker* (*-Emmerich*) § 98 GWB RdNr. 10; *Emmerich*, Das Wirtschaftsrecht der öffentlichen Unternehmen, 286.

538 *Emmerich*, Das Wirtschaftsrecht der öffentlichen Unternehmen, 286; vgl. auch *Emmerich/Steiner*, Möglichkeiten und Grenzen der wirtschaftlichen Betätigung der öffentlich-rechtlichen Rundfunkanstalten, 134 f., die an einer »grundsätzlichen, generellen Unterwerfung« der öffentlich-rechtlichen Rundfunkanstalten unter das private Wettbewerbsrecht keinen Zweifel haben.

ein privatrechtliches Wettbewerbsverhältnis nicht aus[539]. Das so beschriebene Kriterium zur Abgrenzung privatrechtlicher und öffentlich-rechtlicher Beziehung ist sachgerecht und auch unter dogmatischen Gesichtspunkten überzeugend. Dies wird bei näherer Analyse der gegenteiligen Rechtsansicht deutlich. So begründet etwa *Schricker* die Unterscheidung öffentlich-rechtlichen und privatrechtlichen Handelns als Kriterium für die Anwendbarkeit des Wettbewerbsrechts damit, daß die ordentlichen Gerichte nicht durch Verbote oder Gebote in die Hoheitsverwaltung eingreifen dürften[540]. Über wettbewerbswidriges Verhalten von Unternehmen der öffentlichen Hand müßten daher die Verwaltungsgerichte entscheiden – jedenfalls dann, wenn die Leistungsbeziehung öffentlich-rechtlicher Natur sei[541]. Schon von *Mestmäcker* ist jedoch dargelegt worden, daß diese Überlegungen nicht den Kern des Problems treffen[542]. Der eigentliche Konflikt ist nämlich nicht die Frage des Rechtsweges, sondern die Kollision von Zielen und Funktionen des Wettbewerbsrechts einerseits und der Erfüllung öffentlicher Aufgaben andererseits. Die Aufgabe, die Eigengesetzlichkeit des Wettbewerbs, die vom Wettbewerbsrecht geschützt wird, und die Eigengesetzlichkeit hoheitlichen Handelns zur Erfüllung öffentlicher Aufgaben zueinander in Beziehung zu setzen, stellt sich aber, wie *Mestmäcker* zu Recht beanstandet, unabhängig davon, ob man das Wettbewerbsrecht als solches anwendet oder dessen Grundsätze in das öffentliche Recht überträgt[543]. Effektiver Rechtsschutz dürfte bei direkter Anwendung der wettbewerbs-und kartellrechtlichen Normen zudem eher gewährleistet sein als bei einer Übertragung allgemeiner Rechtsgrundsätze aus dem UWG und dem GWB in das öffentliche Recht. Denn schon die Frage, ob sich in einer Norm ein allgemeiner Rechtsgrundsatz dokumentiert, ist nicht immer so leicht festzustellen wie im Falle des § 1 UWG, wo nach allgemeiner Ansicht das Verbot sittenwidrigen Handelns auch im öffentlichen Recht gilt[544].

Als Zwischenergebnis kann nach allem festgehalten werden, daß nicht nur die privaten Anbieter, sondern auch die öffentlich-rechtlichen Rundfunkanstalten

539 Vgl. statt vieler *Mestmäcker* (oben N. 536) 3; *Emmerich*, Das Wirtschaftsrecht der öffentlichen Unternehmen, 287; *Immenga/Mestmäcker* (*-Emmerich*) § 98 Abs. 1 GWB RdNr. 12 mit zahlreichen Nachweisen; *Werner*, Die Abwehr staatlicher Wettbewerbseinflüsse, 29 f.; BGH 22.3.1976, BGHZ 66, 229-239 (233); BGH 20.12.1967: GRUR 1968, 314-317 (316) – »fix und clever«; BGH 22.9.1972: GRUR 1973, 530-532 (530) – »Crailsheimer Stadtblatt«.

540 *Schricker*, Wirtschaftliche Tätigkeit der öffentlichen Hand und unlauterer Wettbewerb, 66.

541 *Schricker*, Wirtschaftliche Tätigkeit der öffentlichen Hand und unlauterer Wettbewerb, 66 f.

542 Siehe *Mestmäcker* (oben N. 536) 2 f.

543 Siehe *Mestmäcker* (oben N. 536) 3; siehe ferner *Schricker*, Wirtschaftliche Tätigkeit der öffentlichen Hand und unlauterer Wettbewerb, 126 ff. und 132 ff. sowie *Bussmann*, Die Beziehung der Rundfunkanstalten zu den Zeitungsverlagen unter der Sicht des Wettbewerbsrechts, 13 f., nach deren Auffassung die allgemeinen Grundsätze des Wettbewerbsrechts auch im öffentlichen Recht Anwendung zu finden haben.

544 Siehe auch hierzu *Mestmäcker* (oben N. 536) 3.

grundsätzlich den Vorschriften des UWG und des GWB unterliegen: Das Publikum kann sich frei für das Programm einer öffentlich-rechtlichen Anstalt oder eines privaten Veranstalters entscheiden – beide stehen also im Hinblick auf die Programmtätigkeit auf der Ebene der Gleichordnung im Wettbewerb[545]. Das gleiche gilt für die Beschaffungstätigkeit. Den öffentlich-rechtlichen Rundfunkanstalten stehen keine hoheitlichen Mittel zur Verfügung, um das Sendegut zu beschaffen; als Nachfrager nach Information- und Unterhaltungssendungen treten sie ihren Partnern stets gleichberechtigt gegenüber. Die zwischen ihnen bestehenden Rechtsbeziehungen haben privatrechtlichen Charakter[546]. Entsprechendes ist für die Ausstrahlung von Werbesendungen festzustellen, denn auch die Verträge über die Durchführung der Werbung gegen Entgelt sind privatrechtlicher Natur[547].
Die Anwendbarkeit des UWG und GWB stehen jedoch nach allgemeiner Ansicht unter dem Vorbehalt, daß die Anwendung dieser Normen nicht die Erfüllung der den (öffentlich-rechtlichen) Rundfunkanstalten übertragenen öffentlichen Aufgabe verhindern darf.

bb) *Die Freistellung der Daseinsvorsorge*

Im sogenannten ersten Rundfunkurteil stellte das Bundesverfassungsgericht fest, »daß der Rundfunk in Deutschland zu einer öffentlichen Einrichtung geworden ist und in öffentlicher Verantwortung steht. Wenn sich der Staat mit dem Rundfunk in irgendeiner Form befaßt, so nimmt er damit eine Aufgabe der öffentlichen Verwaltung wahr. ... Die von Rundfunkanstalten öffentlichen Rechts erfüllten Aufgaben gehören zum Bereich der öffentlichen Verwaltung.«[548] Die herrschende Lehre stimmt dieser Auffassung zu[549]. Sie rechnet (Programm-) Rundfunkveranstaltungen (öffentlich-rechtlicher Anstalten) zum Bereich der Daseinsvorsorge[550].

545 So auch bereits *Mestmäcker* (oben N. 536) 4.
546 Siehe *Mestmäcker* (oben N. 536) 5; Gemeinsamer Senat der Obersten Gerichtshöfe des Bundes, Beschluß vom 10.4.1986: GRUR 1986, 685-686; BGH 27.2.1962, BGHZ 37, 1-30 (18) – «AKI«.
547 Vgl. *Mestmäcker* (oben N. 536) 5.
548 BVerfG 28.2.1961, BVerfGE 12, 205-264 (246).
549 *Jürgens*, Verfassungsmäßige Grenzen der Wirtschaftswerbung: Verwaltungsarchiv 1962, 105-144 (139); *Schneider*, Informationsfreiheit und Rundfunkgenehmigung: NJW 1961, 53-56 (56); für weitere Nachweise siehe *Leisner*, Werbefernsehen und öffentliches Recht, 29 N. 85.
550 Siehe statt vieler Ipsen, Die Rundfunkgebühr, 26; *Krause-Ablass*, Die Neutralitätspflicht der Rundfunkanstalten: RuF 1962, 113-121 (114); *Lauff*, Kartellrechtliche Grenzen öffentlich-rechtlicher Rundfunktätigkeit: Fernseh-Informationen 1985 (Heft 3), 68-71 (68); weitere Nachweise finden sich bei *Leisner*, Werbefernsehen und öffentliches Recht, 28 N. 81 und 82.

Für die öffentlich-rechtlichen Rundfunkanstalten ist diese Zuordnung von äußerster Bedeutsamkeit. Denn die Zugehörigkeit einer wirtschaftlichen Tätigkeit der öffentlichen Hand zum Bereich der Daseinsvorsorge kann unter bestimmten, allerdings umstrittenen Voraussetzungen zur Freistellung von wettbewerbs- und/oder kartellrechtlichen Vorschriften führen, soweit nur so die Erfüllung der öffentlichen Aufgabe möglich ist[551]. *Schwarz* gelangt in seinen Ausführungen zu dem Ergebnis, »daß der der Freistellung insbesondere der Versorgungswirtschaft zugrunde liegende Gedanke, wonach der Wettbewerb insoweit zurückzutreten hat, als dies die Erfüllung des der Versorgungswirtschaft aufgegebenen öffentlichen Zwecks notwendig macht, für *sämtliche* Fälle der staatlichen Daseinsvorsorge gilt[552]. Überwiegend wird eine derart umfassende Freistellung abgelehnt. Die Rechtfertigung eines Verstoßes gegen die Vorschriften etwa des GWB mit der Erfüllung »beliebiger, öffentlicher« Aufgaben sei mit dem Wortlaut des § 98 Abs. 1 GWB, mit der Prärogative des Gesetzgebers und mit der Gleichheit aller vor dem Gesetz unvereinbar, allein der Gesetzgeber selbst könne – unter Beachtung des Art. 3 Abs. 1 GG – einzelne Unternehmen einschließlich der öffentlichen Unternehmen durch ihre Freistellung von den für alle geltenden Gesetzen privilegieren[553]. Festzustellen ist hier jedoch, daß dieser Meinungsstreit nur in einer, die öffentlich-rechtlichen Rundfunkanstalten nicht berührenden Konstellation zu unterschiedlichen Ergebnissen führen kann: Angesprochen sind diejenigen Fälle der Daseinsvorsorge, in denen wettbewerbs-oder kartellrechtswidriges Verhalten nicht durch eine dem Wirtschaftsrecht vorgehende Norm gedeckt ist und es sich auch nicht um die Erfüllung gesetzlich begründeter, öffentlicher Aufgaben handelt. Denn es besteht Einigkeit darüber, daß jedenfalls für die Anwendbarkeit des GWB kein Raum ist, wenn öffentlichen Unternehmen kraft Gesetzes die Befugnis verliehen ist, ihr wirtschaftliches Verhalten oder die Marktverhältnisse ganz oder teilweise hoheitlich zu regeln, oder wenn das wirtschaftliche Verhalten öffentlicher Unternehmen öffentlich-rechtlichen Sonderregelungen unterliegt[554], die nach dem Willen des Gesetzgebers eindeutig dem Wettbewerbs-

551 Nicht vertieft werden soll an dieser Stelle, ob die Verfolgung öffentlicher Zwecke den Anwendungsbereich wettbewerbs- und kartellrechtlicher Normen oder die sachlichen Voraussetzungen für das Eingreifen der in ihnen vorgesehenen Verbote betrifft. – Letzteres bejahend: *Ulmer*, Die Anwendung von Wettbewerbs- und Kartellrecht auf die wirtschaftliche Tätigkeit der öffentlichen Hand beim Angebot von Waren oder Dienstleistungen: ZHR 146 (1982) 466-506 (476).

552 *Schwarz*, Die wirtschaftliche Betätigung der öffentlichen Hand im Kartellrecht, 213.

553 Siehe *Immenga/Mestmäcker (-Emmerich)* § 98 Abs. 1 GWB RdNr. 38 mit weiteren Nachweisen.

554 Siehe statt vieler *Emmerich*, Das Wirtschaftsrecht der öffentlichen Unternehmen, 288 f.; *Immenga/Mestmäcker* (*-Emmerich*) § 98 Abs. 1 GWB RdNr. 36; *Schwarz*, Die wirtschaftliche Betätigung der öffentlichen Hand im Kartellrecht, 205.

und Kartellrecht vorgehen sollen. Ferner entfällt die Bindung der öffentlichen Unternehmen an die Wettbewerbsregeln nach allgemeiner Ansicht, wenn es sich um die Erfüllung gesetzlich begründeter öffentlicher Aufgaben handelt und die Erfüllung nur unter Durchbrechung des GWB möglich ist[555].
Ist also ein an sich wettbewerbs- oder kartellrechtswidriges Verhalten im Bereich der Daseinsvorsorge durch eine Rechtsnorm gedeckt, beurteilt sich die Wettbewerbs- und Kartellrechtserheblichkeit der unmittelbaren Erfüllung eines öffentlichen Zwecks nach den Regeln der Normenkonkurrenz[556]. Dasselbe gilt in denjenigen Fällen, in denen als Träger einer an sich nach Kartellrecht tatbestandsmäßigen Wettbewerbsbeschränkung eine rechtsfähige Anstalt oder Körperschaft des öffentlichen Rechts fungiert und in denen sich die Wettbewerbsbeschränkungen innerhalb des dieser juristischen Person des öffentlichen Rechts zugewiesenen öffentlichen Zwecks der Daseinsvorsorge hält[557]. Ob diese Ausnahmetatbestände im Hinblick auf die öffentlich-rechtlichen Rundfunkanstalten und auf die landesrundfunkrechtlichen Regelungen Geltung beanspruchen können, kann indes nicht pauschal beantwortet werden. Zu unterscheiden sind nämlich verschiedene Tätigkeitsfelder: die Programmtätigkeit, die Beschaffungstätigkeit und der Verkauf von Sendezeiten für Wirtschaftswerbung[558].

aaa) *Die Programmtätigkeit*

Unter Programmtätigkeit sind alle Handlungen zu verstehen, die die Gliederung des Gesamtprogramms (Programmschema), die Plazierung der einzelnen Programmteile (Sendungen) in diesem Rahmen sowie den zeitlichen Umfang und die sonstige Gestaltung der einzelnen Sendungen betreffen, ferner die Auswahlentscheidung darüber, welche Sendungen zur Ausstrahlung kommen und welche nicht. Die Frage, ob nun landesrundfunkgesetzliche oder staatsvertragliche Regelungen zur so definierten Programmtätigkeit den Bestimmungen des UWG und GWB vorgehen, kann aus dem kartellrechtlichen Blickwinkel heraus erst nach Klärung eines weiteren Problems beantwortet werden.

555 Siehe statt vieler *Emmerich*, Das Wirtschaftsrecht der öffentlichen Unternehmen, 289 ff.; *Immenga/Mestmäcker* (*-Emmerich*) § 98 Abs. 1 GWB RdNr. 37; *Schwarz*, Die wirtschaftliche Betätigung der öffentlichen Hand im Kartellrecht, 205.

556 Siehe *Schwarz*, Die wirtschaftliche Betätigung der öffentlichen Hand im Kartellrecht, 205; vgl. auch *Immenga/Mestmäcker* (*-Emmerich*) § 98 Abs. 1 GWB RdNr. 36.

557 *Schwarz*, Die wirtschaftliche Betätigung der öffentlichen Hand im Kartellrecht, 205.

558 Anderer Ansicht *Scherer*, Programmbeschaffung und – produktion im dualen Rundfunksystem, 125.

(1) *Qualifizierung als unternehmerische Tätigkeit*

Zweifelhaft ist nämlich, ob die Programmtätigkeit der Rundfunkanstalten – und diese Frage ist für öffentlich-rechtliche Anstalten wie für private Anbieter gleichermaßen von Interesse – als unternehmerische Tätigkeit im Sinne des Kartellrechts bewertet werden kann.

Die herrschende Meinung interpretiert den Unternehmensbegriff zutreffend tätigkeitsbezogen (sogenannter funktionaler Unternehmensbegriff), denn es sind die Wirkungen einer Handlung und nicht die innere Verfassung des Handelnden, auf die ein institutioneller Unternehmensbegriff abstellen würde, die die Freiheit der anderen Wettbewerbsteilnehmer und dadurch den Wettbewerb als Prozeß beeinträchtigen können[559]. Als unternehmerisches Handeln kommt daher jede Tätigkeit im geschäftlichen Verkehr in Betracht, die auf den Austausch von Waren oder gewerblichen Leistungen gerichtet ist und sich nicht auf die Deckung des privaten Verbrauchs beschränkt[560].

Ausgehend von dieser Begriffsbestimmung stellte das Bundeskartellamt im Rahmen einer Vorprüfung des das SAT-1-Programm betreibenden ECS-1-Konsortiums fest, daß eine Vereinbarung über die Ausstrahlung von Fernsehprogrammen von § 1GWB nicht erfaßt werde, da werbungsfinanziertes Fernsehen für den Zuschauer kostenlos ausgestrahlt werde und somit kein makrtwirtschaftlicher Austauschprozeß vorliege[561]. Ähnlich argumentierte die Monopolkommission: Ein wirtschaftliches Konkurrenzverhältnis zwischen privaten und öffentlich-rechtlichen Rundfunkanstalten existiere nur auf dem Werbemarkt, nicht aber für das Programmangebot, denn eine wirtschaftliche Austauschbeziehung zwischen den Programmanbietern und den Rundfunkempfängern sowie eine Rivalität von öffentlichen und privaten Programmanbietern um die von den Benutzern zu zahlenden Rundfunkgebühren fehle[562].

Im rechtswissenschaftlichen Schrifttum wird demgegenüber die kartellrechtliche Relevanz der Programmtätigkeit bejaht: Aus der freien Entscheidung der Nachfrager, die zwischen den Angeboten von Presse, Film und Rundfunk wählen könnten, entständen Märkte für Leistungen (Unterhaltung und

559 Vgl. dazu statt vieler: *Immenga/Mestmäcker* (*-Immenga*) § 1 GWB RdNr. 32 und 38; *Emmerich*, Das Wirtschaftsrecht der öffentlichen Unternehmen, 254 ff. mit weiteren Nachweisen; *Schwarz*, Die wirtschaftliche Betätigung der öffentlichen Hand im Kartellrecht, 54 ff.

560 BGH 22.3.1976, BGHZ 67, 81-92 (84) – »Autoanalyser«; BGH 19.9.1974: NJW 1974, 2236-2237 (2236) – »Schreibvollautomat«; BGH 6.11.1972: NJW 1973, 94-95 (95).

561 Nachweis in: Sechstes Hauptgutachten der Monopolkommission 1984/85, BT-Drucksache X, Nr. 5860 (Rz. 582).

562 Sechstes Hauptgutachten der Monopolkommission 1984/85, BT-Drucksache X, Nr. 5860 (Rz. 584).

Information), welche die Nachfrager als austauschbar ansähen[563]. Daß die Programmtätigkeit als eine geschäftliche Tätigkeit angesehen werden muß, ist insbesondere von *Mestmäcker* und *Ulmer* überzeugend begründet worden[564]. Ihrer beider Kernthese lautet: »Der Wettbewerb im Rundfunk wird mit Hilfe des Programmangebotes geführt.«[565] Dem ist uneingeschränkt zuzustimmen. Denn es dürfte nicht zu leugnen sein, daß die Akzeptanz des Programmangebotes bei den Rundfunkempfängern für die Rundfunkveranstalter von maßgeblicher wirtschaftlicher Bedeutung ist. Für private Anbieter, die sich über den Verkauf von Sendezeit zur Wirtschaftswerbung finanzieren, liegt dies auf der Hand. Sendezeit für Wirtschaftswerbung ist nur dann gut zu verkaufen, wenn das die Werbesendungen umrahmende Programmangebot bestimmte Einschaltquoten erwarten läßt. Aber auch bei den öffentlich-rechtlichen Rundfunkanstalten haben die Werbeeinnahmen ein Volumen erreicht, das es verbietet, für die Frage nach der Unternehmenseigenschaft der Anstalten ausschließlich an die Modalitäten der Gebührenfinanzierung anzuknüpfen[566].

Im Hinblick auf die Einnahmen aus dem Gebührenaufkommen ist weiter anzumerken, daß der Unternehmensbegriff keine Gewinnerzielungsabsicht voraussetzt[567], so daß auch eine gegen Gebühr angebotene Leistung als wirtschaftliche Betätigung angesehen werden kann[568]. Zwar ist die Rundfunkgebühr nach geltendem Recht nicht für den Bezug einzelner Programme, sondern für das Bereithalten eines zum Empfang von Rundfunkprogrammen bestimmten Gerätes zu entrichten; dies darf aber nicht darüber hinwegtäuschen, daß die Gebühren zum weitaus größten Teil der Programmproduktion zugeführt werden.

Von *Kulka* wird im übrigen zu Recht darauf aufmerksam gemacht, daß die Programmtätigkeit der öffentlich-rechtlichen Rundfunkanstalten nicht nur tatsächlich wirtschaftlich motiviert ist[569]. Denn im Verhältnis zum Staat kommt der Finanzierung aus Werbeeinnahmen programmfreiheitssichernde Bedeutung zu; das gleiche gilt für die Finanzierung aus Gebühren im Verhältnis zu

563 Siehe *Mestmäcker* (oben N. 536) 4; *Scholz*, Medienverflechtung: AfP 1983, 261-266 (262); *Salje*, Die Medienordnung als Wettbewerbsordnung, 129 ff.

564 Siehe *Mestmäcker* (oben N. 108) 023; *Ulmer*, Programminformationen der Rundfunkanstalten, 24, so auch jüngst *Klaue*, Zur Anwendung des Kartellgesetzes auf die öffentlich-rechtlichen Rundfunkanstalten, 91.

565 *Mestmäcker* (oben N. 108) 023.

566 Vgl. auch *Kulka*, Programmkoordinierung und Kartellrecht: AfP 1985, 177-186 (183).

567 Siehe statt vieler *Möschel*, Recht der Wettbewerbsbeschränkungen, 68.

568 Vgl. auch BVerfG 2.11.1981: JZ 1982, 288-290 (289): »Auch der Betrieb einer örtlichen Wasserversorgung durch eine Gemeinde in öffentlich-rechtlicher Form unter Erhebung von Benutzungsgebühren ist wirtschaftliche Betätigung in diesem weiteren Sinne.«

569 *Kulka* (oben N. 566) 183.

einzelnen gesellschaftlichen Gruppen[570]. Im Ergebnis wird man daher – und diesem Standpunkt hat sich auch das Bundeskartellamt angeschlossen – die Progammtätigkeit der öffentlich-rechtlichen Rundfunkanstalten wie auch der privaten Anbieter grundsätzlich als eine unternehmerische Tätigkeit im Sinne des GWB anzusehen haben[571].

(2) *Verhältnis von Wettbewerbs- und Kartellrecht und Landesrundfunkrecht*

Die Frage, in welchem Verhältnis rundfunkrechtliche Regelungen und Bestimmungen des Wettbewerbs- und Kartellrechts zueinander stehen, läßt sich nicht pauschal beantworten. Denn ein genereller Konflikt zwischen beiden Normbereichen ist nicht zu ermitteln. So hat *Mestmäcker* für das Verhältnis Rundfunkrecht und GWB zu Recht ausgeführt, daß der Zweck des Kartellrechts, die Entstehung wirtschaftlicher Machtstellungen zu verhindern und den Mißbrauch solcher Positionen zu verhüten, und der Zweck einer positivrechtlich ausgestalteten Rundfunkfreiheit, nämlich die Entstehung von Meinungsmacht zu verhindern, einander durchaus entsprechen können[572]. Auftretende Spannungen zwischen Rundfunk- und Wirtschaftsrecht müssen demzufolge einzelfallbezogen gelöst werden. Dies bedeutet allerdings nicht, daß es keine allgemeingültigen, d.h. die Einzelfälle in ihrer Gesamtheit erfassende Aussagen gibt, die bei der Lösung zu beachten sind, wie es sich am Beispiel der Programmkoordination von ARD und ZDF verdeutlichen läßt.

Diese Koordination stellt grundsätzlich die Erfüllung einer öffentlich-rechtlich geordneten Aufgabe dar. Dies ergibt sich aus § 22 Abs. 4 des ZDF-Staatsvertrages: »Der Intendant hat durch Zusammenwirken mit den für das Erste Fernsehprogramm Verantwortlichen darauf hinzuwirken, daß die Fernsehteilnehmer der Bundesrepublik zwischen zwei inhaltlich verschiedenen Programmen wählen

570 Vgl. *Bethge*, Der verfassungsrechtliche Stellenwert der Werbung im öffentlich-rechtlichen Rundfunk: Media Perspektiven 1983, 690-700 (693 ff.); *von Sell*, Wirtschaftswerbung in den öffentlich-rechtlichen Rundfunkanstalten in den Neuen Medien: ARD-Jahrbuch ›84, 88-92 (89 f.) und *Fuhr/Krone*, Interdependenzen zwischen Gebühren- und Werbeeinnahmen auf dem Gebiet der Rundfunkfinanzierung: AfP 1984, 141-144 (142).

571 Siehe den Beschluß des Bundeskartellamtes vom 27.8.1987 (6. Beschlußabteilung-B6-743500-RV-170/84) 5. Ebenso *Kulka* (oben N. 566) 183 und *Roth*, Rundfunk und Kartellrecht: AfP 1986, 287-297 (289); *Rudolph*, Programmausweitung und Kartellaufsicht: ZUM 1986, 451-458 (456).

572 *Mestmäcker* (oben N. 421) 554.

können.«[573] Die wettbewerbsbeschränkende Wirkung einer solchen Programmkoordination ist offensichtlich, denn die Vereinbarung, zum selben Sendetermin nicht mit gleichartigen Programmen zu konkurrieren, erhöht die Rezeptionschancen beider Programme und verhindert zudem das Abwandern des Publikums zu gemeinsamen Konkurrenten[574]. Hinzu kommt, daß bei Programmen mit hohen Produktionskosten das Risiko vermindert wird, auf ähnliche oder gleichartige Sendungen zu treffen, was regelmäßig eine Reduzierung der Einschaltquoten und damit der zur Abdeckung der Produktionskosten notwendigen Einnahmen bedeutet[575]. Daß es bei der Programmkoordination letztlich um Anteile am Medienmarkt geht[576], oder präziser gesagt um eine wenn auch begrenzte Marktaufteilung, wird auch schon daraus deutlich, daß die Entwicklung

573 Abgedruckt in: *Meyer/Schiwy/Schneider*, Kabelrundfunk C 2.1 – Im Schlußprotokoll zum ZDF-Staatsvertrag haben sich die vertragschließenden Länder verpflichtet, durch Änderung des Abkommens der Länder über die Koordinierung des Ersten Fernsehprogramms vom 17. April 1959 dafür Sorge zu tragen, daß auch die Anstalten des Landesrechts verpflichtet sind, durch Zusammenarbeit mit dem Intendanten der Anstalt ZDF darauf hinzuwirken, daß die Fernsehteilnehmer der Bundesrepublik zwischen zwei inhaltlich verschiedenen Programmen wählen können. Eine derartige Änderung des vorerwähnten Abkommens hat bis heute nicht stattgefunden. Angesichts der Tatsache, daß das Schlußprotokoll Bestandteil des Staatsvertrages ist, wird sie jedoch auch für entbehrlich erachtet. Vgl. *Lauff* (oben N. 550) 69.

574 Die Einschlägigkeit des Kartellverbotes nach § 1 GWB ist ausführlich von *Hertel*, Die Programmkoordinierung der öffentlich-rechlichen Rundfunkanstalten als kartellrechtliches Problem, 62–82 nachgewiesen worden. – Siehe *Lauff* (oben N. 550) 69 und auch *Kulka* (oben N. 566) 177: »Aus der Sicht dieser privaten Veranstalter, denen die Möglichkeit zur Erhebung von Rundfunkgebühren nicht zusteht, ist das dargebotene Programm mehr noch als aus der Perspektive der Rundfunkanstalten – auch – eine wirtschaftliche Leistung, und zwar entweder ihre Hauptleistung, wenn sie sich aus Zuschauerentgelten finanzieren (würden), oder eine besondere Art von Nebenleistung, wenn sie sich aus dem Verkauf von Sendezeit für Wirtschaftswerbung finanzieren und das Programm als Vehikel einsetzen müssen, um die Werbung den Zuschauern nahezubringen. Für diese Betrachtungsweise stellt jede Maßnahme der Programmkoordinierung nicht nur eine Beschränkung des publizistischen, sondern auch des wirtschaftlichen Wettbewerbs bei der Rundfunkveranstaltung dar. Sie erschwert konkurrierenden Veranstaltern das Auffinden von Programmlücken, die sie mit einem attraktiven, hohe Zuschauerzahlen versprechenden Angebot ausfüllen können.«; anderer Ansicht ist *Hoffmann-Riem*, Rundfunkrecht und Wirtschaftsrecht – ein Paradigmawechsel in der Rundfunkverfassung?, 27, für den die Möglichkeit eines Rückgriffs auf das Wirtschaftsrecht im Hinblick auf die Programmbetätigung des öffentlich-rechtlichen Rundfunks entfällt, da der ökonomische Wettbewerb »kraft Rundfunkrechts als Stimulator publizistischer Vielfalt ausscheidet.«; siehe ferner *Fuhr*, (Justitiar des Zweiten Deutschen Fernsehens – Anm. d. Verf.), Exklusivberichterstattung des Rundfunks im Spannungsverhältnis zwischen Privatautonomie, Kartellrecht und Recht auf freie Berichterstattung: ZUM 1988, 327-332 (329 f.): »ARD und ZDF stehen also in einem gebundenen Wettbewerbsverhältnis. Aufgrund der Koordinationsverpflichtung wurde – bezogen auf Sportveranstaltungen – die Übernahme von Sportveranstaltungen in jedem Einzelfall zwischen ARD und ZDF paritätisch geteilt.

575 Zum Kampf auf dem Werbemarkt zwischen öffentlich-rechtlichen und privaten Rundfunkveranstaltern siehe *Bullinger*, Rundfunkwerbung im Umbruch der Medien: ZUM 1985, 121-136.Zur Programmkoordination besonders in historischer Sicht siehe *Hickethier*, Die ersten Programmstrukturen im deutschen Fernsehen: Von der wohlkomponierten Mitte zum Viertelstundenraster: RuF 1984, 441-462.

576 Vgl. *Hickethier* (vorige Note) 441.

der Dritten Fernsehprogramme zu Vollprogrammen als für das ZDF unzumutbar empfunden wird: »Durch ihre zunehmend bundesweite Ausstrahlung verschaffen sie sich auch potentiell ein immer größeres Publikum. Da sie sich an die Koordinationspflicht nicht gebunden fühlen, haben sie immer dann, wenn ARD und ZDF sich wegen des Konsensgebots auf eine wenig populäre und massenattraktive Programmfarbe festlegen müssen, die Chance, mit massenattraktiven Angeboten, wie Spielfilmen und Serien, ein großes Publikum anzusprechen. Der ARD kommt die Ausnutzung dieser Möglichkeit letzlich wieder insgesamt zugute.«[577] Wie der damit gegebene Konflikt zwischen Rundfunk- und Kartellrecht zu lösen ist, wird im Schrifttum unterschiedlich beurteilt. Während von *Lauff* die Frage aufgeworfen wird, ob die staatsvertragliche Bestimmung des § 22 Abs. 4 angesichts der Existenz eines Marktes mit Wettbewerb nicht durch das Kartellrecht i.V.m. Art. 31 GG derogiert wird[578], vertritt *Kulka* die Auffassung, daß hier der landesrundfunkrechtlichen Regelung, die Umfang und Grenzen des wirtschaftlichen Wettbewerbs im Rundfunkbereich zur Sicherung der verfassungsrechtlich geforderten gleichgewichtigen Meinungsvielfalt näher bestimme, als der spezielleren der Vorrang einzuräumen sei[579].

Bedenken bestehen hier vor allem im Hinblick auf die von *Kulka* gegebene Begründung[580]. *Kulka* stützt sein Ergebnis auf die Überlegung, daß publizistischer und wirtschaftlicher Wettbewerb »untrennbar zu einem Regelungsgegenstand« verschmolzen seien, was schon daran deutlich werde, daß Maßnahmen der Programmgestaltung nicht ohne Auswirkungen auf den wirtschaftlichen Erfolg bleiben könnten[581]. Zwar ergebe die historische Betrachtung keine Belege dafür, daß die Regelungskompetenz der Länder im Rundfunkbereich auch derartige wirtschaftliche Aspekte erfasse – denn in der durch den Mangel an Übertragungsmöglichkeiten geprägten Ausgangslage sei an einen funktionsfähigen Wettbewerbs noch kaum zu denken gewesen –, wohl aber sprächen Gesichtspunkte des Sachzusammenhangs dafür, die Kompetenz der Länder auch in dieser Hinsicht zu bejahen[582]. Dafür spreche unter anderem, daß sich der Gesetzgeber »typisch wirtschaftsrechtlicher Instrumente, wie sie auch in

577 *Fuhr* (*-Konrad*) ZDF-Staatsvertrag § 22 IV 3; zum Terminus »Programmfarbe« siehe die Erläuterungen von *Hickethier* (oben N. 575) 455.

578 Siehe *Lauff* (oben N. 550) 70.

579 Vgl. *Kulka* (oben N. 566) 185.

580 *Lauff* selbst gibt keine abschließende Antwort, meint aber, daß eine Derogation nach Art. 31 GG jedenfalls nicht bereits an der grundsätzlichen Zuständigkeit der Länder zur Regelung des Rundfunkwesens scheitere. – Siehe *Lauff* (oben N. 550) 70; anderer Ansicht wohl *Roth* (oben N. 571) 295.

581 *Kulka* (oben N. 566) 185.

582 *Kulka* (oben N. 566) 185.

anderen Bereichen (Banken, Versicherungen, Verkehr etc.) Inhalt und Intensität möglichen wirtschaftlichen Wettbewerbs« determinierten, bediene[583].

Gegenstand der Kritik sind nun allerdings nicht die vorangehend skizzierten Ausführungen *Kulkas* zur überaus starken Konnexität von publizitischem und ökonomischem Wettbewerb. Ihnen ist im Gegenteil voll zuzustimen. Im Anschluß an *Mestmäcker* sei sogar ergänzend auf den engen ideengeschichtlichen Zusammenhang von Meinungs- und Medienfreiheit einerseits und Wirtschaftsfreiheit andererseits hingewiesen[584]. Zweifelhaft und problematisch ist vielmehr die konkludent zum Ausdruck gebrachte These, im Verhältnis Rundfunk- und Kartellrecht könne im Falle der Kollision die Kollisionsregel »lex speciales derogat legi generali« zur Anwendung kommen. Verkannt wird dabei, daß es sich bei der rundfunkrechtlichen Bestimmung des §§ 22 ZDF-Staatsvertrag um eine dem Landesrecht zuzuordnende Regelung handelt, während das Kartellrecht zum Bundesrecht gehört. Für Kollisionen zwischen Landes- und Bundesrecht enthält aber das Grundgesetz die Kollisionsnorm des Art. 31 GG: »Bundesrecht bricht Landesrecht«. Der unter Hinweis auf die Rechtsprechung des Bundesverfassungsgerichts mögliche Einwand, Art. 31 GG regele das Verhältnis von Bundesrecht zu Landesrecht »nur« vom Grundsatz her, sei also im Hinblick auf andere Kollisionsregeln selbst lex generalis[585], berührt nicht die Feststellung, daß Art. 31 GG für die Lösung des vorliegenden Normenkonflikts einschlägig sein könnte. Denn diese Aussage ist allein so zu verstehen, daß das Grundgesetz an anderen Stellen Sondervorschriften wie beispielsweise Art. 142 GG enthält, die den in Art. 31 GG ausgesprochenen Grundsatz konkretisieren und deshalb als leges speciales vorrangig zu prüfen sind[586].

Keine Bedeutung kommt der Einstufung von Art. 31 GG als Grundsatznorm hingegen im Verhältnis zu der Kollisionsregelung »lex specialis derogat legi generali« zu[587]. Dessen Unanwendbarkeit ergibt sich hier bereits aus dem Umstand, daß es sich bei § 22 Abs. 4 ZDF-Staatsvertrag und § 1 GWB nicht um Recht aus derselben gleichwertigen Rechtsquelle handelt, nur bei Vorliegen dieser Voraussetzung kann aber die Kollisionsregelung, daß die allgemeine hinter der speziellen Bestimmung zurückzutreten hat, zur Anwendung gelangen[588].

Es kann also festgehalten werden, daß § 22 Abs. 4 ZDF-Staatsvertrag jedenfalls nicht deshalb gegenüber § 1 GWB vorrangig ist, weil die Beziehung beider Normen als lex specialis und lex generalis einzustufen ist. Damit steht die

583 *Kulka* (oben N. 566) 185.
584 Vgl. dazu ausführlich *Mestmäcker* (oben N. 6) 64.
585 Siehe BVerfG 29.1.1974, BVerfGE 36, 342-372 (365 f.).
586 Siehe von *Münch* (*-Gubelt*) Art. 31 GG RdNr. 1.
587 Siehe *Stern*, Das Staatsrecht der Bundesrepublik Deutschland, 720.
588 Siehe *Stern*, Das Staatsrecht der Bundesrepublik Deutschland, 720.

Anwendbarkeit von Art. 31 GG für die hier zu beurteilende Kollision allerdings noch nicht fest.

Von *von Mangoldt/Klein* wird die Auffassung vertreten, Art. 31 GG sei im Verhältnis zwischen einfachen Bundesgesetzen und einfachen Landesgesetzen bedeutungslos, weil die im Grundgesetz erfolgte abschließende Verteilung der Gesetzgebungszuständigkeiten auf Bund und Länder eine Verwirklichung des Art. 31 GG ausschließe[589]. Ähnlich argumentiert *Gubelt*: die Artt. 70 ff. GG seien Sonderregelungen, die den in Art. 71 GG ausgesprochenen Grundsatz konkretisierten und deshalb als leges speciales vorrangig zu prüfen seien; die Zuständigkeitsfrage liege daher nicht »logisch« vor Art. 31 GG, sondern stelle einen besonders geregelten Kollisionsfall dar[590]. Von *Maunz* wird dem entgegengehalten, auch die Kompetenzverteilungsnormen selbst vermöchten kompetenzwidrige Landesgesetze nur aufgrund des Art. 31 GG zu brechen; Art. 31 GG sei demgemäß immer dann anwendbar, wenn ein Bundesrechtssatz, dessen Nichtigkeit sich nicht bereits aus dem Verstoß gegen eine höhere Norm des Bundesrechts ergebe, mit einem Landesrechtssatz konkurriere, der nicht schon wegen Verstoßes gegen höheres Landesrecht nichtig sei[591].

Keiner der genannten Standpunkte vermag jedoch voll zu überzeugen. Daß es sich bei der »Zuständigkeitsfrage« nicht um einen besonders geregelten Kollisionsfall handelt, ergibt sich bereits daraus, daß ein Verstoß gegen diese Bestimmungen des Grundgesetzes schon dann zur Verfassungswidrigkeit und Nichtigkeit einer Norm führen kann, wenn ein Normenkonflikt in dem Sinne, daß zwei Normen auf einen Sachverhalt anwendbar sind und ihre Anwendung zu verschiedenen Ergebnissen führt, überhaupt nicht vorliegt[592]. Erläßt beispielsweise ein Land im Bereich der ausschließlichen Gesetzgebungszuständigkeit des Bundes ein Gesetz, so ist dieses unabhängig davon, ob ein Bundesgesetz besteht, verfassungswidrig und nichtig. Aber auch in den Fällen, in denen sich Landes- und Bundesrecht gegenüberstehen, führt – wie von *Maunz* behauptet – nicht Art. 31 GG zwingend zum Vorrang des Bundesrechtes, wenn es sich um kompetenzwidriges Landesrecht handelt. Ergeht nämlich etwa im Bereich der konkurrierenden Gesetzgebung erst ein Bundesgesetz und später ein die geregelte Materie betreffendes Landesgesetz, so ist das Landesgesetz schon mangels Zuständigkeit verfassungswidrig. Daraus ergibt sich – wie das Bundesverfassungsgericht zu Recht festgestellt hat -, »daß nicht der Widerspruch mit einer Norm höheren Ranges in Gestalt einer bundesgesetzlichen

589 *von Mangoldt/Klein* Art. 31 GG Anm. III 4,5 und 6.
590 *von Münch* (*-Gubelt*) Art. 31 GG RdNr. 17.
591 *Maunz/Dürig/Herzog* (*-Maunz*) Art. 31 GG RdNr. 20-22.
592 Zu den Voraussetzungen für die Anwendung einer Kollisionsnorm siehe BVerfG 29.1.1974, BVerfGE 36, 342-372 (363).

Regelung, sondern die Unvereinbarkeit mit der Kompetenzregel des Grundgesetzes, die Inkomptenz des Landesgesetzgebers zur Nichtigkeit seines Gesetzes führt.«[593] Anders verhält es sich jedoch, wenn im Bereich der konkurrierenden Gesetzgebung zunächst ein Landesgesetz ergeht und der Bundesgesetzgeber erst später von seiner Kompetenz Gebrauch macht. Hier erlischt das zunächst gültige Landesrecht gemäß Art. 31 GG. Dieses letzte Beispiel läßt deutlich werden, daß weder die Auffassung von *von Mangoldt/Klein* noch die von *Maunz* für alle denkbaren Konstellationen im Verhältnis Landes- und Bundesrecht Gültigkeit beanspruchen können. Geboten ist vielmehr eine differenzierende Betrachtungsweise.

Zu untersuchen ist folglich zunächst, ob sich der Vorrang von § 22 Abs. 4 ZDF-Staatsvertrag oder § 1 GWB schon aus den Kompetenzvorschriften des Grundgesetzes ergibt, was seinerseits eine Zuordnung von Materien zu den im Grundgesetz vorgesehenen Gesetzgebungsbereichen erforderlich macht. Im Hinblick darauf ist festzustellen, daß das Recht der Wirtschaft und die Verhütung des Mißbrauchs wirtschaftlicher Machtstellung Gegenstände der konkurrierenden Gesetzgebung sind und dementsprechend die Zuständigkeit des Bundes zum Erlaß des GWB (und UWG) begründeten. Für den Rundfunkbereich ist seit dem ersten Rundfunkurteil des Bundesverfassungsgerichts geklärt und entschieden, daß für diesen Sektor – abgesehen von sendetechnischen Belangen – die Länder gemäß Art. 30 GG zuständig sind[594]. Für die Beantwortung der soeben gestellten Frage ergibt sich daraus, daß der Konflikt zwischen Landesrundfunkrecht und Bundesrecht nicht allein mit Hilfe der Kompetetenzzuweisungen bewältigt werden kann. Der Vorrang der bundesrechtlichen Normen des § 1 GWB läßt sich weder auf Art. 71 GG (das Wirtschaftsrecht fällt nicht in die ausschließliche Zuständigkeit des Bundes) noch auf Art. 72 Abs. 1 GG (es liegt kein Fall vor, in dem erst das Bundesgesetz und später ein die dort geregelte Materie betreffendes Landesgesetz ergangen ist) zurückführen. Für die Lösung des Konflikts ist daher auf Art. 31 GG zurückzugreifen.

Die vorgegebene Kollisionsregelung gilt nun allerdings nur mit der Einschränkung, daß allein gültiges Bundesrecht in der Lage ist, Landesrecht zu verdrängen – insbesondere geht nur Bundesrecht, das im Rahmen der Bundeszuständigkeit zur Gesetzgebung erlassen worden ist, dem Landesrecht vor[595].

Auch diese Voraussetzung erweist sich bei näherer Betrachtung als problematisch. Zwar kann kein Zweifel daran bestehen, daß Art. 74 Nr. 11 und 16 GG grundsätzlich die Zuständigkeit des Bundes zum Erlaß des GWB und

593 BVerfG 29.1.1974, BVerfGE 36, 342-372 (364).
594 Siehe BVerfG 28.2.1961, BVerfGE 12, 205-264 (228 f.).
595 *Maunz/Dürig/Herzog* (*-Maunz*) Art. 31 GG RdNr. 15.

UWG begründeten, fraglich bleibt aber gleichwohl, ob jede vom Wortlaut gedeckte Anwendung (hier insbesondere) des GWB mit den Kompetenznormen der Verfassung vereinbar ist. Dies ist nicht der Fall, wenn es Verfassungsbestimmungen gibt, die ihrerseits die Vorschriften über die Zuweisung von Gesetzgebungszuständigkeiten eingrenzen, denn die Kompetenznormen stellen die äußerste Grenze für die Anwendung und Auslegung von Gesetzen dar, die auf ihrer Grundlage erlassen worden sind. In diesem Sinne bedeutsam für die Interpretation von Kompetenznormen und damit zugleich für das Verständnis der aufgrund dieser erlassenen Gesetze könnten die Grundrechte sein. Nach *Ossenbühl* sind die Grundrechte sogar als »Kompetenznormen im weiteren Sinne« anzusehen[596]: Die enge sachliche Verbundenheit zwischen Grundrechten und Kompetenznormen werde deutlich, wenn man die Grundrechte nicht als subjektive Rechtspositionen aus der Sicht des Bürgers, sondern als Teil der Gesamtstruktur und des Gesamtanliegens der Verfassung betrachte. Die Verfassung verfolge nämlich zwei Zwecke, einmal die Abgrenzung der Kompetenzbereiche zwischen Bund und Ländern und deren Organen und zum anderen die Regelung der Beziehungen zwischen Bürger und Staat. In beiden Regelungsbereichen gehe es um die Verteilung der Staatsgewalt, so daß sich auch die das Verhältnis des Bürgers zum Staat betreffenden Normen – also insbesondere die Grundrechtsnormen – als Kompetenzvorschriften darstellten.
Bestätigt wurde diese Auffassung in mehreren Entscheidungen des Bundesverfassungsgerichts. Das Gericht sprach von den Grundrechten zwar nicht als Kompetenznormen, hielt aber in ständiger Rechtsprechung daran fest, daß »die Grenzen für die Ausnutzung einer durch das Grundgesetz gewährten Gesetzgebungskompetenz... ausschließlich durch die Grundrechte und sonstige Verfassungsgrundsätze bestimmt« würden[597]. Von anderen Autoren ist demgegenüber zwar bezweifelt worden, ob der Satz von der »Einheit der Verfassung«, dessen Anerkennung Voraussetzung sei für die Akzeptanz des obigen Ergebnisses, über den Gedanken systematischer Auslegung hinausgehe[598], das Ergebnis, Kompetenzbindung und -begrenzung durch Grundrechte ist indes nicht beanstandet worden. Die Uneinigkeiten hinsichtlich der dogmatischen Begründung bedürfen daher keiner weiteren Erörterung.
Als Grundrechtsbestimmung, die zu einer Begrenzung der wirtschaftsrechtlichen Bundesgesetzgebungszuständigkeiten führen kann, kommt allein Art. 5 Abs. 1 S. 2 GG in Betracht. Eine Begrenzung durch die Art. 5 Abs. 1 S. 2 GG konkretisierenden landesrundfunkrechtlichen Regelungen ist allerdings nur

596 *Ossenbühl*, Probleme und Wege der Verfassungsauslegung: DÖV 1965, 649-661 (657).
597 Siehe BVerfG 10.12.1980, BVerfGE 55, 274-348 (302) und BVerfG 20.7.1954, BVerfGE 4, 7-26 (15).
598 Siehe hierzu *Stettner*, Grundfragen einer Kompetenzlehre, 404 f. mit weiteren Nachweisen.

dann möglich, wenn die in Widerspruch zum Bundesrecht stehende Bestimmung ihrerseits verfassungsgemäß ist. Eine Ausnahme von dem in Art. 31 GG normierten Grundsatz »Bundesrecht bricht Landesrecht« ist also nur dann zu bejahen, sofern das Landesrundfunkrecht zwingende grundrechtliche Erfordernisse des Art. 5 Abs. 1 S. 2 GG konkretisiert[599].
Dies könnte im Hinblick auf § 22 Abs. 4 ZDF-Staatsvertrag zweifelhaft sein – denn wie *Kulka* zu Recht bemerkt – bedarf die verfassungsrechtliche Zulässigkeit einer Programmkoordination, die (nur) zwei Veranstaltern in ihrem Verhältnis zueinander erlaubt ist, einer zusätzlichen Begründung, wenn weitere Veranstalter an ihre Seite treten und mit ihnen konkurrieren[600].
Nach *Kulka* – und dem ist beizupflichten – kann die Verfassungsgemäßheit des §§ 22 Abs. 4 ZDF-Staatsvertrag derzeit noch nicht mit Aussicht auf Erfolg in Zweifel gezogen werden, da dem weitaus größten Teil der Rundfunkempfänger gegenwärtig noch keine zusätzlichen Angebote neben den Programmen der öffentlich-rechtlichen Rundfunkanstalten zur Verfügung stehen. Diese Ansicht deckt sich mit der Einschätzung des Bundesverfassungsgerichts, das in seinem vierten Rundfunkurteil ausführte: »Im Ergebnis wird daher die Zahl der für alle Teilnehmer im Bereich eines Bundeslandes, im regionalen sowie im lokalen Bereich empfangbaren Programme noch längere Zeit auf terrestrische Programme beschränkt bleiben.«[601]Als Ergebnis der vorangegangenen Ausführungen kann nach allem festgehalten werden, daß im Widerspruch zu § 22 Abs. 4 ZDF-Staatsvertrag stehende kartellrechtliche Normen (vor allem § 1 GWB) verfassungskonform und das bedeutet im vorliegenden Fall einengend in dem Sinne interpretiert werden müssen, daß sie auf den in der staatsvertraglichen Regelung behandelten Sachverhalt keine Anwendung finden.
Als über den besonderen Fall der Programmkoordinierung hinausweisendes Resultat folgt aus der vorstehenden Untersuchung, daß das Wettbewerbs- und Kartellrecht zwar grundsätzlich auf die Programmtätigkeit der öffentlich-rechtlichen Rundfunkanstalten Anwendung findet, die Anwendung einzelner wirtschaftsrechtlicher Vorschriften jedoch durch verfassungsgemäße Regelungen des Landesrundfunkrechtes begrenzt wird. Mit *Selmer* ist dabei zu betonen, daß der Rundfunkgesetzgeber nur zur Regelung derjenigen wettbewerblichen Bezüge berechtigt ist, deren Berücksichtigung im Rahmen des zur Gewährleistung der Rundfunkfreiheit Wesentlichen gerade für die Sicherung der Rundfunkfreiheit unerläßlich ist[602].

599 Ebenso *Spieler*, Fusionskontrolle im Medienbereich, 159.
600 Vgl. *Kulka* (oben N. 566) 185 f.; siehe ferner *Fuhr* (*-Konrad*) § 22 ZDF-Staatsvertrag Anm. IV.
601 BVerfG 4.11.1986, BVerfGE 73, 118-205 (154).
602 *Selmer*, Bestands- und Entwicklungsgarantien für den öffentlich-rechtlichen Rundfunk in einer dualen Rundfunkordnung, 38 f.

bbb) *Die Beschaffungstätigkeit*

Die Rundfunkanstalten sind Nachfrager für eine Vielzahl von Zuliefererleistungen. Dies gilt sowohl für den gesamten Bereich der technischen Ausstattung wie für das Sendegut. Ob die so skizzierte Beschaffungstätigkeit an den materiell-rechtlichen Maßstäben des UWG und GWB gemessen werden kann, hängt ebenso wie bei der Programmtätigkeit davon ab, daß einerseits privatrechtlich geordnete Beziehungen in diesem Bereich festgestellt werden können – dies war bereits oben erörtert und bejaht worden – und daß andererseits im Hinblick auf das GWB die Voraussetzungen für unternehmerisches Handeln vorliegen. Letzteres ist nicht ohne weiteres anzunehmen, da zu jenen Voraussetzungen nach überwiegender Ansicht gehört, daß die Tätigkeit nicht lediglich der eigenen Bedarfsdeckung gilt[603]. Mit anderen Worten soll eine unternehmerische Tätigkeit der öffentlichen Hand dann abzulehnen sein, wenn diese mit Hilfe privatrechtlicher Rechtsgeschäfte ausschließlich den Bedarf ihrer eigenen Organisation befriedigt, die beschafften Güter oder Leistungen also zum eigenen Verbrauch bestimmt sind. Nach *Mestmäcker* liegen diese Voraussetzungen hier nicht vor: »Soweit die Rundfunkanstalten als Nachfrager nach Sendegut auftreten, tun sie das, um den Bedarf Dritter zu decken.«[604]. Von *Mees* wird demgegenüber schon die Prämisse für fehlerhaft gehalten. Er vertritt den Standpunkt, daß letztlich in allen Fällen, in denen die öffentliche Hand Güter nachfrage, dies nicht zu eigenen Zwecken geschehe, sondern um die Aufgaben gegenüber den Bürgern zu erfüllen[605]. Die Lösung der Frage, ob eine Teilname am Geschäftsverkehr und damit ein Unternehmen im Sinne des GWB gegeben sei, könne daher nur durch das Marktverhalten der öffentlichen Hand gefunden werden[606].

Zuzustimmen ist dem allein insoweit, als die spätere Verwendung des nachgefragten Gutes nicht in allen Fällen eine eindeutige Auskunft darüber geben kann, ob das Verhalten der öffentlichen Hand als unternehmerische Tätigkeit bezeichnet werden kann. Wird aber die erworbene Ware in verarbeitetem oder unverarbeitetem Zustand weiter veräußert oder weiter geleitet, muß die Unternehmenseigenschaft auf der Nachfrageseite angenommen werden[607]. Denn dann liegt auch, wie von *Mees* für die Bejahung der Unternehmenseigenschaft

603 Siehe oben B II 2. a) bb) aaa) (1).

604 *Mestmäcker* (oben N. 536) 5; bestätigt durch den Beschluß des Bundeskartellamtes vom 27.8.1987 (6. Beschlußabteilung -B 6-743500-RV-170/84 S. 13 (hektographierte Fassung).

605 *Mees*, Die staatliche Beschaffungstätigkeit und das GWB: WuW 1961, 541-546 (543).

606 *Mees* (vorige Note) 544.

607 Siehe BGH 26.10.1961, BGHZ 36, 91-105 (103) – »Gummistrümpfe«: »Schließlich kann die Unternehmenseigenschaft auf der Nachfrageseite auch nicht... auf Betriebe beschränkt werden, welche gekaufte Ware in verarbeitetem oder unverarbeiteten Zustand weiterveräußern.«

gefordert, eine Beteiligung am Wirtschaftsgeschehen vor, die sich nicht in der Nachfrage nach Gütern erschöpft.

Mit der Beschaffung von Sendegut wird das alleinige Ziel verfolgt, dieses im Rahmen der Programmtätigkeit zu verwenden, d.h. im weiteren Sinne weiterzuveräußern[608]. Auch nach den von *Mees* gestellten Anforderungen kommt daher der Beschaffungstätigkeit Unternehmensqualität zu. Im Ergebnis besteht also kein Unterschied zu dem von *Mestmäcker* vertretenen Standpunkt.

Die Frage nach der Anwendbarkeit des Wettbewerbs- und Kartellrechts kann an diesem Punkt allerdings noch nicht abschließend beantwortet werden. Wie bereits dargelegt wurde, kann die Erfüllung gesetzlich bestimmter öffentlicher Aufgaben zur Unanwendbarkeit beider Gesetze führen, sofern eine Erfüllung nur bei Durchbrechung und Mißachtung der wettbewerblichen und kartellrechtlichen Gebote möglich ist. Da nun der Programmrundfunk – jedenfalls der öffentlich-rechtlichen Rundfunkanstalten – dem Bereich der Daseinsvorsorge zugerechnet wird und die Beschaffungstätigkeit in dieser Hinsicht eine conditio sine qua non darstellt, liegt es nahe, auch die Beschaffungstätigkeit als Verfolgung eines öffentlichen Zwecks zu charakterisieren. Eine solche Betrachtungsweise würde indes verkennen, daß die Beschaffungstätigkeit nicht unmittelbar die Erfüllung einer öffentlichen Aufgabe bedeutet, hier vielmehr noch weitere Schritte hinzukommen müssen. Mit der Beschaffung von Sendegut wird daher nur sekundär ein öffentlicher Zweck verfolgt. Diese Feststellung kann aber nahezu für jedes geschäftliche Handeln der öffentlichen Hand getroffen werden[609]. Die Konsequenz wäre, daß fast alle wirtschaftlichen Betätigungen der öffentlichen Hand dem Wettbewerbs- und Kartellrecht entzogen würden – ein Ergebnis, dem aber sowohl in der Rechtsprechung des Bundesgerichtshofs wie auch in der amtlichen Begründung des GWB eine klare Absage erteilt worden ist[610].

Zusammenfassend festzuhalten bleibt danach, daß die Beschaffungstätigkeit öffentlich-rechtlicher Rundfunkanstalten und privater Anbieter den Vorschriften des UWG und GWB unterfällt.

ccc) *Die Rundfunkwerbung*

Die grundsätzliche Anwendbarkeit des UWG und GWB auf die Werbetätigkeit auch der öffentlich-rechtlichen Rundfunkanstalten dürfte heute außer Frage stehen. Insbesondere kann es mittlerweile als unstreitig gelten, daß die Ausstrah-

608 Zum wirtschaftlichen Gesamtvorgang siehe oben B II 2. a)bb)aaa)(1).
609 Vgl. *Mestmäcker* (oben N. 536) 6 m.w.N.
610 Siehe BGH 27.2.1962, BGHZ 37 1-30 (16) – »AKI« und BGH 26.10.1961, BGHZ 36, 91-105 (101 f.) – »Gummistrümpfe«.

lung von Werbeprogrammen als unternehmerisches Handeln zu qualifizieren ist und damit auch eine spezielle Voraussetzung für die Anwendbarkeit des GWB vorliegt[611]. Allein im älteren Schrifttum finden sich Stimmen, die eine Charakterisierung der Veranstaltung von Rundfunkwerbung als erwerbswirtschaftlich leugnen – jedenfalls soweit es die öffentlich-rechtlichen Rundfunkanstalten betrifft. So wurde von *Maunz* zunächst der Einwand erhoben, der Rundfunk selbst treibe keinen Wettbewerb, sondern gebe nur die Wettbewerbstätigkeit der privaten Wirtschaft weiter[612]. Diese Argumentation verbindet jedoch in unzulässiger Weise zwei voneinander zu trennende Sachverhalte. Zu unterscheiden ist nämlich der Wettbewerb zwischen Unternehmen, die für ihre Produkte oder Dienstleistungen im Rundfunk werben und der Wettbewerb zwischen den Rundfunkanstalten um eben jene Werbeaufträge. Selbst als noch das Monopol des öffentlich-rechtlichen Rundfunks bestand, gab es einen Markt und Wettbewerb der Werbeträger. Denn abgesehen von der Möglichkeit, für ihre Produkte im Rundfunk zu werben, haben sich die Unternehmen zu demselben Zweck an die Presse und an die Filmbranche wenden können und haben von dieser Möglichkeit auch Gebrauch gemacht. Ebensowenig stichhaltig wie die These von der Weitergabe der Wettbewerbsbetätigung der privaten Wirtschaft ist auch die von *Ipsen* getroffene Unterscheidung zwischen der Ausstrahlung von Werbesendungen und der Tätigkeit der (beim öffentlich-rechtlichen Rundfunk zumeist) organisatorisch getrennten Werbegesellschaften, die durch Gewinnung von Werbeaufträgen Dritter das Material der eigentlichen Werbesendung erst beschaffen[613]. Aus ihr folgert *Ipsen*, daß die mit dem Senden von Werbung verbundenen finanziellen Forderungen von der Rundfunkveranstaltung selbst rechtlich unabhängig sind, mit der Konsequenz, daß die Veranstaltung des Werbefernsehens keine anstaltliche Tätigkeit darstelle, die erwerbswirtschaftlich genannt werden könne[614]. Von *Mestmäcker* ist bereits zu Recht beanstandet worden, daß diese Sicht den wettbewerbsrechtlich zu würdigenden Sachverhalt jedenfalls im Hinblick auf das Wettbewerbsrecht in nicht vertretbarer Weise aufspaltet[615]. Bezahlt wird allein für die Ausstrahlung einer Werbesendung; die Möglichkeit aber, Sendezeit zu verkaufen, hat ihren Ursprung in der technischen Erfindung des Sendens, die bis vor kurzem monopolartig von den öffentlich-rechtlichen Rundfunkanstalten beherrscht wurde und auch heute nur einem begrenzten Kreis zur Verfügung steht[616].

611 Siehe *Immenga/Mestmäcker (-Emmerich)* § 98 Abs. 1 GWB RdNr. 57 mit weiteren Nachweisen.
612 *Maunz*, Die Gesetzmäßigkeit des Fernsehwerbens: BayVBl. 1957, 1-8 (7).
613 *Ipsen* (oben N. 500) 2052 f.
614 *Ipsen* (oben N. 500) 2053.
615 Siehe *Mestmäcker* (oben N. 536) 6.
616 *Ullrich/Thomsen*, Der finanzielle Wert des Werbefunks: NJW 1964, 574-576 (574).

Wirtschaftlich und wettbewerbsrechtlich irrelevant ist ferner die teilweise vorzufindende Ausgliederung der Werbegesellschaften. Dafür, daß diese und die Rundfunkanstalten eine Einheit bilden, spricht schon, daß die Gewinne, die die Werbegesellschaften durch den Verkauf von Sendezeit erzielen, an die Rundfunkanstalten abgeführt werden[617]. Dem Argument schließlich, die Ausstrahlung von Werbesendungen sei keine erwerbswirtschaftliche Tätigkeit, weil alle daraus resultierenden Erträge »restlos für gemeinnützige kulturelle Zwecke weggegeben« würden und es daher an der Gewinnabsicht fehle[618], ist in diesem Falle[619] entgegenzuhalten, daß die öffentliche Hand in der Regel tätig wird, um öffentliche Aufgaben gegenüber den Bürgern zu erfüllen. Würde der öffentliche Zweck daher für die Beurteilung maßgeblich sein, ob eine erwerbswirtschaftliche Tätigkeit der öffentlichen Hand vorliegt oder nicht, so bedeutete dies die Quasi-Unanwendbarkeit des GWB.
Zuzustimmen ist somit der anfangs erwähnten Auffassung, die der Werbetätigkeit auch der öffentlich-rechtlichen Rundfunkanstalten Unternehmensqualität beimißt.

b) *Ergebnis*

Das Ergebnis der vorangehenden Untersuchung läßt sich dahingehend zusammenfassen, daß sowohl die öffentlich-rechtlichen Rundfunkanstalten als auch private Anbieter den Vorschriften des UWG und GWB unterliegen, und zwar in allen Tätigkeitsbereichen. Eine Einschränkung dieses Grundsatzes kommt allein für zwei Konstellationen in Betracht. Die Unanwendbarkeit wirtschafts- und insbesondere kartellrechtlicher Vorschriften kann sich zum einen daraus ergeben, daß das wettbewerbs- oder kartellrechtswidrige Verhalten durch eine landesrundfunkrechtliche Regelung gedeckt ist, sofern letztere im Einklang mit Art. 5 Abs. 1 S. 2 GG steht. Zum anderen ist die Anwendbarkeit wirtschaftsrechtlicher Normen abzulehnen, wenn die Erfüllung der durch Gesetz bestimmten öffentlichen Aufgabe nur unter Durchbrechung des Wettbewerbs- und Kartellrechts möglich ist.

617 So auch *Mestmäcker* (oben N. 536) 6 unter Hinweis auf OLG München 24.10.1957: NJW 1958, 1298-1303 (1299), das im Hinblick auf die Werbegesellschaften von »unselbständigen Werkzeugen« spricht.
618 *Maunz* (oben N. 612) 4.
619 Bei der Beschaffungstätigkeit stellte sich das Problem anders – siehe oben B II 2. a) bb) bbb).

III. *Die Bundeszuständigkeit für auswärtige Angelegenheiten und die Länderkompetenz für den Rundfunk*

1. *Die Expertise des Bundesinnenministeriums*

Der Einsatz von Fernmelde- und (direktstrahlenden) Rundfunksatelliten hat ein Kompetenzproblem aktuell werden lassen, das bereits vor gut einem Vierteljahrhundert Gegenstand der Diskussion war. Die Rede ist vom Auslandsrundfunk, ein Begriff, der nachfolgend zu spezifizieren sein wird. Anlaß zu einer erneuten Untersuchung der Frage, ob und wie weit die Gesetzgebungszuständigkeit des Bundes für auswärtige Angelegenheiten (Art. 73 Nr. 1 GG) auch den Rundfunkbereich erfaßt, gibt eine Expertise des Bundesinnenministeriums aus dem Jahre 1985[620], die im Zusammenhang mit dem Auftrag des Kabinetts, Vorstellungen des Bundes für eine Medienordnung der Zukunft zu entwickeln, erstellt wurde.

Ausgangspunkt dieser Untersuchung ist die Frage, »ob mit ›3SAT‹ von den Ländern eine Entwicklung eingeleitet wird, die in die dem Bund vorbehaltenen Kompetenzen des Auslandsrundfunks eingreift.«[621] Tatsächlich wie rechtlich sei die Lösung dieser Rechtsfrage nicht einfach, da es sich um eine neuartige Ausstrahlung von Rundfunkprogrammen handele, einerseits seien diese nämlich »nach innen«, d.h. auf die Bevölkerung der Bundesrepublik ausgerichtet, andererseits seien aber auch bewußt europäische Ansätze zu verzeichnen. Soweit aber ein »gezielt und gewollt nach außen gerichtetes länderübergreifendes Programm« vorliege, werde damit in die Kompetenzen des Bundes eingegriffen, zu denen die Zuständigkeiten für den Auslandsrundfunk und für die europäische (Rundfunk-)Politik gehörten. Für die Lösung dieses Konfliktes – so die Verfasser der Expertise – könne nun nicht auf die vom Bundesverfassungsgericht beim Zusammentreffen von Bundes- und Länderkompetenzen entwickelten Kriterien zurückgegriffen werden. Die sogenannte Schwerpunkttheorie, nach der die Gesetzgebungsbefugnis bei dem Gesetzgeber liege, in dessen Kompetenzbereich

620 «Zur Rechtsproblematik von 3SAT« abgedruckt in: Funk-Korrespondenz Nr. 44/31. Oktober 1985, Seite D1 – D3.

621 Bei »3SAT« handelt es sich um ein deutschsprachiges Fernsehprogramm, das vom ZDF aufgrund einer Verwaltungsvereinbarung zwischen dem ZDF, dem Österreichischen Rundfunk (ORF) und der Schweizerischen Radio- und Fernsehgesellschaft (SRG) vom 13.7.1984 seit dem 1.12.1984 über den Ostbeam von ECS 1 ausgestrahlt wird – der Ostbeam war dem ZDF aufgrund des Beschlusses der Ministerpräsidenten der Länder vom 23.2.1984 zur programmlichen Nutzung zugeteilt worden. Trägerschaft und rechtliche Verantwortung für »3SAT« liegen ausschließlich beim ZDF. – Bestätigt wird die in der Expertise vertretene Ansicht durch den Entwurf eines Gesetzes zur Änderung des Bundesrundfunkgesetzes (vgl. BR-Drucksache XI, Nr. 609).

der Schwerpunkt der Regelungen falle, sei hier ebensowenig hilfreich wie die Theorie der »größeren Sachnähe«, nach der die besondere Sachnähe über eine Kompetenz entscheide, da prima facie weder ein Schwerpunkt noch eine größere Sachnähe für den Bundes- oder Landesgesetzgeber festgestellt werden könnten. Der erst in jüngster Zeit entwickelte und realisierte Satellitenrundfunk schließe aber auch eine Interpretation aus der Historie oder der langjährigen unangefochtenen Staatspraxis aus. Untauglich sei ferner der Rückgriff auf die kompetenzrechtliche Zuständigkeitsvermutung des Grundgesetzes zugunsten der Länder. Ihnen eine Regelungskompetenz für solche Programme einzuräumen, die gezielt für Rundfunkempfänger außerhalb der Bundesrepublik ausgestrahlt würden, hieße zu verkennen, daß die Zuständigkeit der Länder nach dem Territorialprinzip auf die jeweils eigenen Landesgrenzen beschränkt sei, so daß ein Land aus eigener Zuständigkeit nicht einmal befugt sei, Rundfunk innerhalb der Bundesrepublik für andere Bundesländer zu veranstalten, sofern die Zuständigkeit nicht durch Staatsvertrag der Länder auf mehrere oder alle Länder ausgedehnt würde. In jedem Fall, d.h. auch bei staatsvertraglichen Vereinbarungen der Länder, ende deren Zuständigkeit kraft der Verfassungsbestimmungen von Art. 73 Nr. 1, Art. 32 GG an den Grenzen der Bundesrepublik. Als »rechtlich sauberste Lösung« des damit vorliegenden Konfliktes bei Rundfunksendungen mit der Zielrichtung In-und Ausland wird abschließend vorgeschlagen, daß der Bund seine Kompetenz für nach außen gerichteten Rundfunk gemäß Art. 71 GG partiell auf die Länder übertrage, was beispielsweise durch Einführung eines eigenen Abschnittes »europäische Rundfunkprogramme« in das Bundesrundfunkgesetz geschehen könne. In dieser Ermächtigung könnten unter anderem auch die Beteiligungen der Bundesrundfunkanstalten mit geregelt werden.

2. *Deutsche Welle und Deutschlandfunk als Begründung einer Bundeskompetenz für den Auslandsrundfunk*

Ebenso wie der zur Lösung des in der Expertise behandelten Kompetenzkonflikts gemachte Vorschlag gehen auch die Vorüberlegungen von einer fragwürdigen Prämisse aus. Als unstreitig wird nämlich vorausgesetzt, daß »Auslandsrundfunk« zu den dem Bund vorbehaltenen Kompetenzen zählt. Zur Begründung dieser These wird knapp auf die Deutsche Welle und den Deutschlandfunk hingewiesen. Der historische Rückblick zeigt indes, daß die Gesetzgebungszuständigkeit des Bundes zum Erlaß des am 29.11.1960 verabschiedeten »Gesetzes über die Errichtung von Rundfunkanstalten des Bundesrechts«

keineswegs anerkannt war[622]. Schon die Anfang der fünfziger Jahre erhobene Forderung nach einem »deutschen Auslandssender«[623] löste eine Auseinandersetzung darüber aus, ob zu diesem Zweck ein Bundessender geschaffen werden sollte. Die Landesrundfunkanstalten, die einen gemeinsamen Kurzwellensender planten[624], konnten sich dem Vorhaben eines Bundessenders zunächst erfolgreich widersetzen. Zu Hilfe kam ihnen nämlich die rundfunkpolitische Haltung der Alliierten. Wie die unter ihrem Einfluß entstandene Organisation des Rundfunks nach Kriegsende schon deutlich machte, hielten sie eine zentrale Rundfunkversorgung für nicht ungefährlich. An dieser Einstellung hatte sich auch 1951 noch nichts geändert. Ein Versuch der Bundesregierung, die Funk- und Frequenzhoheit wieder zu gewinnen, was nur bei Fortfall des Art. III des Alliierten Presse- und Radiogesetzes möglich gewesen wäre, scheiterte, da insbesondere die Amerikaner der Auffassung waren, daß sie aus politischen und militärischen Gesichtspunkten jederzeit in der Lage sein müßten, die Frequenzen für alle Funkdienste nach ihrem Ermessen zuzuteilen und zu ändern[625]. Auf der anderen Seite waren dem Nordwestdeutschen Rundfunk am 30. Oktober 1951 als einziger Rundfunkanstalt die für einen wirkungsvollen Kurzwellenbetrieb notwendigen Frequenzen von den britischen Besatzungsbehörden zugeteilt worden[626].

Trotz dieser für die Bundesregierung ungünstigen Ausgangslage, gelang es dieser, immerhin eine Regelung durchzusetzen, nach der die Programmgestaltung »im Benehmen mit dem Beirat« erfolgen sollte. Daß damit eine nicht zu unterschätzende Möglichkeit der Einflußnahme erreicht worden war, wird in Ansehung der personellen Besetzung dieses Gremiums deutlich: Ein Vertreter der Bundesregierung, der jeweilige Vorsitzende der ARD und eine von diesen beiden Mitgliedern zu wählende »neutrale Persönlichkeit«[627].

622 Siehe BGBl. 1960 I, 862.

623 Siehe *Steininger*, Langer Streit um kurze Welle, 18 ff.

624 Siehe *Steininger*, Langer Streit um kurze Welle, 186.

625 Vgl. *Steininger*, Langer Streit um kurze Welle, 53.

626 Die Amerikaner hatten zwar zuvor dem Intendanten des Süddeutschen Rundfunks, Fritz Eberhard, gegenüber geäußert, daß sie mit einem gemeinschaftlichen Betrieb eines Kurzwellensenders nicht einverstanden seien, intervenierten aber nicht, als die britische Behörde dem NWDR die Genehmigung erteilte und auch (wenngleich inoffiziell) der Einrichtung eines Übersee-Kurzwellenrundfunks durch die ARD zustimmte – vgl. *Steininger*, Langer Streit um kurze Welle, 41 ff.

627 Siehe § 3 des »Vertrages über die Einrichtung eines gemeinschaftlichen Kurzwellenprogramms der deutschen Rundfunkanstalten« (abgedruckt in: *Delp*, Das gesamte Recht der Presse, des Buchhandels, des Rundfunks und des Fernsehens, Nr. 456a), der am 27.3.1953 auf der Tagung der ARD in Hannover unterzeichnet wurde. In der Präambel dieses Vertrages heißt es zur Aufgabenstellung: »Der Bayerische Rundfunk, der Nordwestdeutsche Rundfunk, Radio Bremen, der Süddeutsche Rundfunk, der Südwestfunk wollen im Kurzwellenbereich für die außereuropäischen Länder unter dem Namen »Deutsche Welle« ein gemeinschaftliches Programm ausstrahlen,

Die Gründe für den gefundenen Kompromiß waren vielschichtig. Am wichtigsten dürfte die lange Zeit herrschende Uneinigkeit unter den Landesrundfunkanstalten selbst gewesen sein. So bestanden erhebliche Meinungsverschiedenheiten über die Finanzierung und über die Kontrolle über den Inhalt der Sendungen[628]. Ein weiterer Grund für das Einlenken der Landesrundfunkanstalten wird gewesen sein, daß die Bundesregierung durch den Staatssekretär *Lenz* erfolgversprechende Verhandlungen mit dem Intendanten von Radio Bremen aufgenommen hatte, die darauf abzielten, dort einen Kurzwellendienst im Sinne der Regierung durchzuführen[629]. Nicht auszuschließen ist ferner, daß sich die ARD unter Zeitdruck fühlte, denn für die naheliegende Zukunft mußte mit dem Inkrafttreten des Deutschlandvertrages gerechnet werden, was bedeutete, daß das Recht, Frequenzen zuzuteilen, wieder dem Bund zufallen würde; für die Pläne der Landesrundfunkanstalten eine gewiß nicht günstige Konstellation. Wie wenig tragfähig das Ergebnis der Verhandlungen zwischen ARD und Bund(-esregierung) jedoch war, zeigte sich schon bevor die Deutsche Welle ihren Programmdienst offiziell eröffnete[630]: Am 18. März 1953 wurden der »Entwurf eines Gesetzes über die Wahrnehmung gemeinsamer Aufgaben auf dem Gebiet des Rundfunks« als »Antrag der Abgeordneten Dr. Vogel (CDU), Dr. Mende (FDP), Walter (DP) und Genossen« im Bundestag eingebracht[631]. Vorgesehen war danach, daß der geplante »Deutsche Kurzwellendienst« dem Ausland die amtliche Haltung der Bundesrepublik zu außenpolitischen Fragen vermitteln sollte. Wer diese »amtliche Haltung« bestimmen sollte, verriet die Begründung des Gesetzentwurfes: allein die Bundesregierung[632]. Daß die Rundfunkanstalten gleichwohl am 11. Juli 1953 den ausgehandelten Vertragstext unterzeichneten[633], muß erstaunen, erwies sich aber rückblickend nicht als politischer Fehler, da der erste Versuch der Regierung, eine Neuordnung des Rundfunkwesens über ein Bundesgesetz durchzuführen, fehlschlug und bis zur Verabschiedung des Gesetzes über die Errichtung von Rundfunkanstalten des Bundesrechts noch Jahre vergehen sollten. Dieses 1960 beschlossene

um den Hörern im Ausland ein politisches, wirtschaftliches und kulturelles Bild vom heutigen Deutschland zu liefern. In den politischen Sendungen soll insbesondere die deutsche Auffassung zu wichtigen politischen Fragen dargestellt und erläutert werden.«

628 Vgl. *Steininger*, Langer Streit um kurze Welle, 69 f.

629 Vgl. ausführlich *Steininger*, Langer Streit um kurze Welle, 86, 89 ff., 97 ff.

630 Die Aufnahme eines regelmäßigen Programmdienstes erfolgte am 3. Mai 1953 (siehe Chronik des Hörfunks und Fernsehens in Deutschland in: Internationales Handbuch für Rundfunk und Fernsehen 1986/87, B 12.

631 Siehe oben N. 248 – Die in Klammern genannte Parteizugehörigkeit ist vom Verfasser hinzugefügt.

632 Vgl. § 15 des Gesetzentwurfes (oben N. 248) sowie die »Begründung zu dem Entwurf eines Gesetzes über die Wahrnehmung gemeinsamer Aufgaben auf dem Gebiet des Rundfunks«, abgedruckt in: Lüders, Die Zuständigkeit zur Rundfunkgesetzgebung, 94 ff.

633 Zu den möglichen Motiven siehe *Steininger*, Langer Streit um kurze Welle, 167.

Bundesrundfunkgesetz[634] sah zwar keine Änderung der der Deutschen Welle zugewiesenen Aufgaben vor[635], sicherte aber durch organistorische Maßnahmen Bundestag, Bundesrat und Bundesregierung erhebliche Einflußmöglichkeiten auf das Programm. Der erste Schritt in diese Richtung war die Einrichtung einer gemeinnützigen Anstalt des öffentlichen Rechts (§ 1 Abs. 1 S. 1 BRFG)[636]. Unter dem Aspekt der Einflußnahme weitaus größere Bedeutung hat jedoch die personelle Besetzung der Anstaltsorgane, insbesondere die des Rundfunkrates, zu dessen Kompetenzen nicht nur die Wahl der Verwaltungsratsmitglieder und des (vom Verwaltungsrat vorzuschlagenden) Intendanten zählt, sondern auch das Recht, dem Intendanten allgemeine Richtlinien für die Programmgestaltung zu geben[637]. Nach § 3 Abs. 1 BRFG werden nämlich je zwei Mitglieder vom Bundestag und Bundesrat gewählt und weitere vier von der Bundesregierung benannt[638].

Eine ganz ähnliche Struktur sah das Gesetz für den seit dem 1. Januar 1962 sendenden Deutschlandfunk vor, dessen Aufgabe es ist, Rundfunksendungen »für Deutschland und das europäische Ausland« zu veranstalten, um ein »umfassendes Bild Deutschlands« zu vermitteln (§ 5 Abs. 1 BRFG)[639]. Organe

634 Siehe BGBl. 1960 I, 862.

635 In § 1 Gesetz über die Errichtung von Rundfunkanstalten des Bundesrechts (BRFG) heißt es unter anderem: »Die Sendungen sollen den Rundfunkteilnehmern im Ausland ein umfassendes Bild des politischen, kulturellen und wirtschaftlichen Lebens in Deutschland vermitteln und ihnen die deutsche Auffassung zu wichtigen Fragen darstellen und erläutern.« – Zum Begriff »Deutsche Auffassung« siehe *Fellhauer*, Anmerkungen zum Auftrag der Deutschen Welle: DW Handbuch 80 für internationalen Kurzwellenrundfunk, 145-150 (146 f.)

636 Die Konstituierung beider Anstalten nahm einige Zeit in Anspruch, da sich die Bundesregierung durch das erste Fernsehurteil vom 28.2.1961 zu einer verfassungsrechtlichen Überprüfung veranlaßt sah. Nach Beendigung dieser Überprüfung, man hielt das Gesetz für »verfassungsgerichtssicher« (siehe BT-Sitzungsberichte III, S. 8957 D), wurden Errichtung und Ausbau beider Anstalten zielstrebig vollzogen: Am 12.6.1961 wurden die Mitglieder der Rundfunkfräte zu konstituierenden Sitzungen nach Bonn einberufen. (Vgl. Chronik des Hörfunks und Fernsehens in Deutschland in: Internationales Handbuch für Rundfunk und Fernsehen 1986/87, B 23).

637 Siehe §§ 8 Abs. 1, 9 Abs. 1 und 2 BRFG.

638 Je ein Mitglied benennt außerdem die evangelische und katholische Kirche sowie der Zentralrat der Juden in Deutschland (§ 3 Abs. 1 BRFG). – Die seit Jahren geübte Kritik führte jüngst zu einem Regierungsentwurf für eine Novellierung des BRFG. Vom Bundesrat wurde allerdings beanstandet, daß die staatlichen Vertreter nach der in diesem Entwurf vorgesehenen Regelung noch immer »ausschlaggebenden Einfluß« auf Entscheidungen des Rundfunkrates ausüben könnten – siehe »Bundesrat: DW-Gremien sind zu staatsnah«: Frankfurter Rundschau 2.3.1989, S. 26.

639 Von dem ehemaligen Intendanten des Deutschlandfunks *Thedieck* wurde diese Zielsetzung wie folgt präzisiert: »Aus dieser Aufgabe heraus ergibt sich, daß der Deutschlandfunk in seiner Berichterstattung das Geschehen in Politik, Kultur, Wirtschaft und Sport in den beiden Teilen Deutschlands in den Mittelpunkt seiner Programmgestaltung stellt... Der Deutschlandfunk ist eine Brücke nach drüben zu den Deutschen, denen es verwehrt ist, gemeinsam mit uns in Freiheit zu leben, und die nicht die Möglichkeit haben, sich umfassend und politisch ungefärbt zu informieren. Immer ist das Programm unserer Sendeanstalt vordringlich auf das spezielle Informationsbedürfnis der Menschen im anderen Teil Deutschlands abgestimmt. ... Ein Rundfunksender, für den

dieser ebenfalls öffentlich-rechtlichen Anstalt sind wiederum – mit identischem Kompetenzbereich – Rundfunk und Verwaltungsrat sowie der Intendant. Ein Unterschied besteht allein insofern, als der Rundfunkrat aus 22 Mitgliedern besteht (im Gegensatz zu den 11 beim Rundfunkrat der Deutschen Welle) und die Bundesvereinigung der Deutschen Arbeitgeberverbände sowie die Gewerkschaften je ein Mitglied benennen (§ 7 Abs. 1 BRFG). Im übrigen sind Bundestag und Bundesrat sowie die Bundesregierung auch in diesem Gremium zahlenmäßig stark vertreten: denn je sechs Mitglieder werden vom Bundestag und Bundesrat gewählt (darunter ein vom Land Berlin benanntes Mitglied), weitere fünf Mitglieder benennt die Bundesregierung[640]. Für diese in Ansehung der vom Bundesverfassungsgericht geforderten Staatsfreiheit des Rundfunks doch erstaunliche Besetzung der Rundfunkräte[641] gilt ähnliches wie für die durch die Errichtung zweier Bundesrundfunkanstalten geschaffene Veränderung der deutschen Rundfunkordnung: Viel Aufmerksamkeit ist ihnen weder auf politischer noch auf rechtswissenschaftlicher Ebene zuteil geworden. So wurden in den Beratungen des Bundestages mehr Details erörtert (wie z.B. die Frage, ob im Rundfunkrat ein Vertreter der Gewerkschaften oder des Deutschen Gewerkschaftsbundes Mitglied sein sollte)[642] als das grundsätzliche Problem der Gesetzgebungszuständigkeit. Die in der Opposition befindliche SPD sah sich dazu offenkundig nicht veranlaßt, da – wie der Abgeordnete *Kühn* ausführte – der vorliegende Gesetzentwurf sich in seiner Problematik in nichts von dem ursprünglich vorgelegten Gesetzentwurf unterscheide. »Hier werden organisatorische, rechtliche und finanzielle Fragen bundesgesetzlich geordnet, für die

die Darstellung der Entwicklung in beiden Teilen Deutschlands das zentrale Anliegen ist, darf sich nicht darauf beschränken, nur die Deutschen in beiden Teilen Deutschlands und die Hörer außerhalb Deutschlands, die die deutsche Sprache verstehen, anzusprechen. ... Fremdsprachige Sendungen sind ... eine notwendige Ergänzung des deutschsprachigen Programms. Nur auf diesem Wege können wir für die Lage Deutschlands echtes Verständnis wecken.« *Thedieck*, Der Deutschlandfunk, 1.

640 § 7 Abs. 1 BRFG sieht ferner vor, daß die Evangelische und Katholische Kirche sowie der Zentralrat der Juden in Deutschland je ein Mitglied benennen.

641 Zu diesem Problem siehe *Lenz*, Rundfunkorganisation und öffentliche Meinungsbildung: JZ 1963, 338-350; Bettermann, Rundfunkfreiheit und Rundfunkorganisation: DVBl. 1963, 41-44 (42 ff.); *Krause-Ablass*, Die Bedeutung des Fernsehurteils des Bundesverfassungsgerichts für die Verfassung des deutschen Rundfunks: JZ 1962, 158-160 (159 f.) sowie *Mallmann*, Einige Bemerkungen zum heutigen Stand des Rundfunkrechts: JZ 1963, 350-353 (353) sowie *Thieme*, Der Finanzausgleich im Rundfunkwesen: AÖR 88 (1963) 38-40 (50), der die sachliche Unabhängigkeit auch unter dem Aspekt der Finanzierung als entscheidend angetastet sieht: »Ihre Finanzierung ist gesetzlich nicht geregelt. Vorläufig erhalten sie Zuschüsse aus dem Haushalt des Bundesinnenministeriums. Diese Regelung ist in doppelter Weise verfassungswidrig, einmal weil der Staat als Finanzier auftritt, zum anderen aber, weil die Weiterzahlung völlig in das Belieben der Bundesregierung gestellt ist.«; von der Verfassungswidrigkeit der Zusammensetzung des DLF-Rundfunkrats überzeugt ist *Ihlefeld*, Verfassungrechtsliche Fragen im Zusammenhang mit dem Deutschlandfunk: ZUM 1987, 604-612 (607-612).

642 Siehe BT-Sitzungsberichte III, S. 7001 (7020).

die Ministerpräsidenten die Gesetzgebungskompetenz der Länder behaupten und die unabhängig von der Gesetzgebungskompetenz schon aus sachlichen Gründen in einem Vertrag zwischen Bund und Ländern geordnet werden sollten.«[643] Demgegenüber wurde die Gesetzgebungszuständigkeit von den Vertretern der Regierungsparteien überhaupt nicht als verfassungsrechtliches Problem angesehen, wie der Beitrag des Abgeordneten *Heck* deutlich macht: »Die Deutsche Welle gehört mit Sicherheit zur auswärtigen Kulturpolitik, zu den auswärtigen Angelegenheiten; sie gehören nach Art. 73 Abs. 1 zur ausschließlichen Gesetzgebungsbefugnis des Bundes. Es kann auch nicht in Abrede gestellt werden, daß der Deutschlandfunk eine gesamtdeutsche Angelegenheit ist... In unserer Verfassungswirklichkeit sind die gesamtdeutschen Angelegenheiten bisher unwidersprochen ausschließlich vom Bund wahrgenommen worden, so daß Sie nur in Übereinstimmung mit der Verfassungswirklichkeit handeln, wenn Sie davon ausgehen, daß die Regelung des Deutschlandfunks als gesamtdeutsche Angelegenheit in die Zuständigkeit des Bundes fällt.«[644]Erstaunlich gering fiel auch die Resonanz im rechtwissenschaftlichen Schrifttum aus. Abgesehen von eher beiläufigen Stellungnahmen[645] finden sich nur wenige die Thematik näher beleuchtende Untersuchungen. Auf diese wird nachfolgend noch näher einzugehen sein.

3. *Die Notwendigkeit einer Trennung zwischen personenbezogenen und zweckbestimmten Auslandsprogrammen*

Die in der Expertise des Bundesinnenministeriums formulierte These, bei Rundfunk mit Auslandsberührung werde die an den Grenzen der Bundesrepublik Deutschland beginnende Bundeskompetenz berührt, läßt das Gegenteil von dem vermuten, was *Lerche* in der damaligen Auseinandersetzung um die Errichtung zweier Bundesrundfunkanstalten prognostiziert hatte. *Lerche* befürwortete eine Bundeskompetenz mit dem Hinweis darauf, daß es nicht darum ginge, »eine an sich innerstaatliche Angelegenheit von außenpolitischer Zusatzbedeutung in die Gefilde des Auswärtigen zu erheben, um sich hernach einer innerstaatlichen Exekutivgewalt oder sonstiger Sekundärkomptenzen zu berühmen, weil die

643 Abg. *Kühn*, BT-Sitzungsberichte III, S. 7001 (7026); vgl. ferner Abg. *Kühn*, BT-Sitzungsberichte III, S. 5330 (5339 f.).
644 Abg. *Heck*, BT-Sitzungsberichte III, S. 7001 (7027).
645 Vgl. *Köttgen*, Der Einfluß des Bundes auf die deutsche Verwaltung: JÖR N.F. 11, 173-311 (283) sowie *Thieme* (oben N. 641) 48 f.: Nach Auffassung beider ist die Gesetzgebungskompetenz des Bundes unter den Aspekten der auswärtigen und gesamtdeutschen Angelegenheiten zu bejahen.

Sache ja nun Auswärtiges betreffe.«[646] Zu sehen ist jedoch, daß eine vom Bund in Anspruch genommene Zuständigkeit für jeglichen Rundfunk mit Auslandsberührung die Rundfunkhoheit der Länder in unzulässiger Weise begrenzt. Denn da beim gegenwärtigen Stand der Satellitentechnik eine Begrenzung der von Rundfunksatelliten ausgestrahlten Signale auf einzelne Länder und selbst auf die Bundesrepublik insgesamt nicht möglich ist, Auslandsberührungen infolgedessen nicht vermieden werden können, würde man die Regelungsbefugnisse der Länder auf den terrestrisch und über Breitbandnetze verbreiteten Rundfunk beschränken. Die Außenwirkung der Rundfunk-Satellitenprogramme enthält jedoch insbesondere im Verhältnis zu den traditionellen, terristrisch ausgestrahlten Sendungen lediglich eine quantitative, nicht aber eine qualitiativ neue Dimension, denn auch bisher konnten deutsche Rundfunkprogramme, wenngleich in geringem Ausmaße, im Ausland empfangen werden. Es verbietet sich daher, die Zuständigkeit des Bundes von der faktischen Reichweite der Verbreitung abhängig zu machen[647]. Dies entspricht im Ergebnis auch der Auffassung des Bundesverfassungsgerichtes, das in seinem im November 1986 ergangenen vierten Rundfunkurteil ohne weitere Erörterungen eine Gemeinschaftskompetenz der Länder bei direktstrahlenden Satelliten bejahte[648]. Im Widerspruch zur gegenwärtigen Rechtslage, d.h. konkret zu der vom Bund in Anspruch genommenen Kompetenz für den Deutschlandfunk, steht aber vor allem die These, daß diese Gesetzgebungszuständigkeit von der (personenbezogenen) Zielrichtung des ausgestrahlten Programms abhängig sei. Der im Bundesrundfunkgesetz genannte Aufgabenbereich dieses Senders, nämlich Sendungen »für Deutschland« auszustrahlen, belegt, daß der Deutschlandfunk gerade auch die Hörer in der Bundesrepublik erreichen möchte und nicht allein die Rundfunkempfänger in der DDR[649]. Vertritt man nun die Auffassung, daß die Zielrichtung eines Programms über die Kompetenz entscheide, so müßte man im Falle des Deutschlandfunks dem Bund konsequenterweise die ausschließliche Zuständigkeit absprechen, denn für das Gebiet der Bundesrepublik besteht eine alleinige Kompetenz der Länder.

Auf den ersten Blick ähnlich argumentierte *Mallmann* Anfang der sechziger Jahre, als er den Deutschlandfunk als einen »überregionalen Bundessender«

646 So die Begründung von *Lerche*, Zum Kompetenzbereich des Deutschlandlandfunks, 14 für eine extensives auch die Zuständigkeit für gesamtdeutsche Angelegenheiten umschließendes Verständnis von Art. 73 Nr. 1 GG.

647 Vgl. auch *Ricker*, Rechtliche Grundlagen und Harmonisierung der Landesmediengesetze: ZRP 1986, 224-227 (225).

648 BVerfG 4.11.1986, BVerfGE 73, 118-205 (196 f.)

649 Vgl. *Siepmann*, Deutschlandfunk – Der Sender im Feuer: Neue Medien 1985 (Heft 6) 83-86 – Ein Beitrag, der sich mit den Sorgen der Verantwortlichen beim Deutschlandfunk über die Rückläufigkeit der Anzahl *bundes*deutscher Zuhörer beschäftigt.

bezeichnete[650]. Die Formulierung »für Deutschland« zeigte seiner Ansicht nach, daß der Schwerpunkt auf Sendungen »für das gesamte Deutschland« und nicht etwa ausschließlich oder ganz überwiegend auf Sendungen für die Deutschen außerhalb der Bundesrepublik liegen solle[651]. Entgegen *Mallmann* soll hier indes nicht die formelle Verfassungswidrigkeit des Bundesrundfunkgesetzes im Hinblick auf den Deutschlandfunk behauptet werden, sondern die Untauglichkeit des Kriteriums »für wen ein Programm bestimmt ist«.

Welchem Aspekt bei der Problemlösung entscheidende Bedeutung zukommt, wird bei der Betrachtung der Funktion des Deutschlandfunks deutlich: Im Gegensatz zu den Programmen öffentlich-rechtlicher Anstalten oder jetzt auch privater Anbieter wird nämlich mit den Sendungen des Deutschlandfunks ein bestimmter Zweck verfolgt. Der Deutschlandfunk soll unter anderem der Aufrechterhaltung und Kräftigung des Einheitswillens der Deutschen dienen, ist also ein Instrument der Wiedervereinigungspolitik. Ähnliches gilt für die Deutsche Welle, auch hier wird der Rundfunk als Mittel der (auswärtigen) Politik eingesetzt. Für alle anderen in der Bundesrepublik veranstalteten und ausgestrahlten Programme wird demgegenüber das Postulat aufgestellt, daß sie eben nicht zur Erreichung eines bestimmten Zieles eingesetzt werden. So gilt etwa das Gebot der Staatsfreiheit gerade um zu verhindern, daß der Rundfunk wie im Dritten Reich durch die politisch Verantwortlichen für Werbung und Durchsetzung ihrer Ideen, Vorstellungen und Pläne benutzt wird[652], oder positiv ausgedrückt, um eine freie Meinungsbildung zu gewährleisten. Während also die Rundfunkgesetzgebung der Länder dafür Sorge zu tragen hat, daß es nicht zu vorherrschenden Einflüssen auf die öffentliche Meinung kommt, wird diese Wirkungsweise bei den Sendungen des Deutschlandfunks und der Deutschen Welle nicht nur billigend in Kauf genommen, sondern geradezu angestrebt.

Der Blick auf die Funktionen des Deutschlandfunks und der Deutschen Welle veranschaulicht in besonders deutlicher Weise, daß es nicht um die Spaltung der Rundfunkhoheit im Sinne einer Zuständigkeit der Länder für den Inlandsbereich und einer Zuständigkeit des Bundes für den Auslandsbereich gehen kann. Die

650 *Mallmann* (oben N. 641) 351.

651 Ebenda.

652 Vgl. hierzu *Krüger*, Der Rundfunk im Verfassungsgefüge und in der Verwaltungsordnung von Bund und Ländern, 76: »Die Absetzung des Rundfunks sowohl von der Gesellschaft als auch vom Staate soll ja gerade sichern, daß Geist und Kultur nicht für heterogene Ziele, insbesondere nicht für Machtzwecke eingesetzt werden.«; zum Gebot der Staatsfreiheit siehe auch *Stender*, »Staatsferne« und »Gruppenferne in einem außenpluralistisch organisierten privaten Rundfunksystem.

Formulierung »Kompetenz für den Auslandsrundfunk«[653] ist irreführend, da sie sich an den Begriff der Rundfunkhoheit der Länder anlehnt. Den Ländern ist es aber verwehrt, rundfunkrechtliche Regelungen zu erlassen, die den Rundfunk zum Mittel der jeweils verfolgten Politik degradieren. Umgekehrt ist es dem Bund nicht gestattet, in den innerstaatlichen publizistischen Meinungskampf einzugreifen. Zulässig sind dagegen bundesgesetzliche, den Rundfunk betreffende Vorschriften insoweit als es »um Aussagen geht, die ihrer Natur nach allein objektiven staatlichen Zwecken in den Beziehungen des Staates nach außen dienen.«[654].

Für die Ausstrahlung von Sendungen (auch) ins Ausland folgt daher: Satellitenprogramme, die von in der Bundesrepublik zugelassenen privaten Veranstaltern oder von den hiesigen öffentlich-rechtlichen Anstalten veranstaltet werden und sowohl im Inland wie im Ausland empfangbar sind, werden von der Rundfunkhoheit der Länder erfaßt. Die Zuständigkeit der Länder ist dabei allerdings insofern begrenzt, als die gesetzlichen Grundlagen einzeln oder in ihrer Gesamtheit keine Zweckgebundenheit der Programme im Sinne nationaler Repräsentanz nach außen vorsehen dürfen; der Rundfunk würde sonst zum (außen-)politischen Instrument und fiele als solcher in den Kompetenzbereich des Bundes[655]. Dies gilt auch, soweit Rundfunksendungen zum Empfang im Gebiet der DDR veranstaltet werden, diese gehören als quasi-auswärtige Angelegenheit mit zur Bundeskompetenz nach Art. 73 Nr. 1 GG[656]. Die Ausstrahlung

653 Vgl. *Herrmann*, Fernsehen und Hörfunk in der Verfassung der Bundesrepublik Deutschland, 272 und *Stammler*, Europäischer Rundfunkmarkt und innerstaatliche Rundfunkkompetenz: ZUM 1988, 274-287 (277) für den es ebenfalls entscheidend darauf ankommt, ob das betreffende Programm an ein Publikum im Ausland adressiert ist und nicht darauf, ob sich die Rundfunkveranstaltung inhaltlich mit Fragen der auswärtigen Politik befaßt.

654 Siehe *Krause*, Die Zuständigkeit zur Ordnung des Rundfunkwesens in der Bundesrepublik Deutschland, 103.Aus diesen Gründen ist auch die Argumentation *Lerches* nicht stichhaltig, die eine Bundeskompetenz für den Deutschlandfunk und die Deutsche Welle schon deshalb bejaht, weil es äußerst fragwürdig sei, ob die Länder tatsächlich jenes Maß an Koordination erreichten, ohne das gesamtstaatliche Repräsentanz nach außen und darauf fußende nachhaltige Pflege auswärtiger Beziehungen nicht denkbar seien. Hinzu kommt, daß das Fehlen einer Garantie für den Abschuß und Bestand einer vertraglichen Bindung der Länder nicht zwingend zu einer »ungeschriebenen, natürlichen Bundesaufgabe« führt (vgl. *Lerche*, Zum Kompetenzbereich des Deutschlandfunks, 16 und 20 f.).

655 In diesem Sinne auch M*aunz*, Rechtsgutachten über die Frage der Vereinbarkeit des Gesetzentwurfes über die »Wahrnehmung gemeinsamer Aufgaben auf dem Gebiet des Rundfunks« mit dem Grundgesetz, S. 14 sowie *Eschenburg/Freund/Ipsen/Landshut/ Leibholz/Nawiasky/Rüstow/Smend/Wenke*, Stellungnahme zum »Entwurf eines Gesetzes über die Wahrnehmung gemeinsamer Aufgaben auf dem Gebiet des Rundfunks«, S. 6 und *Krause- Ablass* (oben N. 641) 158 sowie *von Münch* (*-Rojahn*) Art. 32 GG Rdnr. 22 b.

656 Siehe *Herrmann*, Fernsehen und Hörfunk in der Verfassung der Bundesrepublk Deutschland, 273 sowie *Maunz/Dürig/ Herzog* (*-Maunz*) Art. 73 GG RdNr. 35; a.A. Krause-Ablass (oben N. 641) 158.

von Rundfunksendungen ins Ausland kann nach allem auch Gegenstand bundesstaatlicher Gesetzgebung sein, dann allerdings einzig und allein unter dem Aspekt auswärtiger Meinungspflege[657]. Ein Eingriff in die Kulturhoheit wäre mit einer solchen Normsetzung aus den genannten Gründen nicht verbunden[658]. In ihrer Ausschließlichkeit abzulehnen ist nach allem auch die Meinung *Bullingers*, der – sofern nicht die Programme im wesentlichen für das Ausland bestimmt seien – eine (Gemeinschafts-)Kompetenz der Länder bejaht[659]: Da fernmelderechtlich als »Versorgungsgebiet« der Direktsatellitenprogramme nur die Bundesrepublik anerkannt sei und die zusätzliche Empfangbarkeit außerhalb dieses Raumes lediglich hingenommen werde, bleibe rundfunkrechtlich der Aspekt einer Verbreitung für das Bundesgebiet dominierend, handele es sich mithin um eine »innere« und nicht um eine »äußere« Angelegenheit. Wie oben bereits dargelegt wurde, trägt der Begriff Auslandsrundfunk eher zur Verwirrung als zur Problemlösung bei. Ganz ähnlich verhält es sich mit den Termini äußere oder innere Angelegenheiten. Eine Rundfunksendung oder deren gesetzliche Grundlage fällt nicht schon deshalb in den einen oder anderen Kompetenzbereich, weil sie in diesem oder jenem Gebiet zu empfangen und/oder für dieses auch bestimmt ist. Das Beispiel des Deutschlandfunks – so ist zu wiederholen – macht dies deutlich. Abgesehen davon ist auch der Hinweis auf die fernmelderechtliche Lage nicht überzeugend. Unbestreitbar ist zwar, daß die Zuweisung der Frequenzen an die Bundesrepublik zum Zwecke der hiesigen (Rundfunk-)Versorgung erfolgte. Das heißt aber nicht, daß deshalb die zur Verfügung stehenden Kanäle ausschließlich der Austragung des innerstaatlichen publizistischen Meinungskampfes zu dienen bestimmt sind. Wenn das der Fall wäre, hätten fernmeldetechnische Einrichtungen nur gegenüber dem in diesem Sinne verstandenen Rundfunk eine untergeordnete, dienende Funktion[660]. Eine solche Stellung kommt fernmeldetechnischen Einrichtungen aber auch im Hinblick darauf zu, daß der Einsatz des Rundfunks ein höchst wirkungsvolles Instrument der Außenpolitik sein kann und als solches in Anspruch genommen wird.

Bei den Entscheidungen über die Nutzung der zur Verfügung stehenden Sendekapazitäten auf direktstrahlenden Satelliten, aber auch auf Fernmeldesatelliten wird daher der Bund mit einzubeziehen sein. Zur Organisationsfrage sei hier

657 Nach *Kreile*, Kompetenz und kooperativer Föderalismus im Bereich des Kabel- und Satellitenrundfunks, 181 besteht eine Bundeskompetenz insoweit, als Rundfunksendungen »für Deutschland und das europäische Ausland« (Deutschlandfunk) sowie »für das Ausland« (Deutsche Welle) veranstaltet werden.

658 Vgl. auch *Krüger*, Der Rundfunk im Verfassungsgefüge und in der Verwaltungsordnung von Bund und Ländern, 75 ff.

659 *Bullinger* (oben N. 322) 7 f.

660 Vgl. BVerfG 28.2.1961, BVerfGE 12, 205-264 (227).

nur am Rande angemerkt[661], daß eine weitgehende Trennung vorzugswürdig scheint. *Herrmann* weist zu Recht darauf hin, daß eine bundesgesetzliche Regelung von Teilaspekten des Programms und sonstigen Einzelfragen für alle Rundfunkunternehmen die föderalistische Rundfunkordnung mehr tangierten als die Gründung eines Rundfunkunternehmens mit besonderem, gegenständlich beschränkten Aufgabenbereich[662].

Die in der Expertise des Bundesinnenministeriums im Hinblick auf 3-SAT geäußerten Bedenken sind nach allem nicht völlig unberechtigt – insbesondere nicht in Ansehung des Staatsvertragsentwurfes zur Neuordnung des Rundfunkwesens (Stand 8.1.1985)[663]. Denn dort hieß es in § 2 Abs. 2: »Das ZDF ist über § 1 Abs. 1 des Staatsvertrages über die Errichtung der Anstalt des öffentlichen Rechts ›Zweites Deutsches Fernsehen‹ hinaus ermächtigt und verpflichtet, über Satelliten ein zusätzliches Fernsehprogramm zu veranstalten, *das die kulturelle Vielfalt im deutschsprachigen Raum darstellt*; dabei sollen ausländische Veranstalter beteiligt werden.«[664]Die hier dem ZDF gestellte Aufgabe legte in der Tat die Vermutung nahe, daß es beabsichtigt war, die deutschsprachigen Völker durch gegenseitige Informationen einander näherzubringen. Diese Zielsetzung wäre allerdings außenpolitischer Natur gewesen und hätte dementsprechend einen Kompetenzübergriff bedeutet[665]. Daß im Falle von 3-SAT der Rundfunk nicht mehr als Medium und Faktor des *innerstaatlichen* publizistischen Meinungskampfes fungieren soll, belegte auch die Quasi-Verpflichtung zur Beteiligung ausländischer Veranstalter.

Diese Bedenken zu zerstreuen, ist auch der nunmehr am 12. März 1987 abgeschlossene Staatsvertrag zur Neuordnung des Rundfunkwesens nicht in der Lage[666]. Zwar heißt es jetzt in § 2 Abs. 2: »Das ZDF ist ermächtigt und verpflichtet, über Satelliten ein zusätzliches Fernsehprogramm mit kulturellem Schwerpunkt zu veranstalten; dabei können ausländische Veranstalter aus den europäischen Ländern beteiligt werden.« Dies bedeutet aber im Vergleich zum

661 Vgl. dazu die konträren Standpunkte von *Mallmann* (oben N. 641) 352 f. und *Herrmann*, Fernsehen und Hörfunk in der Verfassung der Bundesrepublik Deutschland, 273; offen gelassen im BVerfG 28.2.1961, BVerfGE 12, 205-264 (241 f.)

662 Vgl. *Herrmann*, Fernsehen und Hörfunk in der Verfassung der Bundesrepublik Deutschland, 273. Der jüngst zur Diskussion gestellte Vorschlag eines Bund-Länder-Vertrages, in dem die »Voraussetzungen der Zusammenarbeit« geregelt werden, könnte einen tragfähigen Kompromiß darstellen (vgl. *Stammler* (oben N. 653) 286-287).

663 Abgedruckt in: *Bauer/Detjen/Müller-Römer/Posewang*, Die Neuen Medien 16.2.2.

664 Hervorhebung durch den Verfasser.

665 *Plagemann*, (oben N. 123) 520 f.: »Der Bund bestreitet in diesem Fall zu Recht, gestützt auf die Kompetenz für die auswärtigen Angelegenheiten (Art. 73 Nr. 1 GG), der Länderanstalt die Trägerschaft und rechtliche Verantwortung für das Auslandsrundfunkprogramm 3 SAT.«

666 Abgedruckt in: Media Perspektiven 1987, 81-88; zur Veröffentlichung des Staatsvertrages mit den Zustimmungsgesetzen der vertragsschließenden Länder in deren Gesetz- und Verordnungsblättern siehe *Ring*, Textsammlung C-0.1.

Entwurf nur eine Abänderung insoweit, als der »Völkerverständigungsgedanke« nicht mehr allein auf den deutschsprachigen Raum beschränkt bleiben, sondern nunmehr auch für den europäischen Raum Geltung beanspruchen soll. Die darin liegende außenpolitische Zielsetzung ist also erweitert und nicht fallengelassen worden[667].

Zum Ergebnis der Expertise bleibt zu sagen, daß die unterbreiteten Lösungsvorschläge nur begrenzt verwertbar sind, denn aus den dargelegten Gründen – und eben dies ist die gutachterliche Prämisse gewesen – endet die Zuständigkeit der Länder im Rundfunkbereich keineswegs an den Grenzen der Bundesrepublik.

IV. *Abgrenzungsprobleme zwischen der Bundeszuständigkeit für den Jugendschutz und der Rundfunkhoheit der Länder*

1. *Das Gesetz über die Verbreitung jugendgefährdender Schriften (GjS)*

Das Grundgesetz mißt dem Jugendschutz im Kommunikationsbereich hervorragende Bedeutung zu. Die in Art. 5 Abs. 1 GG gewährleisteten Kommunikationsrechte finden nämlich ihre Schranken in den gesetzlichen Bestimmungen zum Schutze der Jugend (Art. 5 Abs. 2 GG). Unter medienrechtlichen Aspekten von besonderem Interesse ist dabei das »Gesetz über die Verbreitung jugendgefährdender Schriften« vom 9. Juni 1953[668]. Danach sind Schriften, die geeignet sind, Kinder oder Jugendliche sittlich zu gefährden, in eine Liste aufzunehmen – eine Eignung zur Gefährdung einer ungestörten geistig-sittlichen Entwicklung von Kindern und Jugendlichen wird vor allem bei unsittlichen, verrohend wirkenden, zu Gewalttätigkeit, Verbrechen oder Rassenhaß anreizenden sowie den Krieg verherrlichenden Schriften angenommen (§ 1 GjS). Mit der Bekanntmachung der Listenaufnahme im Bundesanzeiger unterliegt die indizierte Schrift hinsichtlich ihrer Verbreitung einer Reihe weitreichender gesetzlicher

667 Bedenken gleicher Art bestehen im übrigen auch hinsichtlich des öffentlich-rechtlichen, europäischen Fernsehprogramms »Europa-TV«, an dem die ARD beteiligt ist, und ebenso im Hinblick auf das allein von der ARD veranstaltete Programm »Eins Plus«. So ist es das Ziel von »Europa-TV« (dessen Fortbestand zur Zeit fraglich ist), mittels eines komplementär konzipierten, sich gleichsam als Schaufenster der verschiedenen Kulturkreise verstehenden Programms das Bewußtsein für die europäische Dimension zu fördern.

668 BGBl. I 1953, 377, zuletzt geändert durch das Gesetz zur Neuregelung des Jugendschutzes in der Öffentlichkeit vom 25.2.1985 (BGBl. 1985 I, 425 (428) – Vorläufer dieses Gesetzes war das »Reichsgesetz zur Bewahrung der Jugend vor Schund- und Schmutzschriften« vom 18.12.1926 (RGBl. I 1926, 505).

Beschränkungen[669]. Zur Durchführung der Aufgaben dieses Gesetzes wurde eine Bundesprüfstelle errichtet, deren Mitglieder – die Prüfstelle ist eine Bundesoberbehörde – nicht an Weisungen gebunden sind.
Entgegen der Gesetzesüberschrift, die die Annahme naheliegend erscheinen läßt, der Anwendungsbereich des GjS sei auf Presserzeugnisse beschränkt, bestimmt § 1 Abs. 3 GjS, daß Schriften »Ton- und Bildträger, Abbildungen und andere Darstellungen« gleichstehen[670]. Während damit nach wohl unstreitiger Auffassung das GjS auch für das Medium Film Geltung hat[671], wird seine Anwendbarkeit auf Rundfunksendungen bestritten. Tatsächlich war die Frage, ob die Bundesprüfstelle Rundfunkbeiträge nach § 1 GjS indizieren kann, indes bisher kaum von Bedeutung, da sich die ARD-Anstalten und das ZDF auf freiwillige Maßnahmen zum Jugendmedienschutz geeinigt hatten[672].
Auf eine gerichtliche Klärung ihres Kompetenzbereiches mußte die Bundesprüfstelle, die nach eigenem Bekunden auf entsprechende Indizierungsanträge förmlich gewartet hatte[673], lange warten. Praktische Bedeutung erlangte der im rechtswissenschaftlichen Schrifttum schon seit langem geführte Streit um den Geltungsbereich des GjS, als das Jugendamt der Stadt Neustadt/Weinstraße den Antrag stellte, mehrere Beiträge der Sendung »All Star Wrestling« des

669 Nach § 3 Abs. 1 GjS darf eine »Schrift«, deren Aufnahme in die Liste bekanntgemacht ist, nicht einem Kind oder Jugendlichen angeboten, überlassen oder zugänglich gemacht werden, an einem Ort, der Kindern oder Jugendlichen zugänglich ist oder von ihnen eingesehen werden kann, ausgestellt, angeschlagen, vorgeführt oder sonst zugänglich gemacht werden und im Wege gewerblicher Vermietung oder vergleichbarer Gewährung des Gebrauchs, ausgenommen in Ladengeschäften, die Kindern und Jugendlichen nicht zugänglich sind und von ihnen nicht eingesehen werden können, einem anderen angeboten oder überlassen werden. § 4 Abs. 1 GjS bestimmt, daß eine »Schrift«, deren Aufnahme in die Liste bekanntgemacht ist, nicht im Einzelhandel außerhalb von Geschäftsräumen, in Kiosken oder anderen Verkaufsstellen, die der Kunde nicht zu betreten pflegt, im Versandhandel oder in gewerblichen Leihbüchereien oder Lesezirkeln vertrieben, verbreitet oder verliehen oder zu diesen Zwecken vorrätig gehalten werden darf. § 5 GjS beschränkt die Werbung indizierter oder von einem Indizierungsverfahren betroffene »Schriften«, läßt aber die Werbung zu, wenn sie sich auf den Geschäftsverkehr mit dem einschlägigen Handel oder auf Handlungen an Orten bezieht, die Kindern oder Jugendlichen nicht zugänglich sind oder von ihnen nicht eingesehen werden können.

670 Siehe die Änderung des Gesetzes über die Verbreitung jugendgefährdender Schriften BGBl. I 1973, 1725 (1732).

671 Vgl. statt vieler BVerwG 16.12.1971: Ufita 67/68 (1973), 300-302 (301).

672 Vgl. § 10 ZDF-Staatsvertrag vom 6. Juni 1961 (abgedruckt in: *Ring*, Textsammlung C-IV 3.1) sowie die »Grundsätze für die Zusammenarbeit im ARD-Gemeinschaftsprogramm ›Deutsches Fernsehen‹« vom 9. Juli 1971 (abgedruckt in: *Ring*, Textsammlung C-V 5); vgl. ferner *Potrykus*, Fernsehen und GjS: MDR 1965, 185-186 (185). Die einzige Ausnahme bildete ein Einstellungsbescheid der Staatsanwaltschaft bei dem Landgericht Hamburg vom 24.3.1964, in dem sowohl die Anwendung des hier weniger in Frage kommenden Bundesgesetzes über den Schutz der Jugend in der Öffentlichkeit als auch des GjS auf Fernsehsendungen verneint worden ist. (Der Bescheid ist auszugsweise wiedergegeben bei *Potrykus* a.a.O.

673 Vgl. *Ory*, Jugendschutz in Neuen Medien: ZUM 1986, 123-130 (126). Nach § 11 Abs. 2 GjS wird die Bundesprüfstelle nur auf Antrag tätig.

Programms »Sky Channel« der Satellite Television Plc., London, zu indizieren[674]. Die beanstandeten Sendungen wurden, wie das gesamte Programm von Sky Channel, von London über den Fernmeldesatelliten ECS F1 abgestrahlt und von der Deutschen Bundespost in das Kabelnetz des Kabelpilotprojekts Ludwigshafen eingespeist. Dafür wurde zum Start des Projekts am 1. Januar 1984 eine Nutzungsgenehmigung durch die Anstalt für Kabelkommunikation (AKK) nach dem Landesgesetz über einen Versuch mit Breitbandkabel erteilt. Die Sendungen, in denen kämpferische Schauveranstaltungen gezeigt wurden, waren am Wochenende in den frühen Nachmittagsstunden zu sehen.
Abgesehen davon, daß der Inhalt dieser Sendungen nach Auffassung der Firma Satellite Television und der AKK nicht als jugendgefährdend bezeichnet werden konnte, wurde von beiden Verfahrensbeteiligten die Zuständigkeit der Bundesprüfstelle zur Indizierung von Rundfunksendungen verneint und dementsprechend der Antrag gestellt, die Indizierungsanträge als unzulässig und nur hilfsweise als unbegründet zurückzuweisen. Die Bundesprüfstelle bejahte demgegenüber die Zulässigkeit der vom Stadtjugendamt Neustadt/Weinstraße gestellten Anträge und damit ihre eigene Zuständigkeit. Eine Entscheidung über die Begründung der Indizierungsanträge war allerdings entbehrlich, da das Verfahren gemäß § 69 Abs. 3 Verwaltungsverfahrensgesetz einzustellen war. Der Antragsteller hatte mitgeteilt, daß die Entscheidung über die Eignung der beanstandeten Sendungen zur Kinder- und Jugendgefährdung offenbleiben könne, solange die Sendungen, wie zugesagt, nur werktags nach 21.00 Uhr ausgestrahlt würden.
Interesse an einer gerichtlichen Klärung hatte aber offenkundig auch das ZDF. Als die Bundesprüfstelle die Indizierung der ZDF-Sendung »Das Schwert des Shogun« vom 15. Juli 1985 (Sendezeit 20.15 Uhr) gemäß § 2 GjS[675] ablehnte, erhob das ZDF gleichwohl Klage. Das Verwaltungsgericht wies diese jedoch am 14. Oktober 1986 mangels Rechtsschutzinteresses ab[676], eine materiell-rechtliche Überprüfung entfiel mithin. Zu einem Sachurteil führte demgegenüber die Klage des ZDF gegen die Entscheidung der Bundesprüfstelle, die ZDF-Sendung Schwarzwaldklinik (Folge 19: »Gewalt im Spiel« vom 1.2.1986 – Sendezeit 19.30 Uhr) zu indizieren – ein entsprechender Antrag war vom Stadtjugendamt Neuss gestellt worden. Das Verwaltungsgericht Köln hielt die Klage, die auf die Aufhebung der Entscheidung der Bundesprüfstelle vom 13. März 1986 gerichtet

674 Siehe die BPS-Entscheidung vom 30. Juni 1986 – abgedruckt im: BPS-Report Nr. 4/1986, 18-20.

675 § 2 GjS lautet: »In Fällen von geringer Bedeutung kann davon abgesehen werden, die Schriften in die Liste aufzunehmen.«

676 Siehe BPS-Report Nr. 5/1986 – Mitteilungen: ZDF contra BPS.

war, für begründet[677]; die angefochtene Entscheidung der Bundesprüfstelle sei schon deshalb aufzuheben, weil das GjS keine Rechtsgrundlage für die Aufnahme von Rundfunk- und Fernsehsendungen in die Liste jugendgefährdender Schriften enthalte.
Daß sich hinter dem Streit um die Indizierbarkeit von Rundfunksendungen ein Kompetenzproblem verbirgt, klingt im Streitfall ZDF versus Bundesprüfstelle bereits an, wird aber vollends deutlich, wenn man sich vergegenwärtigt, daß bei jugendschutzrechtlichen Verfehlungen in Programmen privater Veranstalter künftig die ins Leben gerufenen Landesmedienanstalten ihre Zuständigkeit behaupten werden[678].

2. *Die Unanwendbarkeit des GjS auf Rundfunksendungen*

Sowohl die Auslegung der Vorschriften des GjS als auch kompetenzrechtliche Geichtspunkte führen zu dem Ergebnis, daß dieses Gesetz auf Rundfunksendungen keine Anwendung findet und – wenn überhaupt – nur die Länder dazu berechtigt sind, den Jugendschutz für Rundfunksendungen zu regeln, die aufgrund von Landesrecht veranstaltet oder verbreitet werden.

a) *Die Auslegung des GjS*

Für die Interpretation der maßgeblichen Bestimmung des § 1 Abs. 3 GjS können dabei allerdings, worauf das Verwaltungsgericht mit Recht hingewiesen hat, aus dem Wortlaut keine sicheren Hinweise entnommen werden. Wenig hilfreich ist ebenso die argumentative Einbeziehung der §§ 11 Abs. 3, 131 Abs. 2 und 184 Abs. 2 StGB. Denn auch unter diesem Blickwinkel bleiben zwei einander widersprechende Auslegungen denkbar[679]: Vertretbar erscheint zum einen das Verständnis, die wortgleichen §§ 1 Abs. 3 GjS und 11 Abs. 3 StGB im Hinblick auf die §§ 131 Abs. 2 und 184 Abs. 2 StGB so auszulegen, daß sich letztere Vorschriften allein auf Live-Darbietungen beziehen und aufgezeichnete oder gespeicherte Rundfunksendungen bereits von § 11 Abs. 3 StGB beziehungsweise § 1 Abs. 3 GjS mitumfaßt sind[680]. Nicht weniger überzeugend ist zum anderen

677 VG Köln 14.10.1986: NJW 1987, 274-279.

678 Ein Überblick über Jugendschutzbestimmungen in den neuen Landesmediengesetzen findet sich in *Meyer/Schiwy/Schneider*, Kabelrundfunk D 1.1/1.

679 Siehe hierzu auch *Meyer-Hesemann*, Kompetenzprobleme beim Jugendschutz im Rundfunk: DVBl. 1986, 1181-1185 (1181) sowie das VG Köln 14.10.1986: NJW 1987, 274-279 (278).

680 So etwa *Lackner* § 184 StGB Anm. 3 c mit weiteren Nachweisen; siehe auch das VG Köln 14.10.1986: NJW 1987, 274-279 (278) mit weiteren Nachweisen.

die für eine restriktive Interpretation des GjS plädierende Ansicht, [681], derzufolge der Schriftbegriff im Sinne von § 11 Abs. 2 StG und § 1 Abs. 3 GjS durch die im gleichen gesetzgeberischen Zusammenhang geschaffene Bestimmung des § 131 StGB eingeschränkt und seine Anwendung auf Rundfunkübertragungen generell ausgschlossen ist[682]. Obgleich nämlich § 131 Abs. 1 StGB auch auf § 11 Abs. 3 StGB Bezug nehme und somit Ton- und Bildträger, Abbildungen und andere Darstellungen den Schriften gleichstelle, regele § 131 Abs. 2 StGB gesondert die Verbreitung einer Darbietung des in Abs. 1 bezeichneten Inhalts durch den Rundfunk. Damit werde unmißverständlich zum Ausdruck gebracht, daß Rundfunksendungen nicht unter § 11 Abs. 3 StGB und § 1 Abs. 3 GjS fielen, sondern als eine eigenständige Darstellungsform zu bewerten seien, anderenfalls wäre die gesonderte Aufführung von Rundfunkübertragen in § 131 Abs. 2 StGB gesetzessystematisch unverständlich.

Aufschlußreich und die Ausgrenzung von Rundfunksendungen aus dem Anwendungsbereich des GjS nahezu erzwingend ist demgegenüber eine systematische und die ratio legis berücksichtigende Betrachtungsweise. Sie macht unter zwei Aspekten deutlich, daß die Erfassung von Rundfunksendungen durch das GjS weder sinnvoll noch beabsichtigt ist. So ist evident, daß die vor allem in Vertriebsbeschränkungen bestehenden Rechtsfolgen einer Indizierungsentscheidung allein bei körperlichen Gegenständen effektiv wirken können. Es

681 Siehe *Ring/von Wallenberg*, Die Veranstaltung von Rundfunkprogrammen durch Private nach den Regelungen der Landesmediengesetze, 35 und *Fuhr* (*-Landmann*) ZDF-Staatsvertrag § 10 Anm. III 4 a) bb).

682 § 131 StGB lautet:
(1) Wer Schriften (§ 11 Abs. 3), die Gewalttätigkeit gegen Menschen in grausamer oder sonst unmenschlicher Weise schildern und dadurch eine Verherrlichung oder Verharmlosung solcher Gewalttätigkeiten ausdrücken oder die zum Rassenhaß aufstacheln,
 1. verbreitet,
 2. öffentlich ausstellt, anschlägt, vorführt oder sonst zugänglich macht,
 3. einer Person unter achtzehn Jahren anbietet, überläßt oder zugänglich macht oder
 4. herstellt, bezieht, liefert, vorrätig hält, anbietet, ankündigt, anpreist, in den räumlichen Geltungsbereich dieses Gesetzes einzuführen oder daraus auszuführen unternimmt, um sie oder aus ihnen gewonnene Stücke im Sinne der Nummern 1 bis 3 zu verwenden oder einem anderen eine solche Verwendung zu ermöglichen, wird mit Freiheitsstrafe bis zu einem Jahr oder mit Geldstrafe bestraft.

(2) Ebenso wird bestraft, wer eine Darbietung des in Absatz 1 bezeichneten Inhalts durch Rundfunk verbreitet.
(3) Die Absätze 1 und 2 gelten nicht, wenn die Handlung der Berichterstattung über Vorgänge des Zeitgeschehens oder der Geschichte dient.
(4) Absatz 1 Nr. 3 ist nicht anzuwenden, wenn der zur Sorge für die Person Berechtigte handelt.

ist daher davon auszugehen, daß sich das GjS nur auf körperlich fixierte Inhalte jugendgefährdenden Verhaltens bezieht[683]. Diese Ansicht wird zwar vom gegenwärtigen Vorsitzenden der Bundesprüfstelle geteilt, eine darauf gestützte Unanwendbarkeit des GjS im Falle von Rundfunksendungen aber gleichwohl geleugnet. Denn anzusetzen sei nicht bei der Sendung selbst, sondern bei der ihr zugrunde liegenden körperlichen Aufzeichnung auf Magnetband oder Film; allein die Indizierbarkeit von Live- (Hörfunk-und Fernseh-)Sendungen sei daher ausgeschlossen[684]. Anknüpfungspunkt im Gesetz sind also die dort genannten Ton-und Bildträger. Diese Meinung berücksichtigt indes nicht, daß Rundfunkbeiträge – und hier ist *Meyer-Hesemann* beizupflichten – mögen sie auch aufgezeichnet und damit körperlicher Natur sein, als verkehrsfähige Gegenstände, die durch Vertriebsbeschränkungen getroffen werden können, keinen besonderen Stellenwert haben. Ihre Bedeutung liegt vorrangig in der Ermöglichung einer Ausstrahlung des aufgenommenen Inhalts[685].
Abzulehnen ist deshalb auch die Auffassung, die anknüpfend an den im Gesetz verwendeten Begriff der Abbildung zu dem Ergebnis gelangt, daß das GjS sowohl für aufgezeichnete Fernsehsendungen wie für Direktübertragungen im Fernsehen gelte[686]. Die zu erwägende Übertragung der sich aus den §§ 3-5 GjS ergebenden Indizierungsfolgen scheidet ebenfalls aus. Denn ein uneingeschränktes Sendeverbot verstößt gegen das verfassungsrechtlich verbürgte Recht der Erwachsenen auf Informationsfreiheit und einer Vorgabe, indizierte

683 So auch *Lackner*, Über die Geltung der §§ 131, 184 StGB und § 21 GjS für Rundfunksendungen, 190 und *Löffler*, § 1 LPG RdNr. 319, nach dessen Auffassung für die Anwendung des GjS stets die Verkörperung eines geistigen Inhalts gefordert werden müsse, da dieser Umstand wesensbestimmendes Charakteristikum einer »Schrift« sei; siehe ferner VG Köln 14.10.1986: NJW 1987, 274-279 (278 f.).

684 *Stefen*, Gleichermaßen gegen ARD, ZDF und Private: Newsletter Nr. 42/1986, 6; *ders.*, Die Rechtsgrundlagen des Jugendschutzes: BPS-Report Nr. 4/1986, 1-7 (3); ebenso *Löffler/Ricker*, Handbuch des Presserechts, 390 RdNr. 6.

685 Siehe *Meyer-Hesemann* (oben N. 679) 1182.

686 *Potrykus* (oben N. 672) 186; *Schilling*, Kommentar zum GjS, 127, Ziffer 61; zustimmend auch *Becker*, Jugendschutz im Fernsehrecht: MDR 1964, 463-464 (464). Als zweifelhaft muß in diesem Zusammenhang die These *Orys* bewertet werden, wonach die geschilderte Argumentation in Kauf nehme, daß nur ein Teilbereich des Rundfunks, nämlich das Fernsehen, durch § 1 Abs. 3 GjS erfaßt würde – *Ory* (oben N. 673), 125. Es darf nicht übersehen werden, daß die vorerwähnten Stellungnahmen zu einem Zeitpunkt erstellt wurden, als § 1 Abs. 3 GjS noch wie folgt lautete: »Abbildungen sind Schriften im Sinne dieses Gesetzes gleichzustellen« (vgl. BGBl. I 1953, 377 (377)), beziehungsweise »den Schriften stehen Schallaufnahmen, Abbildungen und Darstellungen gleich« (vgl. BGBl. I 1961, 497 (498)), von Ton- und Bildträgern war also von Gesetzes wegen noch keine Rede (vgl. aber BGBl. I 1973, 1725 (1732)). Auszuschließen ist es demnach nicht, daß die oben genannten Autoren heute für den nicht live gesendeten Rundfunk (Hörfunk und Fernsehen!) die Anwendbarkeit des GjS unter Hinweis auf die im Gesetz erwähnten Ton- und Bildträger bejahen und nur für Direktübertragungen im Fernsehen auf den Begriff der Abbildung zurückgreifen würden. Ausgeklammert wären dann allein Live-Sendungen des Hörfunks, da es an einem der Abbildung entsprechenden Begriff fehlt.

Sendungen nur ab einer bestimmten Uhrzeit auszustrahlen, steht entgegen, daß Verstöße gegen die Verbote der §§ 3-5 GjS nach § 21 Abs. 1 und 2 GjS strafbewehrt sind, dem Gestzeswortlaut aber klar und eindeutig zu entnehmen sein muß, welches Verhalten strafbar ist und welches nicht[687]. Nicht folgerichtig und damit unverständlich wäre bei Annahme eines weiten, den Rundfunk mitumfassenden Anwendungsbereichs des GjS zudem die personelle Besetzung der Bundesprüfstelle – sie ist eindeutig auf die Printmedien ausgerichtet, Vertreter aus den Kreisen des Rundfunks sind nicht vorgesehen.

b) *Kompetentielle Aspekte*

Gegen eine Anwendung der Vorschriften des GjS sprechen darüber hinaus kompetenzrechtliche Erwägungen. Denn nach allen maßgeblichen Kriterien, die für den Fall von Kompetenzkonflikten, in denen eine zu regelnde Materie Bezüge zu verschiedenen Gesetzgebungszuständigkeiten aufweist, von der Verfassungsrechtsprechung und dem Schrifttum entwickelt worden sind, ist der »Jugendschutz im Rundfunk« eher der Materie Rundfunk zuzuordnen als den Bundeszuständigkeitsbereichen »öffentliche Fürsorge« und »Strafrecht«.
So ist *Stefen* zu widersprechen, der die Zulässigkeit von Indizierungen im Rundfunkbereich aus dem Umstand ableitet, daß das GjS zum Nebenstrafrecht, also zum bundesrechtlichen Strafrecht außerhalb des Strafgesetzbuches, gehört[688]. Denn die Erörterung des Schriftenbegriffes auf Ton- und Bildträger sowie sonstige Darstellungen in § 1 Abs. 3 GjS erfolgte erst 1973; rundfunkspezifische Jugendschutzregelungen existieren demgegenüber schon seit 1961 – verwiesen sei hier auf § 10 des »Staatsvertrages über die Errichtung der Anstalten des öffentlichen Rechts Zweites Deutsches Fernsehen« vom 6. Juni 1961[689].
Ebenso gebietet es der Maßstab des überwiegenden Sachzusammenhangs, Jugendschutzregelungen im Rundfunkbereich den Ländern als Inhabern der Rundfunkhoheit zu überlassen. Der Bund hat zwar grundsätzlich die Gesetzgebungsbefugnis im Bereich des Jugendschutzes und dieser auch durch das Gesetz über die Verbreitung jugendgefährdender Schriften entsprochen; diese Zuständigkeit läßt sich indes nicht auf den Rundfunkbereich übertragen, da sie die Zulässigkeit der Gestaltung von Kommunikationsinhalten als Bestandteil der

687 Vgl. VG Köln 14.10.1986: NJW 1987, 274-279 (287 f.).
688 *Stefen* (oben N. 684) 6.
689 Vgl. auch VG Köln 14.10.1986: NJW 1987, 274-279 (275 f.).

gesetzlichen Regelung zur Veranstaltung von Rundfunk unmittelbar betrifft[690]. Denn die Gestaltung des Programms wird durch Jugendschutzvorschriften direkt beeinflußt, diese haben Auswirkungen auf den Programmaufbau und den Programmablauf und damit auf zentrale Gebiete der verfassungsrechtlich geschützten Programmgestaltungsfreiheit[691]. Die Auffassung, daß Jugendschutz im Rundfunk der Zuständigkeit der Länder unterliege, wird im übrigen auch vom Bundesverfassungsgericht geteilt. Das Aufstellen verbindlicher Leitgrundsätze für die Programminhalte wird im dritten Rundfunkurteil als wesentlicher, obligatorischer Regelungsbereich der (Landes-)Gesetzgeber gesehen[692].

c) *Rechtspolitischer Ausblick*

Auf einen Aspekt, der bisher allein im Zusammenhang mit dem Anwendungsbereich des GjS erörtert wurde, ist an dieser Stelle jedoch noch näher einzugehen. Gemeint ist der Gesichtspunkt der Effektivität von Jugendschutzbestimmungen. Für das GjS ist bereits dargelegt worden, daß die dort vorgesehenen Indizierungsfolgen nur bei körperlich fixierten Inhalten sinnvoll und damit auch effektiv sind und entsprechend keine geeigneten Mittel für den Jugendschutz im Rundfunk darstellen. Das mögliche Problem der Effektivität landesrundfunkgesetzlicher Bestimmungen liegt indes auf einer anderen Ebene, nämlich in der unterschiedlichen Ausgestaltung. *Ricker* weist zu Recht darauf hin, daß hier entstehende Divergenzen unter dem Aspekt der Einheitlichkeit der Lebensverhältnisse im föderalen Staat problematisch seien[693]. Zwar kann ihm nicht darin zugestimmt werden, daß derartige Divergenzen im Hinblick auf die die Ausstrahlung jugendbeeinträchtigender und jugendgefährdender Sendungen regelnden Bestimmungen bereits gegeben sind – jedenfalls nicht in einem relevanten Ausmaß[694]. Gleichwohl ist aber *Rickers* grundsätzliche

690 so zu Recht *Ricker* (oben N. 647) 225; *ders.*, Privatrundfunk – Gesetze im Bundesstaat, 130, 133; ebenso *Poll*, zitiert nach *Freys*, Jugendmedienschutz auf dem Prüfstand – Bericht von der gleichlautenden Tagung des Instituts für Urheber- und Medienrecht am 25. Oktober 1985 in München: ZUM 1986, 121- 123 (122), nach dessen Auffassung dem Bund gemäß Art. 73 Nr. 7 GG nur die Kompetenz für das Fernmeldewesen zukomme, die Frage der Sendeinhalte demgegenüber nach Art. 30 GG Ländersache sei.

691 Vgl. VG Köln 14.10.1986: NJW 1987, 274-279 (276); ähnlich auch *Weides*, Der Jugendmedienschutz im Filmbereich: NJW 1987, 224-233 (231), der darauf aufmerksam macht, daß, wenn Jugendschutz nicht in »Erwachsenenschutz« umschlagen soll, als geeignetes Mittel zum Jugendschutz im Grunde nur Einschränkungen bei der Sendezeit blieben, damit aber unmittelbar und untrennbar Fragen der Programmgestaltung betroffen wären.

692 BVerfG 16.6.1981, BVerfGE 57, 295-335 (327): »Namentlich für den Jugendschutz wird in den Rundfunkgesetzen Sorge zu tragen sein.«

693 *Ricker*, Privatrundfunk-Gesetze im Bundesstaat, 135.

694 Siehe den Überblick über geltende Jugendschutzbestimmungen in den Rundfunkgesetzen respektive Staatsverträgen in *Meyer /Schiwy/Schneider*, Kabelrundfunk D 1. 1/1.

Befürchtung zu teilen, daß der in anderen Bereichen bestehende Vorzug von unterschiedlichen Regelungen, im föderalistischen Staat »Kräfte freizusetzen« und die Suche nach der geeigneten Lösung zu ermöglichen, hier nicht zum Tragen kommen könne, sondern der Vorzug sich in einen Nachteil verwandele. Wenn nämlich die Rundfunkveranstalter auf dem Umweg über dasjenige Bundesland mit günstigsten Bedingungen den »strengeren« Jugendschutz anderer Länder unterlaufen würden, hätte das eine Nivellierung des Jugendschutzes auf dem »kleinsten gemeinsamen Nenner« und damit eine Negierung des Grundgesetzes zur Folge, das dem Jugendschutz einen hohen Stellenwert einräumt. Die Abwägung zwischen föderalistischer Eigenständigkeit und Jugendschutzbelangen muß daher zugunsten letzterer ausfallen.

Darüber hinaus scheint es sinnvoll und geboten, landesrundfunkgesetzliche und bundesrechtliche Jugendschutzbestimmungen eng miteinander zu verknüpfen[695]. Zwei Beispiele mögen diese Notwendigkeit aufzeigen. § 6 JSchÖG[696] regelt, wann Kinder und Jugendliche bei öffentlichen(!) Filmveranstaltungen anwesend sein dürfen. Bei der seit langem bestehenden Praxis der Rundfunkanstalten, Kinofilme auch im Fernsehen zu übertragen, würde die Vorschrift des JÖSchG aber ins Leere laufen, wenn ergänzende Normen im Rundfunkbereich fehlten[697]. Ähnliches gilt für durch die Bundesprüfstelle indizierte Filme. Hier müßten – soll die Indizierung effektiv sein – ebenfalls Regelungen geschaffen werden, die das GjS ergänzen – wie beispielsweise durch das Gebot, indizierte Filme nur ab bestimmten Uhrzeiten auszustrahlen. Wenn sich bereits teilweise dahingehende, also das Bundesjugendschutzrecht ergänzende Bestimmungen in den Rundfunkgesetzen finden, so können diese als ein Schritt in die richtige Richtung gewertet werden. Von einem bundesweiten, wirklich effektiven Jugendschutz dürfte man allerdings noch weit entfernt sein.

695 Vgl. auch *Ory* (oben N. 673) 128.

696 Gesetz zum Schutz der Jugend in der Öffentlichkeit vom 4.12.1951 (BGBl. 1951 I, 936) i.d.F. v. 27.7.1957 (BGBl. 1957 I, 1058).

697 Zum Teil sind derartige Vorschriften in den Landesmediengesetzen bereits enthalten – vgl. § 49 Abs. 3 LMG Baden-Württemberg (GBl. Baden-Württemberg 1985, 539 (553)).

Literaturverzeichnis

Anschütz, Gerhard, Thoma, Richard, Handbuch des deutschen Staatsrechts, Band 1, in: Das öffentliche Recht der Gegenwart, Band 28, Tübingen 1930, zit.: *Anschütz/Thoma*, Handbuch des deutschen Staatsrechts, Band 1, Seite

diess., Handbuch des Deutschen Staatsrechts, Band 2, in: Das öffentliche Recht der Gegenwart, Band 29, Tübingen 1932, zit.: *Anschütz/Thoma*, Handbuch des deutschen Staatsrechts, Band 2, Seite

Arndt, Adolf, Die Rolle der Massenmedien in der Demokratie, in: Die Rolle der Massenmedien in der Demokratie, München 1966, zit.: *Arndt*, Die Rolle der Massenmedien in der Demokratie, Seite

Bachhof, Otto, Verbot des Werbefernsehens durch Bundesgesetz?, in: Beiträge zum Rundfunkrecht, Heft 9, Frankfurt am Main, Berlin 1966, zit.: *Bachhof*, Verbot des Werbefernsehens durch Bundesgesetz?, Seite

Badura, Peter, Verfassungsrechtliche Bindungen der Rundfunkgesetzgebung, in: Beiträge zum Rundfunkrecht, Heft 24, Frankfurt am Main, Berlin 1980, zit.: *Badura*, Verfassungsrechtliche Bindungen der Rundfunkgesetzgebung, Seite

Barsig, Franz, Die Länder und die Satelliten: ZPF 1984 (Heft 5) 20-24

Bartl, Harald, Handbuch BTX-Recht, in: net-Buch, Telekommunikation und Praxis, Band 3, Heidelberg 1984, zit.: *Bartl*, Handbuch BTX-Recht, Seite

Bauer, Helmut G., Dethjen, Claus, Müller-Römer, Frank, Posewang, Wolfgang, Die neuen Medien, Ulm Stand 1989, zit.: *Bauer/Dethjen/Müller-Römer/Posewang*, Die neuen Medien

Bausch, Hans, Der Rundfunk im politischen Kräftespiel der Weimarer Republik 1923-1933, Tübingen 1956

– Föderalismus in Rundfunkgeschichte und Rundfunkpolitik, in: Strukturfragen des Rundfunks in Geschichte und Gegenwart, 66-76 (Medienwissenschaftliches Symposium Hans-Bredow-Institut 1979), zit.: *Bausch*, Föderalismus in Rundfunkgeschichte und Rundfunkpolitik, Seite

– Rundfunkpolitik nach 1945, in: Rundfunk in Deutschland, Band 4, 2. Teil, München 1980, zit.: *Bausch*, Rundfunkpolitik nach 1945, Seite

Becker, Walter, Jugendschutz im Fernsehrecht: MDR 1964, 463-464

Behrens, Tobias, Die Entstehung der Massenmedien in Deutschland, in: Europäische Hochschulschriften, Reihe XL, Kommunikationswissenschaft und Publizistik, Band 6, Frankfurt am Main, Bern, New York 1986, zit.: *Behrens*, Die Entstehung der Massenmedien in Deutschland, Seite

Benda, Ernst, Das Berliner Kabelpilotprojekt – erste Erfahrungen, in: Schriftenreihe der Juristischen Gesellschaft zu Berlin, Heft 106, Berlin, New York 1987, zit.: *Benda*, Das Berliner Kabelpilotprojekt – erste Erfahrungen, Seite

Berendes, Konrad, Die Staatsaufsicht über den Rundfunk, in: Schriften zum Öffentlichen Recht, Band 226, Berlin 1973, zit.: *Berendes*, Die Staatsaufsicht über den Rundfunk, Seite

Bethge, Herbert, Der verfassungsrechtliche Stellenwert der Werbung im öffentlich-rechtlichen Rundfunk: Media Perspektiven 1983, 690-700

– Die verfassungsrechtliche Problematik der Zulassung von Rundfunkveranstaltern des Privatrechts, in: Schriftenreihe des Instituts für Rundfunkrecht an der Universität zu Köln, Band 29, München 1981, zit.: *Bethge*, Die verfassungsrechtliche Problematik der Zulassung von Rundfunkveranstaltern des Privatrechts, Seite

– Rundfunkfreiheit und öffentlich-rechtlicher Organisationsvorbehalt, in: Ufita-Schriftenreihe, Band 76, Baden-Baden 1987 (1. Auflage), zit: *Bethge*, Rundfunkfreiheit und öffentlich-rechtlicher Organisationsvorbehalt, Seite

Betterman, Karl-August, Rundfunkfreiheit und Rundfunkorganisation: DVBL 1963, 41-44

Beyer, Wilhelm R., Anmerkung zu OLG München, Urteil vom 24.10.1957 – 6 U 1010/57: NJW 1958, 1298-1299

Bismarck, Hans, Neue Medientechnologien und grundgesetzliche Kommunikationsverfassung, in:

Schriften zum Öffentlichen Recht, Band 418, Berlin 1982, zit.: *Bismarck*, Neue Medientechnologien und grundgesetzliche Kommunikationsverfassung, Seite

Böckenförde, Ernst-Wolfgang, Grundrechtstheorie und Grundrechtsinterpretation: NJW 1974, 1529-1538

Brack, Hans, Der Rundfunk zwischen Bund und Ländern: RuF 1962, 30-45

Brack, Hans, Herrmann, Günther, Hillig, Hans-Peter, Organisation des Rundfunks 1948-1962, Hamburg 1962

Bredow, Hans, Im Banne der Ätherwellen, Band II, Stuttgart 1956

– Vier Jahre deutscher Rundfunk, Berlin 1927

Brugger, Winfried, Freiheit der Meinung und Organisation der Meinungsfreiheit: EuGRZ 1987, 189-201

Büch, Eva Theresia, Büch, Martin-Peter, Werbung als Finanzierungsalternative für Ätherrundfunk: ZögU 5(1982) 1-16

Bueckling, Adrian, Bundeskompetenz für direktstrahlende TV-Satelliten?: ZUM 1985, 144-151

– Schlußwort: Bundeskompetenz für direktstrahlende TV-Satelliten?: ZUM 1986, 328-330

Bullinger, Martin, Kommunikationsfreiheit im Strukturwandel der Telekommunikation, Baden Baden 1980 (1. Auflage)

– Rundfunkwerbung im Umbruch der Medien: ZUM 1985, 121-136

– Satellitenrundfunk im Bundesstaat: AfP 1985, 1-14

Bussmann, Kurt, Die Beziehung der Rundfunkanstalten zu den Zeitungsverlagen unter der Sicht des Wettbewerbsrechts, in: Beiträge zum Rundfunkrecht, Heft 3, Frankfurt am Main, Berlin 1965, zit.: *Bussmann*, Die Beziehung der Rundfunkanstalten zu den Zeitungsverlagen unter der Sicht des Wettbewerbsrechts, Seite

Degenhart, Christoph, Öffentlich-rechtlicher und privater Rundfunk im dualen Rundfunksystem: ZUM 1988, 47-57

Delp, Ludwig, Das gesamte Recht der Presse, des Buchhandels, des Rundfunks und des Fernsehens, Band IV, Neuwied am Rhein, Berlin Stand 1977

Dethjen, Claus, Das Kabelpilotprojekt Ludwigshafen, in: Internationales Handbuch für Rundfunk und Fernsehen 1986/87, B 142-144, Baden Baden 1986/87, zit.: *Dethjen*, Das Kabelpilotprojekt Ludwigshafen

von Doemming, Klaus-Berto, Füsslein, Rudolf Werner, Matz, Werner, Die Entstehungsgeschichte der Artikel des Grundgesetzes: JÖR N.F. 1 (1951)

Eberle, Carl-Eugen, Rundfunkübertragung, in: Schriften zu Kommunikationsfragen, Band 13, Berlin 1989, zit.: *Eberle*, Rundfunkübertragung, Seite

Eidenmüller, Alfred, Fernmeldehoheitsrecht und Grundgesetz: DÖV 1985, 522-530

– Post- und Fernmeldewesen, Kommentar, Frankfurt am Main Stand 1988

Emmerich, Volker, Das Wirtschaftsrecht der öffentlichen Unternehmen, in: Wirtschaftsrecht und Wirtschaftspolitik, Band 9, Bad Homburg v.d.H., Berlin, Zürich 1969, zit.: *Emmerich*, Das Wirtschaftsrecht der öffentlichen Unternehmen, Seite

Emmerich, Volker, Steiner, Udo, Möglichkeiten und Grenzen der wirtschaftlichen Betätigung der öffentlich-rechtlichen Rundfunkanstaltenn, in: Schriften zu Kommunikationsfragen, Band 6, Berlin 1986, zit.: *Emmerich/Steiner*, Möglichkeiten und Grenzen der wirtschaftlichen Betätigung der öffentlich-rechtlichen Rundfunkanstalten, Seite

Eschenburg, Theodor, Freund, Michael, Ipsen, Hans Peter, Landshut, Siegfried, Leibholz, Gerhard, Nawiasky, Hans, Rüstow, Alexander, Smend, Rudolf, Wenke, Hans, Stellungnahme zum »Entwurf eines Gesetzes über die Wahrnehmung gemeinsamer Aufgaben auf dem Gebiet des Rundfunks«, Hamburg 1953

Expertenkommission Neue Medien – EKM Baden-Württemberg, Abschlußbericht (3 Bände), Stuttgart 1981

Fellhauer, Heinz, Anmerkungen zum Auftrag der Deutschen Welle: DW Handbuch 80 für internationalen Kurzwellenrundfunk, 145-150

Ferger, Herbert, Junker, Harald, »Neue Medien« und Fernmeldewesen: DÖV 1981, 439-448
Finke, W., Das deutsch-französische Fernsehrundfunk-Satellitenprojekt, in: Kommunikation über Satelliten – Telecommunications, Band 6 (1981) 150-160, zit.: *Finke*, Das deutsch-französische Fernsehrundfunk-Satellitenprojekt, Seite
Fischer, Kurt E., Dokumente zur Geschichte des deutschen Rundfunks und Fernsehens, in: Quellensammlung zur Kulturgeschichte, Band 11, Göttingen, Berlin, Frankfurt 1957, zit.: *Fischer*, Dokumente zur Geschichte des deutschen Rundfunks und Fernsehens, Seite
Forsthoff, Ernst, Der Verfassungsschutz der Zeitungspresse, Frankfurt am Main, Berlin 1969
Freund, Martin, Der deutsche Rundfunk, Würzburg 1933
Freys, Alexander F.J., Jugendmedienschutz auf dem Prüfstand – Bericht von der gleichlautenden Tagung des Instituts für Urheber- und Medienrecht am 25. Oktober 1985 in München: ZUM 1986, 121-123
Fröhler, Ludwig, Die Gesetzgebungszuständigkeit des Bundes für ein Verbot des Werbefernsehens durch die öffentlich-rechtlichen Rundfunkanstalten, in: Beiträge zum Rundfunkrecht, Heft 6, Frankfurt am Main, Berlin 1965, zit.: *Fröhler*, Die Gesetzgebungszuständigkeit des Bundes für ein Verbot des Werbefernsehens durch die öffentlich-rechtlichen Rundfunkanstalten, Seite
Fuhr, Ernst W., ZDF-Staatsvertrag – Kommentar, Mainz 1985 (2. Aufl.), zit.: *Fuhr* (*-Bearbeiter*) § ... ZDF-Staatsvertrag Anm. ..
– Exklusivberichterstattung des Rundfunks im Spannungsverhältnis zwischen Privatautonomie, Kartellrecht und Recht auf freie Berichterstattung: ZUM 1988, 327-332
Fuhr, Ernst W., Krone, Gunnar, Interdependenzen zwischen Gebühren- und Werbeeinnahmen auf dem Gebiet der Rundfunkfinanzierung: AfP 1984, 141-144

Glotz, Peter, Kopp, Reinhold (Hrsg.), Das Ringen um den Medienstaatsvertrag der Länder, Berlin 1987
Gotthold, Jürgen, Kommerzielles Fernsehen und Gesetz gegen Wettbewerbsbeschränkungen – Zur Vereinbarkeit der aktuellen Aktivitäten von Zeitungs- und Zeitschriftenverlagen mit dem GWB: ZHR 148 (1984) 465-486
Groß, Rolf, Breitbandverkabelung und Übernahme von Rundfunkprogrammen in Kabelnetze: NJW 1984, 409-415
– Medienlandschaft im Umbruch, Wiesbaden 1986
– Zur Zulässigkeit eines bundesgesetzlichen Verbots der Werbesendungen in Funk und Fernsehen: DÖV 1965, 443-446
– Pressekonzentration und Medienpolitik: DVBl. 1975, 236-244

von Hayek, Friedrich August, Die Freiheit der Verfassung, in: Walter Eucken Institut Freiburg im Breisgau, Wirtschaftswissenschaftliche und wirtschaftsrechtliche Untersuchungen, Band 7, Tübingen 1971, zit.: *von Hayek*, Die Freiheit der Verfassung, Seite
– Der Wettbewerb als Entdeckungsverfahren: Kieler Vorträge, Neue Folge 56, Kiel 1968, zit.: *von Hayek*, Der Wettbewerb als Entdeckungsverfahren, Seite
Hendriks, Birger, Zum Wettbewerb im dualen Rundfunk: ZUM 1988, 209-216
Henke, Wilhelm, Das Recht der politischen Parteien, in: Göttinger Rechtswissenschaftliche Studien, Band 50, Göttingen 1972 (2. Auflage), zit.: *Henke*, Das Recht der politischen Parteien, Seite
Hennemann, Ludwig, Pressefreiheit und Zeugnisverweigerungs-recht, in: Berliner Abhandlungen zum Presserecht, Heft 23, Berlin 1978, zit.: *Hennemann*, Pressefreiheit und Zeugnisverweigerungsrecht, Seite
Herrmann, Günter, Fernsehen und Hörfunk in der Verfassung der Bundesrepublik Deutschland, Tübingen 1975
– Zur Entwicklung der Rundfunkorganisation in der Bundesrepublik Deutschland: RuF 1962, 368-390
Hertel, Felix, Die Programmkoordinierung der öffentlich-rechtlichen Rundfunkanstalten als kartellrechtliches Problem, in: Ufita-Schriftenreihe, Band 86, Baden-Baden 1989, zit.: *Hertel*, Die Programmkoordinierung der öffentlich-rechtlichen Rundfunkanstalten als kartellrechtliches Problem, Seite
Hesse, Albrecht, Die Verfassungsmäßigkeit des Fernmeldemonopols der Deutschen Bundespost, in:

R .v. Decker's rechts- und sozialwissenschaftliche Abhandlungen, Band 28, Heidelberg 1984, zit.: *Hesse*, Die Verfassungsmäßigkeit des Fernmeldemonopols der Deutschen Bundespost, Seite

Hesse, Konrad, Grundzüge des Verfassungsrechts der Bundesrepublik Deutschland, Heidelberg 1988 (16. Auflage)

Hickethier, Knut, Die ersten Programmstrukturen im deutschen Fernsehen: Von der wohlkomponierten Mitte zum Viertelstundenraster: RuF 1984, 441-462

Hiergeist, Franz, Vorschlag für ein deutsches Fernmeldesatelliten-System: Jahrbuch der Deutschen Bundespost 1983, 186-225

Hillig, Hans-Peter, Der Werdegang und die Organisation des zweiten Fernsehprogramms: RuF 1962, 391-401

Hoechstetter, Otto, Beiträge zur Entwicklung des Rundfunkrechts, Erlangen 1928

Hoffmann-Riem, Wolfgang, Anmerkung zu OVG Berlin 25.4.1975: JZ 1976, 405-407

– Chancengleichheit in zukünftigen Kommunikationssystemen: ZRP 1976, 291-299

– Die Zukunft des Rundfunks – ein Verfassungsproblem: RuF 1979, 143-170

– Medienfreiheit und der außenplurale Rundfunk: AÖR 109 (1984), 304-368

– Rundfunkfreiheit durch Rundfunkorganisation, in: Beiträge zum Rundfunkrecht, Heft 21, Frankfurt am Main, Berlin 1979, zit.: *Hoffmann-Riem*, Rundfunkfreiheit durch Rundfunkorganisation, Seite

– Rundfunkrecht und Wirtschaftsrecht – ein Paradigmawechsel in der Rundfunkverfassung?, in: Rundfunk im Wettbewerbsrecht, 13-32, Materialien zur interdisziplinären Medienforschung, Band 2O, Baden-Baden 1988 (1. Auflage), zit.: *Hoffmann-Riem*, Rundfunkrecht und Wirtschaftsrecht – ein Paradigmawechsel in der Rundfunkverfassung?, Seite

Hoppmann, Erich, Meinungswettbewerb als Entdeckungsverfahren, in: Offene Rundfunkordnung, Gütersloh 1988, 163-198, zit.: *Hoppmann*, Meinungswettbewerb, Seite

Huber, Ernst Rudolf, Wirtschaftsverwaltungsrecht, Band 1, Tübingen 1953 (2. Auflage)

Hurcks, Dieter, Nur die Astrologen sind sich sicher: Neue Medien, 1986 (Heft 11) 86-88

Ihlefeld, Andreas, Verfassungsrechtliche Fragen in Zusammenhang mit dem Deutschlandfunk: ZUM 1987, 604-612

Immelmann, Ehrhardt, Die Verhandlungen der WARC 1977, in: Schriftenreihe des Instituts für Rundfunkrecht an der Universität Köln, 5-12, Band 36, München 1983, zit.: *Immelmann*, Die Verhandlungen der WARC 1977, Seite

Immenga, Ulrich, Mestmäcker, Ernst-Joachim, Gesetz gegen Wettbewerbsbeschränkungen – Kommentar, München 1981, zit.: *Immenga/ Mestmäcker (-Bearbeiter)* § ...GWB RdNr. ..

Ipsen, Hans Peter, Die Rundfunkgebühr, in: Schriften zur Rundfunk und Fernsehpraxis, Heft 1, Hamburg 1953, zit.: *Ipsen*, Die Rundfunkgebühr, Seite

– Zur Legalität des Werbefernsehens: NJW 1963, 2049-2056

Jarass, Hans D., Die Freiheit der Massenmedien: Materialien zur interdisziplinären Medienforschung, Band 8, Baden-Baden 1978 (1. Auflage), zit.: *Jarass*, Die Freiheit der Massenmedien, Seite

Jürgens, Erhard, Verfassungsmäßige Grenzen der Wirtschaftswerbung: Verwaltungsarchiv 1962, 105-144

Jutzi, Siegfried, Nochmal: Bundeskompetenz für direktstrahlende TV-Satelliten: ZUM 1986, 21-26

Kantzenbach, Erhard, Zum Verhältnis von publizistischem und ökonomischem Wettbewerb aus ökonomischer Sicht, in: Rundfunk im Wettbewerbsrecht, 78-83, Materialien zur interdisziplinären Medienforschung, Band 20, Baden-Baden 1988 (1. Auflage), zit.: *Kantzenbach*, Zum Verhältnis von publizistischem und ökonomischem Wettbewerb aus ökonomischer Sicht, Seite

Klaue, Siegfried, Zur Anwendung des Kartellgesetzes auf die öffentlich-rechtlichen Rundfunkanstalten, 84-94, Materialien zur interdisziplinären Medienforschung, Band 20, Baden-Baden 1988 (1. Auflage), zit.: *Klaue*, Zur Anwendung des Kartellgesetzes auf die öffentlich-rechtlichen Rundfunkanstalten, Seite

Klein, Hans H., Die Grundrechte im demokratischen Staat, in: Kritische Bemerkungen zur Auslegung der Grundrechte in der deutschen Staatsrechtslehre der Gegenwart, Stuttgart, Berlin, Köln, Mainz 1974, zit.: *Klein*, Die Grundrechte im demokratischen Staat, Seite

– Die Rundfunkfreiheit, in: Schriftenreihe des Instituts für Rundfunkrecht an der Universität zu Köln, Band 24, München 1978, zit.: *Klein*, Die Rundfunkfreiheit, Seite
– Rundfunkrecht und Rundfunkfreiheit: Der Staat 20 (1981) 177-200
Kniestedt, Joachim, Die historische Entwicklung des Fernsehens: APF 1985, 185-239
König, Eberhard, Die Teletexte, in: Schriftenreihe des Instituts für Rundfunk an der Universität zu Köln, Band 30, München 1980, zit.: *König*, Die Teletexte, Seite
Köttgen, Arnold, Der Einfluß des Bundes auf die deutsche Verwaltung: JÖR N.F. 11, 173-311
Kommentar zum Bonner Grundgesetz, Hamburg 1950 ff., zit.: *Bearbeiter,* Kommentar zum Bonner Grundgesetz, Art. ..GG RdNr. ..
Kommission für den Ausbau des technischen Kommunikationssystems – KtK – , Telekommunikationsbericht Bonn 1976, zit.: KtK-Telekommunikationsbericht, Seite
Krath, Herbert, Bundespost und Kabelfernsehen – Monopol der Netzträgerschaft?: ZPF 1978 (Heft 3) 32-37
Krause, Günther, Die Zuständigkeit zur Ordnung des Rundfunkwesens in der Bundesrepublik Deutschland, Flensburg 1960
Krause-Ablass, Günter B., Die Bedeutung des Fernsehurteils des Bundesverfassungsgerichts für die Verfassung des deutschen Rundfunks: JZ 1962, 158-160
– Die Neutralitätspflicht der Rundfunkanstalten: RuF 1962, 113-121
– Ein untauglicher Versuch zur Beseitigung des Werbefernsehens: RuF 1962, 46-47
– Kommunaler und privater Rundfunk: DÖV 1962, 249-253
– Zur Diskussion um das Werbefernsehen: Verfassungsrechtliche Grundlagen und Möglichkeiten der Organisation: RuF 1963, 129-135
Kreile, Johannes, Kompetenz und kooperativer Föderalismus im Bereich des Kabel- und Satellitenrundfunks, in: Rechtswissenschaftliche Forschung und Entwicklung, Band 78, München 1986, zit.: *Kreile*, Kompetenz und kooperativer Föderalismus im Bereich des Kabel- und Satellitenrundfunks, Seite
Kröger, Klaus, Vor dem Ende des Rundfunkmonopols der öffentlich-rechtlichen Rundfunkanstalten: NJW 1979, 2537-2543
Krüger, Herbert, Allgemeine Staatslehre, Stuttgart 1964 (1. Auflage)
– Der Rundfunk im Verfassungsgefüge und in der Verwaltungsgordnung von Bund und Ländern, in: Hamburger öffentlich-rechtliche Nebenstunden, Band 2, Hamburg 1960, zit.: *Krüger*, Der Rundfunk im Verfassungsgefüge und in der Verwaltungsordnung von Bund und Ländern, Seite
– Die öffentlichen Massenmedien als notwendige Ergänzung der privaten Massenmedien, in:: Beiträge zum Rundfunkrecht, Heft 5, Frankfurt am Main, Berlin 1965, zit.: *Krüger*, Die öffentlichen Massenmedien als notwendige Ergänzung der privaten Massenmedien, Seite
Kübler, Friedrich, Medienverflechtung, in: Beiträge zum Rundfunkrecht, Heft 26, Frankfurt am Main, Berlin 1982, zit.: *Kübler*, Medienverflechtung, Seite
Kulka, Michael, Programmkoordinierung und Kartellrecht: AfP 1985, 177-186
Kull, Edgar, Verschüttung und Ausgrabung der Rundfunkfreiheit: AfP 1971, 89-102

Lackner, Karl, Über die Geltung der §§ 131, 184 StGB und § 21 GJS für Rundfunksendungen, in: Expertenkommission Neue Medien – EKM Baden-Württemberg, Band 2, 187-190, Stuttgart 1981, zit.: *Lackner*, Über die Geltung der §§ 131, 184 StGB und § 21 GJS für Rundfunksendungen, Seite
– Strafgesetzbuch-Kommentar, München 1987 (17. Auflage), zit.: *Lackner* §... StGB Anm. ..
Lange, Bernd-Peter, Kommerzielle Ziele und binnenpluralistische Organisation bei Rundfunkveranstaltungen, in: Beiträge zum Rundfunkrecht, Heft 23, Frankfurt 1980, zit.: *Lange*, Kommerzielle Ziele und binnenpluralistische Organisation bei Rundfunkveranstaltungen, Seite
– Kommerzrundfunk versus Integrationsrundfunk: Media Perspektiven 1980, 133-144
– Probleme der Rundfunkorganisation aus wirtschaftswissenschaftlicher Sicht: ZUM 1986, 441-451
Larenz, Karl, Methodenlehre der Rechtswissenschaft, Berlin, Göttingen, Heidelberg 1983 (5. Auflage)
Lauff, Werner, Kartellrechtliche Grenzen öffentlich-rechtlicher Rundfunktätigkeit: Fernseh-Informationen 1985 (Heft 3) 68-71
Leisner, Walter, Werbefernsehen und öffentliches Recht, in: Schriftenreihe zum Öffentlichen Recht, Band 56, Berlin 1967, zit.: *Leisner*, Werbefernsehen und öffentliches Recht, Seite

Lenz, Helmut, Rundfunkorganisation und öffentliche Meinungsbildung: JZ 1963, 338-350
Lerche, Peter, Das Bundesverfassungsgericht und die Verfassungsdirektiven: AÖR 90 (1965-66) 341-372
– Das Fernmeldemonopol – öffentlich-rechtlich gesehen, in: Kommunikation ohne Monopole, 139-159 (Hrsg. *Ernst-Joachim Mestmäcker*), Baden-Baden 1980 (1. Auflage), zit.: *Lerche*, Das Fernmeldemonopol – öffentlich-rechtlich gesehen, Seite
– Rundfunkmonopol, in: Beiträge zum Rundfunkrecht, Heft 11, Frankfurt am Main, Berlin 1970, zit.: *Lerche*, Rundfunkmonopol, Seite
– Übermaß und Verfassungsrecht, Köln, Berlin, München, Bonn 1961
– Werbung und Verfassung, München, Berlin 1967
– Zum Kompetenzbereich des Deutschlandfunks, in: Studien und Gutachten aus dem Institut für Staatslehre – Staats- und Verwaltungsrecht der Freien Universität Berlin, Heft 2, Berlin 1963, zit.: *Lerche*, Zum Kompetenzbereich des Deutschlandfunks, Seite
Lerg, Winfried, W., Die Entstehung des Rundfunks in Deutschland, in: Beiträge zur Geschichte des Rundfunks, Band 1, Frankfurt am Main 1970 (2. Auflage), zit.: *Lerg*, Die Entstehung des Rundfunks in Deutschland, Seite
– Rundfunkpolitik in der Weimarer Republik, in: Rundfunk in Deutschland Band 1, München 1980, zit.: *Lerg*, Rundfunkpolitik in der Weimarer Republik, Seite
Lieb, Wolfgang, Kabelfernsehen und Rundfunkgesetze, in: Schriften zum Öffentlichen Recht, Band 249, Berlin 1974, zit.: *Lieb*, Kabelfernsehen und Rundfunkgesetze, Seite
Löffler, Martin, Brauchen wir einen neuen Presse- und Rundfunkbegriff?: NJW 1980, 1612-1613
– Presserecht, Kommentar, Band I, München 1983 (3. Aufl.) zit.: *Löffler* §... LPG RdNr. ..
Löffler, Martin, Ricker, Reinhart, Handbuch des Presserechts, München 1986 (2. Auflage)
Lücke, Jörg, Die Rundfunkfreiheit als Gruppengrundrecht: DVBl 1977, 977-984
– Die Rundfunkfreiheit als individuelles Zugangsrecht: JZ 1977, 41-46
Lüders, Carl-Heinz, Die Zuständigkeit zur Rundfunkgesetzgebung, Bonn 1953
Luyken, Georg-Michael, Direktempfangbare Rundfunksatelliten, in: Campus Forschung, Band 433, Frankfurt, New York 1985, zit.: *Luyken*, Direktempfangbare Rundfunksatelliten, Seite

Mahler, Roland, Einsatz des europäischen Fernmeldesystems ECS für die Verteilung zusätzlicher Rundfunkprogramme: ZPF 1984 (Heft 7) 15-22
Mallmann, Walter, Einige Bemerkungen zum heutigen Stand des Rundfunkrechts: JZ 1963, 350-353
von Mangoldt, Hermann, Klein, Friedrich, Das Bonner Grundgesetz, Band II, Berlin, Frankfurt am Main 1966, zit.: *von Mangoldt/Klein* Art. .. GG Anm. ..
von Mangoldt, Hermann, Klein, Friedrich, Starck, Christian, Das Bonner Grundgesetz, Band 1, München 1985 (3. Auflage), zit.: *Mangoldt/Klein/Starck (-Bearbeiter)* Art. .. GG RdNr. ..
Maunz, Theodor, Die Gesetzmäßigkeit des Fernsehwerbens: BayVBl. 1957, 1-8
– Rechtsgutachten über die Frage der Vereinbarkeit des Gesetzentwurfs über die »Wahrnehmung gemeinsamer Aufgaben auf dem Gebiet des Rundfunks« mit dem GG, 1953
Maunz, Theodor, Dürig, Günter, Herzog, Roman, Grundgesetz-Kommentar Band I (Art. 1-12) München 1989, Band II (Art. 12a-37) München 1989, Band III (Art. 38-91) München 1989, zit.: *Maunz/Dürig/Herzog (-Bearbeiter)* Art. .. GG RdNr. ..
Mees, Hans-Kurt, Die staatliche Beschaffungstägigkeit und das GWB: WuW 1961, 541-546
Mestmäcker, Ernst-Joachim, Bildschirmtext: Rechtsgrundlagen und Auswirkungen auf die Mitglieder des deutschen Reisebüro-Verbandes e.V. (nicht veröffentlicht)
– Die Abgrenzung von öffentlich-rechtlichem und privatrechtlichem Handeln im Wettbewerbsrecht: NJW 1969, 1-6
– Die Anwendbarkeit des Gesetzes gegen Wettbewerbsbeschränkungen auf Zusammenschlüsse von Rundfunkunternehmen: GRUR Int. 1983, 553-560
– In welcher Weise empfiehlt es sich, die Ordnung des Rundfunks und sein Verhältnis zu anderen Medien – auch unter dem Gesichtspunkt der Harmonisierung – zu regeln?: 56. DJT (1986) Band II, O9-O37, München 1986
– (Hrsg. und Mitautor), Kommunikation ohne Monopole – Über Legitimation und Grenzen des Fernmeldemonopols, in: Wirtschaftsrecht und Wirtschaftspolitik, Band 67, Baden-Baden 1980 (1.

Auflage), zit.: *Mestmäcker* oder *Autor*, Kommunikation ohne Monopole – Über Legitimation und Grenzen des Fernmeldemonopols, Seite
– Medienkonzentration und Meinungsvielfalt, in: Wirtschaftsrecht und Wirtschaftspolitik Band 54, Baden-Baden 1978 (1. Auflage), zit.: *Mestmäcker*, Medienkonzentration und Meinungsvielfalt, Seite
– Meinungsfreiheit und Medienwettbewerb: ZUM 1986, 63-68
– Recht und ökonomisches Gesetz, in: Wirtschaftsrecht und Wirtschaftspolitik Band 50, Baden-Baden 1984 (2. Auflage), zit.: *Mestmäcker*, Recht und ökonomisches Gesetz, Seite
Mettler, Barbara, Demokratisierung und kalter Krieg, in: Rundfunkforschung, Band 2, Berlin 1975, zit.: *Mettler*, Demokratisierung und kalter Krieg, Seite
Meyer-Hesemann, Wolfgang, Kompetenzprobleme beim Jugendschutz im Rundfunk: DVBl. 1986, 1181-1185
Meyer, Werner, Schiwy, Peter, Schneider, Beate, Kabelrundfunk, Kabelfernsehen und Satellitenrundfunk, Satellitenfernsehen, Stand 1989, zit.: *Meyer/Schiwy/ Schneider*, Kabelrundfunk
Möschel, Wernhard, Recht der Wettbewerbsbeschränkungen, Köln, Berlin, Bonn, München 1983
– Pressekonzentration und Wettbewerbsgesetz ,in: Tübinger rechtswissenschaftliche Abhandlungen, Band 50, Tübingen 1978, zit.: *Möschel*, Pressekonzentration und Wettbewerbsgesetz, Seite
Montag, Helga, Privater oder öffentlich-rechtlicher Rundfunk?, in: Rundfunkforschung, Band 6, Berlin 1978, zit.: *Montag*, Privater oder öffentlich-rechtlicher Rundfunk?, Seite
Mook, Peter, Kartellrechtliche Beurteilung von Beteiligungen der Presse im Rundfunkmarkt: WuW 1986, 777-788
Müller-Römer, Frank, Satelliten- und Kabelrundfunk, in: Internationales Handbuch für Rundfunk und Fernsehen 1986/87, A 1 bis A 22, Baden-Baden 1986/87, zit.: *Müller-Römer*, Satelliten- und Kabelrundfunk
von Münch (Hrsg. und Mitautor), Grundgesetz-Kommentar, Band 1 (Art. 1-20) München 1985 (3. Auflage), Band 2 (Art. 21-69) München 1983 (2. Auflage), Band 3 (Art. 70-146) München 1983 (2. Auflage), zit.: *von Münch (-Bearbeiter)* Art. .. GG RdNr. ..

Neugebauer, Eberhard, Fernmelderecht mit Rundfunkrecht, Berlin 1929 (3. Auflage)

Ory, Stephan, Jugendschutz in Neuen Medien: ZUM 1986, 123-130
– Marktchancen und Meinungsfreiheit: ZUM 187, 427-433
Ossenbühl, Fritz, Die Finanzierung des Deutschlandfunks: RuF 1968, 389-397
– Probleme und Wege der Verfassungsauslegung: DÖV 1965, 649-661

Paptistella, Gertrud, Medientechnische Neuentwicklungen und Rundfunkbegriff: DÖV 1978, 750-755
von Pestalozza, Christian, Rundfunkfreiheit in Deutschland: ZRP 1979, 25-31
von Petersdorff, Ulrich, Die Bildschirmtextzentrale einer Fernmeldeanlage – Bildschirmtext ein Fernmeldedienst?, Berlin 1982/83
Plagemann, Jürgen, Zur verfassungsrechtlichen Lage bei der Einführung neuer Telekommunikationsdienste: ZUM 1986, 518-524
Pohle, Heinz, Der Rundfunk als Instrument der Politik, in: Wissenschaftliche Schriftenreihe für Rundfunk und Fernsehen, Band 1, Hamburg 1955, zit.: *Pohle*, Der Rundfunk als Instrument der Politik, Seite
Potrykos, G., Fernsehen und GjS: MDR 1965, 185-186
Pres, Andreas, Öffentlich-rechtlicher und privater Rundfunk im dualen Rundfunksystem: ZUM 1988, 57-58

Ratzke, Dietrich (Hrgs.), Die Bildschirmzeitung, Berlin 1977
– Handbuch der Neuen Medien, Stuttgart 1984 (2. Auflage)
Redeker, Martin, Die grundrechtliche Verankerung der Rundfunkunternehmerfreiheit: ZUM 1985, 544-551
Ricker, Reinhard, Die Einspeisung von Rundfunkprogrammen in Kabelanlagen aus verfassungsrechtlicher Sicht, Berlin, Offenbach 1984
– Privatrundfunk-Gesetze im Bundesstaat, München 1985

– Rechtliche Grundlagen und Harmonisierung der Landesmediengesetze: ZRP 1986, 224-227
– Die Partizipationsrechte gesellschaftlicher Gruppen im öffentlich-rechtlichen Rundfunk – zum Anspruch des Landessportbundes Hessen e.V. auf Partizipation am Rundfunkrat des Hessischen Rundfunks, Berlin 1988
Ring, Wolf-Dieter, Deutsches Presse- und Rundfunkrecht, München, Münster, Stand 1989, zit.: *Ring*, Textsammlung
Ring, Wolf-Dieter, von Wallenberg, Gabriela, Die Veranstaltung von Rundfunkprogrammen durch Private nach den Regelungen der Landesmediengesetze, in: *Schwarze* (Hrsg.), Rundfunk und Fernsehen im Lichte der Entwicklung des nationalen und internationalen Rechts, Schriftenreihe Europäisches Recht, Politik und Wissenschaft, Band 123, Baden-Baden 1986 (1. Auflage), zit.: *Ring/von Wallenberg*, Die Veranstaltung von Rundfunkprogrammen durch Private nach den Regelungen der Landesmediengesetze, Seite
Roth, Wulf-Henning, Rundfunk und Kartellrecht: AfP 1986, 287-297
Rudolf, Walter, Über die Zulässigkeit privaten Rundfunks, Frankfurt am Main 1971
– Anmerkung zu BVerWG, Urteil vom 10.12.1971 – VII C45/69 (Berlin): NJW 1972, 1292-1293
Rudolph, Martin, Programmausweitung und Kartellaufsicht: ZUM 1986, 451-458

Salje, Peter, Die Medienordnung als Wettbewerb, in: *Großfeld, Bernhard/Salje, Peter* (Hrsg.), Elektronische Medien im Recht, Köln 1986, zit.: *Salje*, Die Medienordnung als Wettbewerb, Seite
Schardt, Andreas, Privatrechtliche Rundfunkordnung und Harmonisierung: ZUM 1986, 429-441
Scherer, Joachim, Breitbandverkabelung – am Recht vorbei?: DÖV 1984, 52-61
– Fernmeldepolitik als Medienpolitik?: Media Perspektiven 1985, 165-180
– Programmbeschaffung und -produktion im dualen Rundfunksystem, in: Rundfunk im Wettbewerbsrecht, Materialien zur interdisziplinären Medienforschung, Band 20, 123-131, Baden-Baden 1988 (1. Auflage), zit.: *Scherer*, Programmbeschaffung und -produktion im dualen Rundfunksystem, Seite
– Telekommunikationsrecht und Telekommunikationspolitik, in: Materialien zur interdisziplinären Medienforschung, Band 16, Baden-Baden 1985 (1. Auflage), zit.: *Scherer*, Telekommunikationsrecht und Telekommunikationspolitik, Seite
– Teletextsysteme und prozedurale Rundfunkfreiheit: Der Staat 22 (1983) 347-380
Scheuner, Ulrich, Das Rundfunkmonopol und die neuere Entwicklung des Rundfunks: AfP 1977, 367-371
– Die Funktion der Grundrechte im Sozialstaat – Die Grundrechte als Richtlinie und Rahmen der Staatstätigkeit: DÖV 1971, 505-513
Schilling, Roger, Schund- und Schmutzgesetz (Handbuch und Kommentar zum Gesetz über die Verbreitung jugendgefährdender Schriften), Nürnberg, Düsseldorf, Berlin 1954 (2. Auflage) zit.: *Schilling*, Kommentar zum GjS, Seite
Schmidt, Walter, Rundfunkfreiheit und Rundfunkgewährleistung: ZRP 1980, 132-137
– Die Rundfunkgewährleistung, in: Beiträge zum Rundfunkrecht Heft 22, Frankfurt am Main, Berlin 1980, zit.: *Schmidt*, Die Rundfunkgewährleistung, Seite
Schmitt, Carl, Freiheitsrechte und institutionelle Garantien der Reichsverfassung, in: *Schmitt, Carl*, Verfassungsrechtliche Aufsätze aus den Jahren 1924-1954, Berlin 1958, zit.: *Schmitt*, Freiheitsrechte und institutionelle Garantien der Reichsverfassung, Seite
Schmitt Glaeser, Walter, Kabelkommunikation und Verfassung, in: Schriften zum Öffentlichen Recht, Band 364, Berlin 1979, zit.: *Schmitt Glaeser*, Kabelkommunikation und Verfassung, Seite
Schneider, Hans, Die Zuständigkeit des Bundes im Rundfunk- und Fernmeldebereich, in: Festschrift für Karl Carstens, Einigkeit und Recht und Freiheit, Band 2, Köln, Berlin, Bonn, München 1984, zit.: *Schneider*, Die Zuständigkeit des Bundes im Rundfunk- und Fernmeldebereich, Seite
– Informationsfreiheit und Rundfunkgenehmigung: NJW 1961, 53-56
– Werbesendungen der Rundfunkanstalten als Gegenstand eines Bundesgesetzes?: NJW 1965, 937-942
Scholz, Rupert, Audiovisuelle Medien und bundesstaatliche Gesetzgebungskompetenz, in: Berliner Abhandlungen zum Presserecht, Heft 22, Berlin 1976, zit.: *Scholz*, Audiovisuelle Medien und bundesstaatliche Gesetzgebungskompetenz, Seite

– Medienverflechtung: AfP 1983, 261-266
– Private Rundfunkfreiheit und öffentlicher Rundfunkvorbehalt – Bundesverwaltungsgerichtsentscheidung 39, 159: JuS 1974, 299-307
– Entflechtung und Verfassung: Wirtschaftsrecht und Wirtschaftspolitik, Band 68, Baden-Baden 1981 (1. Auflage), zit.: *Scholz*, Entflechtung und Verfassung, Seite
Schricker, Helmut, Wirtschaftliche Tätigkeit der öffentlichen Hand und unlauterer Wettbewerb, in: Schriftenreihe zum gewerblichen Rechtsschutz, Band 14, München, Köln, Berlin 1964, zit.: *Schricker*, Wirtschaftliche Tätigkeit der öffentlichen Hand und unlauterer Wettbewerb, Seite
Schütte, Wolfgang, Regionalität und Föderalismus im Rundfunk, in; Beiträge zur Geschichte des Rundfunks, Band 3, Frankfurt am Main 1971 (1. Auflage), zit.: *Schütte*, Regionalität und Föderalismus im Rundfunk, Seite
Schuster, Dr., Funkhoheit und Unterhaltungsrundfunk nebst den in den drei westlichen Besatzungszonen geltenden Rundfunkgesetzen: APF 1949, 309-360
Schwarz, Theo, Die wirtschaftliche Betätigung der öffentlichen Hand im Kartellrecht, in: FIW-Schriftenreihe, Heft 51, Köln, Berlin, Bonn 1969, zit.: *Schwarz*, Die wirtschaftliche Betätigung der öffentlichen Hand im Kartellrecht, Seite
Seemann, Klaus, Zur Konkurrenzproblematik im dualen Rundfunksystem: ZUM 1988, 67-81
Seidelmann, Oskar, Das technische Konzept der Deutschen Bundespost für die örtlichen Breitbandverteilnetze: Jahrbuch der Deutschen Bundespost 1979, 343-407
Seiwerth, Jakob, Zur Zulässigkeit der Verfassungsbeschwerde gegenüber Grundrechtsverletzungen des Gesetzgebers durch Unterlassen, in: Neue Kölner Rechtswissenschaftliche Abhandlungen, Heft 20, Berlin 1962, zit.: *Seiwerth*, Zur Zulässigkeit der Verfassungsbeschwerde gegenüber Grundrechtsverletzungen des Gesetzgebers durch Unterlassen, Seite
von Sell, Friedrich-Wilhelm, Privater Satellitenrundfunk vorbei am geltenden Verfassungsrecht?: RuF 1984, 185-192
– Wirtschaftswerbung in den öffentlich-rechtlichen Rundfunkanstalten und in den Neuen Medien: ARD-Jahrbuch 84, 88-92
Selmer, Peter, Bestands- und Entwicklungsgarantien für den öffentlich-rechtlichen Rundfunk in einer dualen Rundfunkordnung, in: Schriften zu Kommunikationsfragen, Band 10, Berlin 1988, zit.: *Selmer*, Bestands- und Entwicklungsgarantien für den öffentlich-rechtlichen Rundfunk in einer dualen Rundfunkordnung, Seite
– Presse und privater Rundfunk: AfP 1985, 14-18
Siepmann, Ralph, Deutschlandfunk – der Sender im Feuer: Neue Medien 1985 (Heft 6) 83-86
Snow, Marcellus S., The International Telecommunications Satellite Organization (INTELSAT): Wirtschaftsrecht der internationalen Telekommunikation, Band 2, Baden-Baden 1987, zit.: *Snow*, The International Telecommunications Satellite Organization (INTELSAT), Seite
Spieler, Ekkehard, Fusionskontrolle im Medienbereich, in: Schriften zu Kommunikationsfragen, Band 11, Berlin 1988, zit.: *Spieler*, Fusionskontrolle im Medienbereich, Seite
Stammler, Dieter, Europäischer Rundfunkmarkt und innerstaatliche Rundfunkkompetenz: ZUM 1988, 274-287
Starck, Christian, Zur notwendigen Neuordnung des Rundfunks: NJW 1980, 1359-1363
– Die Grundrechte des Grundgesetzes: JuS 1981, 237-246
Stefen, Rudolf, Die Rechtsgrundlagen des Jugendmedienschutzes: BPS-Report Nr. 4/1986, 1-7
– Gleichermaßen gegen ARD, ZDF und Private: Newsletter Nr. 42/1986, S. 6
Steininger, Rolf, Langer Streit um kurze Welle, Berlin 1972 (1. Auflage)
– Rundfunkpolitik im ersten Kabinett Adenauer, in: *Lerg*, *Winfried B.*/*Steininger*, *Rolf* (Hrsg.), Rundfunk und Politik 1923-1973, in: Rundfunkforschung, Band 3, Berlin 1973, zit.: *Steininger*, Rundfunkpolitik im ersten Kabinett Adenauer, Seite
Stender, Jutta, »Staatsferne« und »Gruppenferne« in einem außenpluralistisch organisierten privaten Rundfunksystem, Regensburg 1987
Stern, Klaus, Das Staatsrecht der Bundesrepublik Deutschland I, München 1974 (2. Auflage)
Stern, Klaus, Bethge, Herbert, Öffentlich-rechtlicher und privatrechtlicher Rundfunk – Rechtsgutachterliche Untersuchung der Verfassungsmäßigkeit des 2. Gesetzes zur Änderung und Ergänzung des Gesetzes Nr. 80 über die Veranstaltung von Rundfunksendungen im Saarland vom 7. Juni

1967: Beiträge zum Rundfunkrecht, Heft. 3, Frankfurt am Main, Berlin 1971, zit.: *Stern/Bethge*, Öffentlich-rechtlicher und privatrechtlicher Rundfunk, Seite

Stettner, Rupert, Grundfragen einer Kompetenzlehre, in: Schriften zum Öffentlichen Recht, Band 447, Berlin 1983, zit.: *Stettner*, Grundfragen einer Kompetenzlehre, Seite

– Rundfunkstruktur im Wandel, in: Schriftenreihe des Instituts für Rundfunkrecht an der Universität zu Köln, Band 47, München 1988, zit.: *Stettner*, Rundfunkstruktur im Wandel, Seite

Stock, Martin, Koordinationsrundfunk im Modellversuch, in: Schriften zum Öffentlichen Recht, Band 401, Berlin 1981, zit.: *Stock*, Koordinationsrundfunk im Modellversuch, Seite

Stockmann, Kurt, Programmbeschaffung und Kartellrecht, in: Rundfunk im Wettbewerbsrecht, 156-160, Materialien zur interdisziplinären Medienforschung, Band 20, Baden-Baden 1988 (1. Auflage), zit.: *Stockmann*, Programmbeschaffung und Kartellrecht, Seite

Stohl, Hertha, Der drahtlose Nachrichtendienst für Wirtschaft und Politik. Seine Entwicklung und Organisation in Deutschland, Berlin 1931

Tettinger, Peter J., Kartellrecht und Verfassungsrecht – ein Evergreen mit neuer Strophe – Überlegungen zum sog. Globalvertrag aus öffentlich-rechtlicher Sicht, in: Rundfunk im Wettbewerbsrecht, 147-155, Materialien zur interdisziplinären Medienforschung, Band 20, Baden-Baden 1988 (1. Auflage), zit.: *Tettinger*, Kartellrecht und Verfassungsrecht – ein Evergreen mit neuer Strophe – Überlegungen zum sog. Globalvertrag aus öffentlich-rechtlicher Sicht, Seite

– Neuartige Massenkommunikationsmittel und verfassungsrechtliche Rahmenbedingungen: JZ 1984, 400-408

– Neue Medien und Verfassungsrecht, in: Schriftenreihe des Instituts für Rundfunkrecht an der Universität zu Köln, Band 28, München 1980, zit.: *Tettinger*, Neue Medien und Verfassungsrecht, Seite

Thedieck, Franz, Der Deutschlandfunk, Köln 1970

Ueckert, Joachim, Die Einheitstechnik im Unternehmensbereich Fernmeldewesen der Deutschen Bundespost: APF 1981, 175-180

Ullrich, Walter, Thomsen, Heiko, Der finanzielle Wert des Werbefunks: NJW 1964, 554-576

Ulmer, Peter, Die Anwendung von Wettbewerbs- und Kartellrecht auf die wirtschaftliche Tätigkeit der öffentlichen Hand beim Angebot von Waren oder Dienstleistungen: ZHR 146 (1982) 466-506

– Programminformationen der Rundfunkanstalten, in: Schriften zu Kommunikationsfragen, Band 2, Berlin 1983, zit.: *Ulmer*, Programminformationen der Rundfunkanstalten, Seite

Weber, Werner, Zur Diskussion über die Zulassung eines privaten Fernsehens: Der Staat 11 (1972) 82-92

Wehmeier, Klaus, Die Geschichte des ZDF, Mainz 1979

Weides, Peter, Der Jugendmedienschutz im Filmbereich: NJW 1987, 224-233

Werner, Horst S., Die Abwehr staatlicher Wettbewerbseinflüsse in: Abhandlungen zum Handels-, Gesellschafts-, Wirtschafts- und Arbeitsrecht, Band 18, Göttingen 1986, zit.: *Werner*, Die Abwehr staatlicher Wettbewerbseinflüsse, Seite

Wieland, Joachim, Die Freiheit des Rundfunks, in: Schriften zum Öffentlichen Recht, Band 477, Berlin 1984, zit.: *Wieland*, Die Freiheit des Rundfunks, Seite

Wilkens, Heinz, Die Aufsicht über den Rundfunk, Frankfurt am Main 1965

Witte, Eberhard, Neue Fernsehnetze im Medienmarkt – Die Ammortisationsfähigkeit von Breitbandverteilsystem, Heidelberg 1984

Wittig-Terhardt, Margret, Rundfunk und Kartellrecht: AfP 1986, 298-306

Wolf, Joachim, Medienfreiheit und Medienunternehmen, Schriften zum Öffentlichen Recht, Band 494, Berlin 1985, zit.: *Wolf*, Medienfreiheit und Medienunternehmen, Seite

Wufka, Eduard, Die verfassungsrechtlich-dogmatischen Grundlagen der Rundfunkfreiheit. Zugleich ein Beitrag zu Problemen der Rundfunkorganisation und Staatsaufsicht, in: Beiträge zum Rundfunkrecht, Heft 12, Frankfurt am Main, Berlin 1971, zit.: *Wufka*, Die verfassungsrechtlich-dogmatischen Grundlagen der Rundfunkfreiheit, Seite

Zehner, Günter (Hrsg.), Fernsehstreit vor dem Bundesverfassungsgericht, Band 1, Karlsruhe 1964, Band 2, Karlsruhe 1965

K.D. Gaur

Law of International Telecommunications in India

Die Studie von K.D. Gaur über »Das Recht der internationalen Telekommunikation in Indien« gehört zu einer Reihe von Untersuchungen über die Telekommunikationspolitik in ausgewählten Ländern. In diesen Berichten werden untersucht: Der Zusammenhang der nationalen und internationalen Telekommunikationssysteme, die Individualkommunikation, Rundfunk und Neue Medien.

Das überkommene System der internationalen Telekommunikation steht vor tiefgreifenden Veränderungen. Sie werden ausgelöst durch neue Verbreitungs- und Reproduktionstechniken und daran anknüpfende Maßnahmen der Wirtschafts- und Kommunikationspolitik. Die rechtlichen und ökonomischen Probleme, die aus diesem Prozeß der Privatisierung, Deregulierung und Reregulierung entstehen, werden im Max-Planck-Institut für ausländisches und internationales Privatrecht in Hamburg in Zusammenarbeit mit Wissenschaftlern aus Amerika, Asien und Europa untersucht. Die Untersuchung von K.D. Gaur über »Das Recht der internationalen Telekommunikation in Indien« gehört zu einer Reihe von Untersuchungen über die Telekommunikationspolitik in ausgewählten Ländern. Diese Berichte untersuchen den Zusammenhang der nationalen und internationalen Telekommunikationssysteme, behandeln die Individualkommunikation und den Rundfunk ebenso wie die neuen Medien.

1988, 219 S., Salesta geb., 84,- DM, ISBN 3-7890-1310-2
(Wirtschaftsrecht der Internationalen Telekommunikation, Bd. 5)

NOMOS VERLAGSGESELLSCHAFT
Postfach 610 · 7570 Baden-Baden